FRANK SIEREN

CHINA TO GO

Wirtschaft, Gesellschaft, Kultur –
100 innovative Trends und erhellende Einblicke

PENGUIN VERLAG

MIX
Papier | Fördert gute Waldnutzung
FSC® C014496

Penguin Random House Verlagsgruppe FSC® N001967

PENGUIN VERLAG

1. Auflage

in der Penguin Random House Verlagsgruppe GmbH,
Neumarkter Straße 28, 81673 München
Lektorat: Heike Gronemeier
Mitarbeit: Donata Hardenberg
Umschlaggestaltung: Büro Jorge Schmidt, München
Umschlagabbildungen: © Shutterstock/smx12;
© Shutterstock/Flat.Icon
Satz: satz-bau Leingärtner, Nabburg
Druck und Bindung: GGP Media GmbH, Pößneck
Printed in Germany
ISBN 978-3-328-60282-8

www.penguin-verlag.de

INHALT

Die Bedeutung der Icons

Geopolitik 

Nachhaltigkeit 

Mobilität 

Innovation 

Wirtschaft 

Regeln 

Kultur 

VORWORT

Dies ist ein Buch für Neugierige, mit kurzen Geschichten aus vielfältigen Bereichen des chinesischen Lebens. Geschichten, die einen großen Bogen spannen von Politik über Wirtschaft, Innovation und Nachhaltigkeit bis hin zu Kultur. Geschichten, die überraschen, in denen sich neue, erhellende, manchmal verblüffende und manchmal auch für uns durchaus konstruktive Sichtweisen offenbaren. Die eine große Klammer dieser Geschichten: Sie zeigen den Blick der Chinesen auf sich und die Welt. Und daher werden in ihnen auch Haltungen deutlich, die sich mit unseren Vorstellungen nicht so leicht in Einklang bringen lassen. Manche sind sogar verstörend. Beide Seiten – das faszinierend Neue und das befremdlich Andere – gehören untrennbar zur Wirklichkeit des heutigen China. Die andere große Klammer: Die Geschichten drehen sich auch darum, wie wir gemeinsam die Herausforderungen unserer Welt meistern können, und darum, welche Vorstellungen die Chinesen davon haben.

Man kann in diesem Buch fast so stöbern, wie man im Internet surft, und sich treiben lassen. Es ist ein Buch, das ich auch für die TikTok-Generation geschrieben habe, für junge, aufgeschlossene Leute, die bei manchen meiner anderen Bücher sagen: Puh, ist das dick. Deshalb diesmal kurze, aber durchaus aufschlussreiche Stücke. Sie sind auch für Manager und Entscheider hilfreich, deren Welt aus Powerpoint-Präsentationen besteht. Die kleinen komprimierten Geschichten können ihnen bei der Aufgabe helfen, verflochtene, komplexe Entwicklungen übersichtlich werden zu lassen. Und es ist für all diejenigen geschrieben, die schnell und kompakt wissen wollen, wie die neue Welt sich dreht.

Denn was die Chinesen so zu sagen haben, wird immer wichtiger, ob uns das passt oder nicht. Während dieses Buch entstanden ist, wurde China in einem Maße zum Vorreiter einer Bewegung von aufsteigenden Ländern verschiedener Kontinente, wie ich es mir noch vor fünf Jahren nicht hätte vorstellen können. Indien gehört ebenso zu dieser Bewegung wie Brasilien oder Südafrika. Diese so unterschiedlichen Länder, mit unterschiedlichen politischen Systemen und wirtschaftlichen Entwicklungsständen, geprägt von unterschiedlichen Religionen und Philosophien, ziehen nun erstaunlicherweise mehr denn je an einem Strang. Ihr gemeinsames Ziel: Sie wollen nicht mehr nur, dass ihre Sicht der Welt wahrgenommen wird. Nein, sie wollen mehr: Sie kämpfen um mehr Mitbestimmung in globalen Fragen. Und weil China nun mal das politische und wirtschaftlich stärkste Land in dieser Bewegung der globalen Aufsteiger ist, ist es besonders wichtig zu wissen, wie die Chinesen die Welt sehen.

Es reicht nicht mehr, uns wie in den vergangenen Jahrhunderten auf unseren westlichen Blickwinkel zu konzentrieren. Die großen Herausforderungen, vor denen wir im Westen, in Europa, in Deutschland stehen, sind globale Herausforderungen, denen sich alle Länder und ihre Bewohner stellen müssen. Dazu gehört der Kampf gegen den Klimawandel, die Notwendigkeit, dauerhaft Frieden zu schaffen, Armut und Hunger zu bekämpfen oder auch die Risiken der künstlichen Intelligenz zu zähmen.

All diese Herausforderungen sind so komplex geworden, dass wir mehr und mehr gezwungen sind, Überlegungen aus unterschiedlichen Perspektiven und Kulturen in unterschiedlichen Weltregionen miteinander abzuwägen. Nur so finden wir Lösungen, die sich auch umsetzen lassen, weil die Mehrheit der Welt hinter ihnen steht.

Auch darum dreht sich das Buch. Die Zeiten, in denen die Minderheit des Westens allein die Spielregeln der Welt bestimmen konnten, sind vorbei. Das mag man bedauern, weil wir nicht mehr bestimmen können, wo es langgeht. Aber dieser Wandel ist wichtig und richtig: Die Forderung nach mehr Mitbestimmung ist keine Einbahnstraße, in die wir nach Gutdünken einbiegen können, wenn sie unseren Anliegen nutzt, und gegen die wir uns stellen, wenn sie unseren Interessen zuwiderläuft. Wenn wir es mit mehr globaler Mitbestimmung ernst meinen, werden wir uns bei so machen Entscheidungen der Mehrheit beugen müssen. Das Gute daran ist, dass so eine neue multipolare und vielfältigere Weltordnung entsteht, in der es darum geht, einen globalen nachhaltigen Konsens zu finden. Eine Entwicklung, die durchaus zum Kern unserer westlichen Wertvorstellungen gehört. Je früher wir damit anfangen, desto besser und desto größer die Chance, dass möglichst viele unserer Werte in die neue Weltordnung einfließen.

Frank Sieren, Peking im August 2023

1 DER KOPF DES DRACHEN

Der Hafen von Piräus ist das wohl erfolgreichste Projekt Chinas in der EU, die sich dabei selbst ein Bein gestellt hat.

»Kopf des Drachen«, so heißt in Brüssel der chinesische Hafen von Piräus in Griechenland. Und das kam so: 2016 ist Griechenland pleite. Brüssel hilft, verlangt jedoch den Verkauf von Staatsfirmen, damit zusätzlich Geld in die Kasse kommt. Viel Druck übt dabei der damalige CDU-Finanzminister Wolfgang Schäuble aus. Doch in der EU will niemand Piräus übernehmen. Die Hafenbetreiber in Rotterdam, Bremerhaven oder Hamburg winken ab, denn Piräus ist ein potenzieller Wettbewerber. Die Europäer sehen die Risiken, die Chinesen die Chance: Piräus ist der erste europäische Hafen hinter dem Suezkanal, eine der Lebensadern des Welthandels. Würde das Containerterminal ausgebaut, könnten mehr Waren per Zug weitertransportiert werden, die bisher noch umständlich per Schiff um die Iberische Halbinsel nach Norden gelangen. Das könnte die anderen europäischen Player Umsatz kosten und den Hafen überaus erfolgreich machen.

Der chinesische Hafenbetreiber COSCO, einer der größten der Welt, erkennt das Potenzial und investiert, obwohl ihm bereits Seebrügge in Belgien zu 90 Prozent gehört, Bilbao in Spanien zu 40 Prozent, Rotterdam zu 30 Prozent und Antwerpen in Holland zu 20 Prozent. Ende 2022 hat der neue Betreiber COSCO mehr als eine Milliarde Euro in den Hafen investiert. 3000 direkte Arbeitsplätze wurden geschaffen und 10 000 indirekte. Nun ist Piräus der größte Containerhafen im Mittelmeer, der fünftgrößte in der EU, und er gehört zu den dreißig größten Häfen der Welt. »Damit wurden die optimistischsten Voraussagen übertroffen«, sagt Adonis Georgiadis, griechischer Minister für Entwicklung und Investitionen. Die Zahl der Container ist von 800 000 auf 5,3 Millionen gestiegen. 2022 macht der Hafen 52 Millionen Gewinn nach Steuern, eine Steigerung von 43 Prozent zum Vorjahr. Eine Zugstrecke nach Budapest ist bereits im Bau. China zahlt, nicht die EU. Und auch den Hafen baut Peking weiter aus. Athen hat nun Oberwasser gegenüber Brüssel, das eine wichtige Chance vertan hat. Nicht nur im Wettbewerb mit China.

Im Juni 2023 dann unterzeichnen eine COSCO-Tochter und die Hamburger Hafen und Logistik AG (HHLA) einen Deal über eine 24,9-Prozent-Beteiligung am Terminal Tollerort. Vorausgegangen war eine heftige monatelange politische Debatte, die es in der Form bei den China-Beteiligungen an Häfen in anderen EU-Ländern nicht einmal im Ansatz gegeben hat. Auch nicht in den USA. Allerdings verweigerte der damalige US-Präsident Trump COSCO 2019 eine Mehrheitsbeteiligung an dem Hafen von Long Beach. Long Beach ist der zweitgrößte Hafen der USA nach Los Angeles und vor New York. Minderheitsbeteiligung an fünf anderen Häfen, darunter 40 Prozent am West Basin Container Terminal in Los Angeles, durfte COSCO behalten – ohne öffentlichen Sturm der Entrüstung.

Die Beteiligung der Chinesen bringe Geld, Know-how und Geschäft für den Hamburger Hafen, so die HHLA, die verhindern will, dass noch mehr Ladung in Konkurrenzhäfen wie Rotterdam oder eben Piräus abwandert. Gut für Deutschland. Nur noch Rotterdam gehört zu den zehn größten Häfen der Welt. Der niederländische Hafen liegt auf Platz zehn. Sieben der Top 10 liegen in China, einer in Singapur und einer in Südkorea. Hamburg schafft nur noch einen 19. Platz. Eigentlich müssten sich alle europäischen Hafenbetreiber zusammenschließen, um im Wettbewerb gegen die mächtigen Hafenbetreiber aus Asien bestehen zu können.

2 TRANSRAPID 2.0

China und Europa im Wettbewerb um Züge, so schnell wie Flugzeuge

Es klingt wie eine Hollywood-reife Technologie-Saga. Vor dreißig Jahren: Deutschland entwickelt den Transrapid, eine Hochgeschwindigkeits-Magnetschwebebahn. Hightech von ThyssenKrupp und Siemens, auf der Grundlage eines deutschen Patents aus dem Jahr 1934. Der Ingenieur Hermann Kemper aus Osnabrück meldete es damals für den Urtyp der Magnetschwebebahn an. 1984 wird der Testbetrieb im emsländischen Lathen aufgenommen. Das Ziel: eine kommerzielle Strecke für den Hochgeschwindigkeitszug in Deutschland.

Doch Berlin traut sich nicht. Die Grünen, Koalitionspartner der SPD in der Regierung von Bundeskanzler Gerhard Schröder, sind dagegen. Sie setzen auf die traditionelle Rad-Schiene-Technologie.

Peking hingegen riskiert eine Teststrecke in Shanghai, nachdem der damalige Bundeskanzler Gerhard Schröder ihnen Fahrzeugtechnologie im Wert von 100 Millionen Euro schenkt, die er zuvor einem deutschen Unternehmen abgekauft hat. Die 100 Millionen waren der Fehlbetrag zwischen dem, was Siemens und Thyssen haben wollten, und dem, was die Chinesen bezahlen wollten. Gesamtkosten: 1,5 Milliarden Euro. Die Teststrecke in Shanghai führt dazu, dass der Transrapid auch in Deutschland gebaut werden kann.

2002 wird die erste Teststrecke der Welt eingeweiht, nach nur 22 Monaten Bauzeit. Schröder ist bei der Jungfernfahrt in Shanghai dabei. Der deutsch-chinesische Zug schwebt in China mit 423 km/h über die Schienen, Schröder schwebt mit. Doch die Grünen bleiben skeptisch. Die Strecke Berlin–Hamburg platzt. Die Chinesen sammeln hingegen weiter Erfahrung, als Einzige weltweit. In zwanzig Jahren fahren neunzig Millionen Passagiere. Und sie entwickeln die Technologie weiter. Schweben 2.0 mit 600 km/h. In der Vakuumröhre sogar so schnell wie ein Flugzeug, mit 800 km/h und mehr. Die Pekinger Regierung gibt in einem ihrer langfristigen Pläne das Ziel vor: In 3,5 Stunden von Peking nach Shenzhen/Hongkong. Die Züge sollen so schnell werden, dass sie Flugzeuge ersetzen und so den Klimawandel bremsen.

Ein Traum? Für die deutsche Politik Spinnerei, für Elon Musk 2012 in den USA und später für Richard Branson und Virgin in Europa immerhin einen Versuch wert. Doch beiden geht die Luft aus. Das sind Projekte, die von privaten Start-ups entwickelt werden können, aber ohne staatliche Hilfe kaum umzusetzen sind.

Staatspräsident Xi Jinping legt sich fest: 2060 soll China klimaneutral werden. Also weniger Flugzeuge. Bis 2030 sollen erste Langstrecken für den Transrapid 2.0 fertig sein. Der Zug muss durchgehend in einer Vakuumröhre fahren, sonst wäre bei diesen Geschwindigkeiten der Luftwiderstand zu groß und damit die Energiekosten zu hoch.

Der Zeitdruck, Xi Jinpings ehrgeizigen Plan umzusetzen, ist groß. Gleich mehrere chinesische Firmen entwickeln parallel. Die Chinesen wollen nun ihre Version in Lathen testen, auf der alten Transrapidstrecke. Das spart Bauzeit. Sie wollen den Zug gemeinsam mit den Europäern fertig entwickeln. Zusammen gehe es schneller, sagen die Chinesen. Die holländische Firma Hardt Hyperloop ist am weitesten, aber auch deutsche Technologie soll eingesetzt werden.

Wird sich Berlin diesmal trauen? In vierzig Minuten von Berlin nach München? Bayern traut sich ein wenig und kündigt den Bau einer Teststrecke an. Der Spatenstich erfolgt im Herbst 2022. Die Strecke wird aber nur 24 Meter lang werden.

Gleichzeitig haben die Chinesen schon Tests auf einer zwei Kilometer langen Strecke im Vakuum erfolgreich abgeschlossen. In Datong im Norden Chinas. Und sie beginnen mit dem Bau einer sechzig Kilometer langen Teststrecke. Im April 2023 dann der Durchbruch: Als erstes Land der Welt verkündet China, dass sie eine Strecke für den Alltagsbetrieb bauen werden. Von der Zehn-Millionen-Hightech-Metropole Hangzhou, der Heimat von Alibaba, dem chinesischen Amazon, nach Shanghai. Statt einer Stunde im Hochgeschwindigkeitszug wird die Fahrzeit dann nur noch 15 Minuten betragen. 2035 soll der Zug schweben. Die Chinesen sind bekannt dafür, dass sie solche Pläne einhalten. Sie können nicht auf die Europäer warten. Denn der Klimawandel wartet auch nicht. Es sieht so aus, als ob auch in diesem Technologiebereich die Europäer allenfalls Zulieferer und nicht Technologieführer werden. Wohl wieder eine große Chance vertan.

3 CHINAS GEDANKENLESER

Chinesische Forscher haben einen Helm entwickelt, der sehen können soll, was wir denken.

Ein auf künstliche Intelligenz spezialisiertes Forschungsteam von der Beijing Jiaotong University hält diesen neuen Hightech-Helm für einen großen Durchbruch auf dem Weg, menschliche Gedanken lesen zu können. Der Helm identifiziert intensive Gedankengänge in Gehirnwellen. Er kann zum Beispiel sehen, wenn sich jemand Pornografie anschaut. 15 männliche Studenten im Alter zwischen zwanzig und 25 Jahren wurden mit dem auf Machine Learning basierenden KI-Tool vor einen Computerbildschirm gesetzt. Jedes Mal, wenn ein Foto mit entsprechenden pornografischen Inhalten erschien, löste der Helm einen Alarm aus – immerhin mit einer Treffsicherheit von 80 Prozent. Das Team konnte selbst Reaktionen im Gehirn messen, wenn die Pornobilder nur für eine halbe Sekunde in einem Fluss anderer Bilder zu sehen waren. Und die Gehirnwellen schlugen auch dann noch aus, wenn die Testperson müde war, die Bilder nur noch überflog oder die Inhalte in einen komplexen visuellen Hintergrund eingebettet waren.

»Der Prototyp hat bewiesen, dass die Zusammenarbeit von Mensch und Maschine bei der Erkennung von Informationen möglich ist«, so Xu Jianjun, Direktor der Versuchsreihe. Die Testergebnisse wurden im chinesischen peer-reviewed Fachmagazin *Journal of Electronic Measurement and Instrumentation* vorgestellt, eine internationale Evaluierung fehlt noch.

Das Ziel der Forscher: Die KI soll genauso gut im Erkennen von Bildern werden wie das menschliche Team Gehirn/Auge, besonders, wenn es um Bilder vor komplexem Hintergrund geht. Schon jetzt ist der Prototyp so ausgefeilt, dass die KI sich an die Gehirnwellen der Probanden anpassen kann und jene herausfiltern kann, die etwa durch Ängste oder andere Gefühle ausgelöst werden.

Es ist allerdings eine ambivalente Technologie. Die eine Entwicklungsrichtung: KI-gestützte Tools könnten Gedanken von Menschen lesen, die sich zum Beispiel nach einem Schlaganfall nicht mehr äußern können, und dann in deren Auftrag Handlungen ausführen oder Äußerungen tätigen. Bis dahin ist es jedoch noch ein weiter Weg.

Die andere Entwicklungsrichtung: Die Technologie könnte dem chinesischen Staat dabei helfen, seine Zensur zu perfektionieren. Pornografie ist in China verboten, seit 2003 löschen die Behörden konsequent entsprechende Inhalte aus dem Netz. Auch ein Einsatz im Bereich des Militärs ist denkbar. Angeblich forscht die Volksbefreiungsarmee ebenfalls an Helmen mit Gedankenlesefunktion, die es Soldaten ermöglichen sollen, intelligente Waffen zu steuern.

Einige Fabriken in China setzen bereits Helme mit Gehirnsensoren ein, um Arbeitsunfälle zu vermeiden; die Sensoren kontrollieren das Aufmerksamkeitslevel der Arbeitnehmer. Erschreckend und sinnvoll zugleich. Beim Stromerzeuger Zhejiang Electric Power in der südöstlichen Stadt Hangzhou sollen die Unternehmensgewinne seit der Einführung der Helme 2014 um 315 Millionen Dollar gestiegen sein. Das Programm, das unter der Bezeichnung »Emotionale Überwachung« läuft, sei auch ein wichtiger Marker für Stress, so ein leitender Beamter. Man könne dem betroffenen Mitarbeiter dann nahelegen, sich einen Tag freizunehmen.

Im Falle Chinas könnten solche Geräte Grundlage für dystopische Überwachungsszenarien werden, im positiven wie im negativen Sinne. Positiv: Verbrechen könnten verhindert werden, indem die Technologie bei notorisch Straffälligen, zum Beispiel Sexualstraftätern, Alarm schlägt, weil sie an eine Tat denken. Negativ: Menschen könnten auf ihre Loyalität gegenüber der Kommunistischen Partei geprüft werden, wobei die Ausschläge wohl geringer sein dürften als bei Pornografie. Und möglicherweise will die KP auch gar nicht so genau wissen, was die Menschen wirklich über sie denken.

In den USA wird übrigens in einer ähnlichen Richtung geforscht. 2021 hat das kalifornische Start-up Kernel einen 50 000 Dollar* teuren Helm entwickelt, der durch Infrarotlicht die Gehirnaktivität entschlüsselt. Schon in drei Jahren, verspricht Kernel-Chef Bryan Johnson, sollen seine Gedankenhelme zur Grundausstattung des menschlichen Alltags gehören. Während das noch Zukunftsmusik ist, gelang es Forschern der Johns Hopkins University bereits, einen Roboterarm zu entwickeln, den Gelähmte über ein Interface im Gehirn steuern können. Sensorische Rückmeldungen, die wirklich für ein haptisches Erlebnis sorgen könnten, seien allerdings noch nicht möglich. Aber immerhin kann der Gelähmte zugreifen, wenn er an Zugreifen denkt. Ein großer Fortschritt.

Auch Meta-Chef Mark Zuckerberg forscht seit langem an einem Gedankenhelm, der mit Hilfe von Lichtwellen und Blutzirkulation Wörter und Sätze entziffern soll. Die wird man dann nicht mehr ins Smartphone tippen müssen, sondern sie werden wie von Geisterhand auf dem Display erscheinen, sobald der User diese Sätze und Wörter denkt. Auch das ist noch Zukunftsmusik.

Damit wir von dieser Zukunft nicht unvorbereitet überrollt werden, wäre es jetzt an der Zeit, über wichtige Fragen nachzudenken. Zum Beispiel: Wie wird die Autonomie und freie Entfaltung der Persönlichkeit garantiert, wenn Firmen und der Staat das menschliche Gehirn beeinflussen können?

---

* *Bei der Bezeichnung Dollar handelt es sich im gesamten Buch um US-Dollar.*

4 STROM AUS DEM WELTALL

China übernimmt die Führung bei dem Menschheitsprojekt, die Energie der Sonne im All besser zu nutzen.

Seit rund sechzig Jahren versuchen Forscher einen Traum zu verwirklichen: Mit Sonnenenergie aus dem All die Energieprobleme für immer lösen und damit den Klimawandel stoppen.

Noch 2023 wird im westchinesischen Chongqing die weltweit erste Basisstation für Weltraumstrom fertiggestellt. Ein großer Schritt, aber noch nicht die größte Hürde. Die größte Herausforderung der Weltraumgestützten Solarenergie (Space-Based Solar Power, SBSP) liegt darin, die Energie über Mikrowellen zielgerichtet und ohne Streuverluste zur Erde zu schicken. Gebündelt hätten die Wellen dann die Sonnenintensität von etwa einem Viertel der normalen Sonneneinstrahlung am Äquator. Sie wären also nicht gefährlich für Mensch und Material und könnten nicht als Waffe missbraucht werden.

Anfang Juni 2022 konnten Forscher der Xidian University in der Provinz Shaanxi einen Forschungserfolg vermelden. Erstmals ist es ihnen gelungen, mit ihrem SPS-OMEGA (Space Solar Power Station via Orb-Shape Membrane Energy Gathering Array) Sonnenenergie in Strom zu verwandeln und diesen über eine Strecke von 55 Metern zu einer Bodenstation zu schicken. Es ist ein großer Durchbruch, dass dies technisch überhaupt geht. Die nächste Stufe: zwanzig Kilometer. Am Ende müssen es aber 36 000 Kilometer sein. Denn erst ab dieser Höhe verdeckt die Erde die Sonne nicht mehr, und man hat 24 Stunden Strom.

Das Projekt ist der chinesischen Regierung so wichtig, dass sie parallel zwei Systeme entwickeln lässt. Neben dem SPS-OMEGA kommt auch ein weiteres System gut voran: Das Multi-Rotary Joints SPS (MR-SPS) der China Academy of Space Technology (CAST), dem wichtigsten staatlichen Raketenbauer. 2030 soll es die erste Teststation im All geben. Spätestens 2049, zum hundertsten Gründungstag der Volksrepublik, soll ein Solarkraftwerk im Orbit ein Gigawatt Strom produzieren. Es wird also ein Wettlauf gegen den Klimawandel. Damit das Kraftwerk funktioniert, müssen hundert Long-March-9-Raketen rund 10 000 Tonnen Infrastruktur in den Orbit transportieren, die dort von im All schwebenden Robotern zusammengebaut werden. Das Weltall wird also voller.

Das Gegenstück der NASA ist das SPS-ALPHA. Es kommt aber nicht so recht voran. Auch das California Institute of Technology forscht. Der Milliardär Donald Bren hat 100 Millionen Dollar gestiftet. Ein Satellit soll 2023 im Weltall getestet werden. Eine bessere Lösung für den Energietransport als die Chinesen haben die Amerikaner auch noch nicht. Immerhin hat das Pentagon kürzlich ein neues Weltraum-Solarpanel getestet. »Den USA fehlt ein klarer Plan, und sie sind in höchster Gefahr, hinter ihre Wettbewerber zurückzufallen«, warnte das amerikanische Magazin *SpaceNews*.

Das Problem: Solche Projekte reichen weit über zwei Wahlperioden hinaus – nicht attraktiv für westliche Politiker, die zudem weniger Geld dafür auftreiben können als China. Doch der Handlungsdruck wird durch den Klimawandel für alle Länder höher werden. Möglich, dass der Westen den Wettbewerb um eine bahnbrechende Technologie verliert. Es wäre nicht das erste Mal. Eines darf man dabei nicht vergessen: Bei jedem Technologieschub verschiebt sich die geopolitische Machtbalance wieder ein Stück zugunsten der Erfinder.

5 MIKROCHIP-WETTRÜSTEN

Donald Trump hat mit seinen Tech-Sanktionen gegen China schlafende Hunde geweckt. Die Folge: knappe Mikrochips und eine globale Tech-Aufrüstung, und China verknappt wichtige Rohstoffe.

Der Weltmarktanteil der Chiphersteller aus den Vereinigten Staaten sinkt seit Jahrzehnten stark: Hatte er 1990 noch bei 37 Prozent gelegen, sind es im Jahr 2020 nur noch 12 Prozent. Europas Marktanteil bricht noch stärker ein: von 44 auf 9 Prozent. China dagegen stürmt von null auf 15 Prozent und damit an die Weltspitze. Was die Entwicklung betrifft, ist China schon weit gekommen. Huaweis 7 nm Kirin 980 zum Beispiel gehört zu den global besten Chip-Sets. Allerdings ist es noch nicht in der Lage, sie ohne amerikanische und europäische Technologie wie etwa die Optiken der deutschen Firma Zeiss massenhaft herzustellen. Eine Schwachstelle, die der damalige US-Präsident Donald Trump nutzt. Im Herbst 2020 schließt er China von der heimischen Chiptechnologie aus: America First, amerikanische Chips den Amerikanern und den Europäern, wenn sie artig sind. Die Chinesen müssen draußen bleiben.

China macht Hamsterkäufe. Die Chips werden knapp. Die Folge: Bis zu 110 Milliarden Dollar Verlust im Jahr 2021 allein in der Autobranche. Werke von Ford und General Motors stehen im April jenes Jahres teils komplett still. Ein politisches Eigentor von Trump.

Gleichzeitig investiert Peking stark in Technologie und Produktionskapazitäten: Ein 170 Milliarden Dollar schwerer National Integrated Circuit (IC) wird aufgelegt. Viele Start-ups werden gegründet, Experten aus Taiwan abgeworben. Zu diesen Top-Leuten, die mit viel Geld gelockt wurden, zählt auch der derzeitige Co-CEO Liang Mong Song des chinesischen Halbleiterherstellers SMIC, der fünftgrößte der Welt. Zuvor war er in Taiwan beschäftigt. Auch seinem Know-how ist es zu verdanken, dass China bereits 2022 in der Lage ist, 7-nm-Chips herzustellen. In Nanometern (nm), also einem Millionstel Millimeter, wird der Abstand zwischen den Transistoren gemessen, die sich auf einem Chip befinden. Kleinere Abstände ermöglichen eine höhere Anzahl an Transistoren auf gleicher Fläche. Das ist energiesparender und effizienter.

»Ein großer Meilenstein«, urteilt denn auch der IT-Branchendienst Heise über den Zwischenschritt auf diesem Weg. SMIC habe in zwei Jahren geschafft, wozu der südkoreanische Hersteller Samsung fünf Jahre gebraucht habe. Und *ComputerBase* schreibt: Obwohl Hersteller aus Taiwan und Südkorea »nicht nur im 7-nm-Bereich mittlerweile viel weiter fortgeschritten sind, kann der Erfolg von SMIC nicht kleingeredet werden«. Die bemerkenswerte Leistung von SMIC besteht darin, dass es gelungen ist, die 7-nm-Chips auf älteren deep-ultra-violetten Lithografie-Maschinen (DUV) herzustellen. Allerdings ist das Verfahren noch rückständiger und fehlerhafter als das der Wettbewerber. Es bleibt ein Zwischenschritt.

In den meisten unserer Handys stecken TSMC-Chips aus Taiwan (56 Prozent Weltmarktanteil), gefolgt von Samsung mit 18 Prozent. Beide produzieren mit US-Technologie. Als Reaktion auf die chinesische Offensive hat der Senat in Washington inzwischen Präsident Joe Bidens Vorschlag für eine Mikrochipförderung in Höhe von 52 Milliarden Dollar durchgewunken. Plus 29 Milliarden Dollar für Forschung und Entwicklung. Doch Intels CEO Patrick Paul Gelsinger befürchtet, es werde viele Monate, »vielleicht sogar einige Jahre dauern«, bis das Geld überhaupt ankommt. China ist schneller. Die EU reagiert 2022 und stellt den European Chips Act vor: 43 Milliarden Euro an Investitionen bis 2030. Ob das reichen wird? Längst ist der Wettkampf zwischen China und den USA um die Vorherrschaft im Chipbereich entbrannt. »Wer das Wettrennen um die Technologien der Zukunft gewinnt, wird die Weltwirtschaft anführen«, sagt Chuck Schumer, Mehrheitsführer der Demokraten im US-Senat.

Es ist ein Kopf-an-Kopf-Rennen zwischen China und den USA, mit Europa weit abgeschlagen in deren Fahrwasser. Gleichzeitig setzten mehr chinesische Start-ups für autonomes Fahren auf US-Chips. Daran sieht man, wie vernetzt die globale Tech-Welt ist. Zu einigen dieser Chips hat China noch keine eigene Alternative. Im Sommer 2022 legte Washington noch einmal nach. US-Bürger dürfen nicht mehr in der Entwicklung oder Herstellung von Mikrochips in China tätig sein, ohne zuvor eine Sondergenehmigung zu beantragen. Das Problem: Hunderte Chipunternehmer und -entwickler sind US-Bürger chinesischer Abstammung. Und im September 2022 beendete Washington die Zusammenarbeit bei speziellen Spitzenchips. Nvidia ist es nun verboten, A100- und H100-Chips nach China zu verkaufen. Auf dem Schwarzmarkt in Shenzhen gibt es im Sommer 2023 den A100 von Nvidia noch für 20 000 Dollar das Stück, das Doppelte des üblichen Preises. Allerdings keine größeren Mengen und ohne Garantie und Service. Die Mengen reichen nicht. Nvida hat Glück: Die Nachfrage an Chips für künstliche Intelligenz steigt so an, dass der US-Hersteller den Verlust aus dem China-Geschäft kompensieren kann, mit einem Wachstum von 50 Prozent im zweiten Quartal 2023.

China hält ab August 2023 dagegen und führt Exportkontrollen für Produkte wie Chips ein, die mit den Rohstoffen Gallium and Germanium hergestellt werden, sowie für die Rohstoffe selbst, die nicht nur in Chips, sondern auch in E-Autos und Glasfaserkabeln verbaut werden. China ist mit großem Abstand der größte Gallium-Hersteller und einer der führenden Produzenten und Exporteur von Germanium, stellt ein US-Geologie-Bericht nüchtern fest.

Dann im Juli 2023 die große Überraschung: Bei Huawei sickert durch, dass man zusammen mit dem chinesischen Chiphersteller Semiconductor Manufacturing International Co. (SMIC) in der zweiten Hälfte des Jahres die Massenproduktion von selbst entwickelten 5G-Chipsätzen für Smartphones beginnen will. 2024 sollen dann die ersten Smartphones mit Top-Chips im Äquivalent von 7 nm in den Handel kommen. Nun kann Huawei seine verlorenen Marktanteile wieder zurückholen. Huaweis weltweiter Marktanteil war nach den Trump-Sanktionen von 17,6 Prozent auf rund 2 Prozent eingebrochen. Kurzzeitig hatte Huawei weltweit sogar Apple überholt.

Washingtons Sanktionspolitik bringt kurzfristig innenpolitischen Beifall, wäre aber dann ein dreifaches Eigentor. Erst hat der Staat mit den Sanktionen Umsatz und Gewinne seiner Unternehmen geschmälert. Hier könnte man noch den Standpunkt vertreten, dass die Unternehmen dies dem nationalen Interesse zuliebe aushalten müssen. Gleichzeitig allerdings beschleunigt Washington damit die innovative Aufholjagd der Chinesen. Und zum Dritten besteht die Gefahr, dass China, sobald es technologisch unabhängig in diesem Bereich ist, wiederum den Marktzugang für die US-Player einschränkt. Rache ist süß, zumal, wenn sie das Resultat einer weitsichtigen Politik ist.

China ist also wendiger, zäher und in mancher Hinsicht innovativer, aber – noch – ohne Alternative zu westlicher Produktionstechnologie und nicht in allen Bereichen schon vorne. Die USA sind rückständiger, behäbiger, aber politisch mächtiger, mit Top-Zugang zu den Produktionsmarktführern. Die EU wird vom Gewinner dieses Machtkampfes abhängig sein.

6 CHINESISCHER FRIEDEN?

Das amerikanische *Wall Street Journal* spricht bereits von »Chinas Modell einer neuen Diplomatie«. Peking ist gelungen, was Washington nicht geschafft hat: die Wiederaufnahme diplomatischer Beziehungen zwischen Iran und Saudi-Arabien.

Peking hat seine Rolle als Mediator vorab nicht an die große Glocke gehängt. Präsident Xi Jinping war allerdings im Dezember 2023 in Saudi-Arabien und der iranische Präsident und Hardliner Ebrahim Raisi im Februar in Peking.

Nach fünf Tagen Verhandlungen in Peking gelang der Durchbruch: Innerhalb von nur zwei Monaten konnten danach die Botschaften wie vereinbart wieder eröffnet und eine Vereinbarung der Sicherheitszusammenarbeit implementiert werden. John Kirby, Sprecher des National Security Council, sagte, die USA seien »über die Gespräche informiert« gewesen, hätten aber keine Rolle dabei gespielt.

Das chinesische Außenministerium betonte seltsamerweise: Man habe »keinerlei Eigeninteressen« in der Region, obwohl China 40 Prozent seiner Öl- und Gaslieferungen von dort bezieht. China habe »kein Interesse, ein sogenanntes Vakuum in einem geostrategischen Wettbewerb zu füllen oder exklusive Blocks zu bilden«, betonte ein Sprecher.

Iran und die Saudis hatten seit 2016 nicht mehr miteinander geredet, nachdem die Saudis einen prominenten schiitischen Geistlichen exekutiert hatten. Daraufhin hatten Iraner die saudische Botschaft in Teheran gestürmt.

Schiiten (Mehrheit in Iran) und Sunniten (Mehrheit in Saudi-Arabien) streiten seit dem 7. Jahrhundert um die Frage, wer der legitime Nachfolger des Propheten Mohammed sei. Bis heute geht es aber auch um die Hegemonie am Persischen Golf. Trita Parsi, ein Schwede persischer Herkunft, der den National Iranian American Council gegründet hat und nun Vizepräsident des Washingtoner außenpolitischen Thinktanks Quincy Institute ist, erklärt die Lage: »Die USA haben sich mehr und mehr auf eine Seite in diesen regionalen Konflikten geschlagen und wurden Kriegsverbündete. Das hat es sehr schwierig werden lassen, eine Vermittlerrolle zu spielen.« Die Chinesen hätten es hingegen vermieden, sich auf eine Seite zu schlagen und so in den Konflikt hineinziehen zu lassen. Deshalb könnten sie nun die Rolle als Friedensstifter spielen.

Die Amerikaner sind seit Jahren die mit Abstand größten Waffenlieferanten der Saudis, während Washington gegen Iran Sanktionen verhängt hat. Dass Iran, Saudi-Arabien und China nun so gut klarkämen, sei eine »Verlierer-Entwicklung für amerikanische Interessen«, sagt Mark Dubowitz, Chef der Foundation for Defense of Democracies in Washington. »Das ist ein deutliches Zeichen einer sich wandelnden Weltordnung«, resümiert Sina Toossi, Senior Fellow am Washingtoner Center for International Policy, einem der wichtigen US-Thinktanks. »Die Zeit der Amerikaner als globale Supermacht ohne Herausforderer nach dem Ende des Kalten Krieges endet nun.« Für Länder wie Saudi-Arabien seien die USA in den vergangenen Dekaden der einzige brauchbare Partner gewesen. »Mit einem stärker werdenden China hat sich nun eine Alternative entwickelt.«

Die Aufgabe für Peking in den vergangenen Jahren bestand darin, als enger Verbündeter Irans nun das Vertrauen der Saudis zu gewinnen und die anderen Länder der Region einzubeziehen. Ein wichtiger Schritt waren dabei strategische Partnerschaften: mit Algerien, Ägypten und Katar 2014, Irak 2015, Marokko, den Vereinigten Arabischen Emiraten und Saudi-Arabien 2016. 2018 folgten Oman und Kuwait. Im Dezember 2021 entschieden China und die arabischen Staaten, bei der strategisch wichtigen Satellitennavigation zusammenzuarbeiten – als Grundlage für eine spätere

Kooperation im Raumfahrtbereich. Stand Mitte 2023 haben zudem zwanzig arabische Länder Kooperationsvereinbarungen im Rahmen der Belt and Road Initiative (BRI) unterzeichnet.

Währenddessen musste US-Präsident Joe Biden schon Mitte 2022 einen Rückschlag hinnehmen: Nach seinem Treffen mit Kronprinz Mohammed bin Salman hat die Saudi-dominierte OPEC+ entgegen Bidens Bitte die Ölproduktion gedrosselt. Ende desselben Jahres wurden die Beziehungen zwischen Riad und Peking zu einer »Comprehensive Strategic Cooperative Partnership« aufgewertet. Damit steigen auch die Chancen für Frieden in Jemen, wo Riad und Teheran seit acht Jahren einen Proxy-Krieg mit bislang über 400 000 Toten führen: Teheran unterstützt die Huthi-Rebellen, Riad die Regierung.

7 WÄHLERISCHE INSELN

China baut seinen Einfluss im Südpazifik stetig aus – auf Kosten der USA und Australiens.

Die Salomonen liegen quer zur Schiffsroute USA–Australien. Zwischen diesen beiden Ländern und China gibt es seit Längerem starke politische Spannungen. Als die Regierung des Inselstaates mit Sitz in der Hauptstadt Honiara eine strategische Partnerschaft mit China eingeht, fühlen sich sowohl Washington als auch Canberra in ihren Sicherheitsinteressen gestört. Der Pakt der Pazifikinseln mit Peking erhöht dessen Einfluss in der Region, man fürchtet eine mögliche Militärpräsenz. Denn nun könnten sich Chinas Militärschiffe in Honiara mit Nachschub versorgen.

Washingtons Reaktion: Wenn Schritte unternommen würden, um de facto eine permanente Militärpräsenz zu etablieren, hätten die USA »erhebliche Bedenken« und würden »entsprechend reagieren«. Canberra lässt verlauten: Wenn eine Militärbasis käme, sei eine »rote Linie überschritten«. Was dann genau passieren würde, sagen weder die australische noch die amerikanische Regierung. »Wir werden keine chinesische Militärbasis in unserer Region dulden«, betont Scott Morrison, seinerzeit australischer Premierminister, und wirft Honiara vor, »nicht transparent« zu agieren.

»Wir haben diese Vereinbarung mit China mit offenen Augen unterschrieben, geleitet von unseren nationalen Interessen«, sagt dagegen Manasseh Sogavare, Premierminister der Salomonen. »Wir bitten darum, dies zu respektieren.« Die bestehenden Sicherheitsvereinbarungen mit Australien blieben davon unberührt. Dazu passen die Äußerungen aus Peking: »Die Kooperation richtet sich nicht gegen Drittländer und ersetzt keine anderen bilateralen oder multilateralen Kooperationen.«

Die strategisch wichtigen Salomonen bestehen aus sechs Haupt- und 900 kleineren Inseln mit rund 650 000 Einwohnern. Sie sind die erste Inselgruppe auf dem Weg vom US-amerikanischen Hawaii nach Australien und Neuseeland, beides enge Alliierte der USA. Hawaii, der östliche Nachbar der Salomonen, war 1895 von den Vereinigten Staaten annektiert worden und ist seit 1959 der fünfzigste Bundesstaat der USA, 3200 Kilometer westlich des nordamerikanischen Festlands gelegen.

Die Salomonen selbst waren lange eine britische Kolonie. Erst seit 1978 sind sie unabhängig, aber immer noch Teil des Commonwealth of Nations. 1998 brachen schwere ethnische Konflikte aus, die die Regierung nicht in den Griff bekam. Nach fünf Jahren politischer Unruhen bat man 2003 um internationale Hilfe. Unter Führung Australiens kamen rund 8000 Soldaten und Polizisten auf die Inseln – und blieben bis 2017. Zwei Jahre später beendete Honiara nach 36 Jahren die diplomatischen Beziehungen zur Insel Taiwan, um von nun an mit der Volksrepublik China zu kooperieren. Peking hatte umfassende Investitionen in die Infrastruktur der Inseln angekündigt. Taiwan unterhält damit nun nur noch mit 14 der 194 UN-Staaten diplomatische Beziehungen.

Der außenpolitische Kurswechsel stößt nicht überall auf Beifall. Auf der Insel Malaita, einem Teil der Salomonen, werden chinesische Investitionen verboten, hier setzt man weiter auf Hilfe aus den USA. Im November 2021 kommt es in der Hauptstadt Honiara zu Demonstrationen und Ausschreitungen, Geschäfte in Chinatown werden geplündert. »Ausländische Kräfte« hätten die Unruhen geschürt, sagt die Regierung. Australische Sicherheitskräfte sorgen für Ordnung. Wenig später unterzeichnet Honiara eine Polizeikooperation mit China. Es geht um Ausrüstung und Training der Einsatzkräfte. Im April 2022 schließlich werden Details einer weiterreichenden Sicherheitskooperation bekannt: Das weit gefasste Abkommen umfasst humanitäre Hilfe bei Katastrophen, aber die Regierung in Honiara kann auch Chinas Polizei oder Militär anfordern, »um die soziale Ordnung aufrechtzuerhalten«.

Mit Dschibuti, dem ostafrikanischen Land am Horn von Afrika, hat Peking 2015 eine Sicherheitskooperation mit »Logistikzentrum« unterzeichnet. Inzwischen sprechen selbst chinesische Medien von Chinas erstem Marinestützpunkt. Werden die Salomonen zum nächsten? Premierminister Sogavare sagt klipp und klar: »Kein Stützpunkt ist geplant.«

Klar ist aber auch: Als aufsteigende Weltmacht wird China nicht nur seine wirtschaftlichen Kooperationen intensivieren, sondern gleichzeitig den eigenen globalen Sicherheitsspielraum ausbauen. In Kiribati, einer Inselrepublik mit rund 121 000 Einwohnern, zwischen den Salomonen und Hawaii gelegen, baut Peking gerade einen »zivilen« Flugplatz auf dem Atoll Kanton. Seit 2019 unterhalten Kiribati und China diplomatische Beziehungen.

All das untergräbt den Einfluss der USA. Nach der Unterzeichnung des Sicherheitsabkommens mit den Salomonen reiste eine

US-Delegation umgehend nach Honiara und bot unter anderem an, die seit 1993 geschlossene Botschaft wieder zu eröffnen. Auch die Entwicklungshilfe wurde nach oben geschraubt. Der renommierte australische Publizist David Llewellyn-Smith schrieb, das Abkommen mit China sei »das faktische Ende unserer Souveränität und Demokratie«. Und forderte: »Bombardiert Honiara.«

Das chinesische Staatsblatt *Global Times* übertreibt: Die Reaktionen aus Washington und Canberra seien »viel hysterischer als das, was bis zum 24. Februar aus dem Kreml zu Kiew kam«. Der *Solomon Star* ist überzeugt: »China hat sich stets mehr auf gemeinsame Wirtschaftsfortschritte konzentriert – eine Win-win-Situation – als auf militärischen Wettbewerb oder Nullsummenspiele.«

Fakt ist: Im August 2022 beauftragt die Regierung Huawei mit dem Bau von 161 Mobilfunkmasten und nimmt dafür einen Kredit einer chinesischen Bank in Höhe von umgerechnet 58 Millionen Euro auf. Gleichzeitig verweigern die Salomonen sowohl einem Schiff der US-amerikanischen Küstenwache als auch einem Patrouillenboot des britischen Militärs das Anlaufen des Hafens von Honiara auf der Hauptinsel Guadalcanal.

8 WELTMACHT BRICS

Die BRICS-Staaten werden immer wichtiger: Sie sind – gemessen an Bevölkerungszahl und Wirtschaftskraft – inzwischen größer als die G7.

Das war im Westen so schnell nicht erwartet worden: Während die G7-Länder 11 Prozent der Weltbevölkerung vertreten und kaufkraftbereinigt 30 Prozent des globalen BIP erwirtschaften, stellen die BRICS-Länder Brasilien, Russland, Indien, China und Südafrika 40 Prozent der Weltbevölkerung und mehr als 30 Prozent des globalen BIP. Sie bestimmen inzwischen auch die Richtung von G20: Indien hat dort 2023 den Vorsitz, 2024 wird es Brasilien sein und 2025 Südafrika. Die Nato-Staaten sind in diesem Gremium längst in der Minderheit und werden es voraussichtlich auch bleiben.

Wie begrenzt ihr Einfluss ist, zeigt sich auch an der Ukraine. Die übrigen BRICS-Staaten kritisieren Russland zwar, brechen aber nicht mit Moskau. Es gibt Streit im Club, die Länder verurteilen Putins Angriffskrieg, doch der Ausschluss eines Mitgliedes kommt nicht in Betracht. Die BRICS sind gegen Sanktionen gegen Russland und haben dafür eine Mehrheit in der Welt gefunden. Gut 170 von 193 Ländern der UN beteiligen sich nicht an den Sanktionen gegen Moskau. Diejenigen, die Sanktionen gegen Russland durchsetzen, repräsentieren nur 16 Prozent der Weltbevölkerung. Keines der BRICS-Länder schlägt sich auf die Seite der Nato, obwohl Brasilien, Indien und Südafrika Demokratien sind. Sie wollen sowohl zu Russland als auch zu den USA gute Beziehungen unterhalten – und eben mehr und mehr auch zu China.

Südafrika, das wichtigste Land des aufstrebenden Kontinents (3,8 Prozent Wachstum 2022) veranstaltet mit China und Russland im Frühjahr 2023 gar ein gemeinsames Seemanöver vor der Küste Südafrikas. Die Neutralität Südafrikas bedeute, mit vielen verschiedenen Ländern Manöver durchzuführen. Neben den USA oder Deutschland eben auch mit Russland und China, so die Regierung in Pretoria.

Die neuen Richtlinien des südafrikanischen Außenamts lauten: Südafrika solle sich mit jenen globalen Kräften verbünden, »die der Dominanz des Westens und der liberalen internationalen Wirtschaftsordnung etwas entgegensetzen«. Es geht dabei also weniger um die traditionellen Beziehungen des ANC zu Moskau, das die damalige Protestbewegung schon zu Apartheid-Zeiten unterstützt hat, sondern um mehr Mitbestimmung des globalen Südens gegen die Minderheit des Westens.

Der südafrikanische Präsident Cyril Ramaphosa kritisiert Putin zwar und sagt, sein Land »könne die Anwendung von Gewalt und die Verletzung der internationalen Rechtsordnung nicht dulden«. Aber er mahnt auch die Nato: »Der Krieg hätte verhindert werden können, hätte die Nato über die Jahre auf die Warnungen ihrer eigenen Offiziellen und führenden Politiker gehört, dass die Expansion nach Osten mehr und nicht weniger Instabilität bringt.« Ramaphosa sieht keine militärische Lösung des Konfliktes: »Wir bestehen auf Dialog.«

Man will es sich mit Moskau nicht verscherzen, aber auch nicht mit den Vereinigten Staaten. Bei einem Treffen mit US-Präsident Joe Biden im September 2022 in Washington betont Ramaphosa: »Die USA spielen eine Schlüsselrolle bei Sicherheitsthemen in Afrika.« Umgekehrt schmeichelt US-Vizepräsidentin Kamala Harris Pretoria: »Ich kann gar nicht genug betonen, wie wichtig unsere Beziehungen für die Menschen in den USA sind, unsere Sicherheit und unsere Prosperität.« Kritik an Ramaphosas Position zu Russland ist in offiziellen Stellungnahmen des Weißen Hauses nicht zu vernehmen. Auch als Ramaphosa verkündet, er wolle Putin im August als Gastgeber zum 15. BRICS-Gipfel einladen, ist die Reaktion erstaunlich moderat. Im März 2023 hatte der Internationale Strafgerichtshof einen Haftbefehl gegen Putin ausgestellt. Eigentlich müsste die südafrikanische Regierung Putin dann verhaften. Putin entscheidet schließlich, nicht daran teilzunehmen.

Im Juni 2023 dann reist Ramaphosa zusammen mit dem Präsidenten der Afrikanischen Union Azali Assoumani und einigen anderen Staatschefs aus afrikanischen Ländern nach Russland und in die Ukraine. Selbst wenn die Mission am Ende nichts bringt, ist sie ein historisches Ereignis: Die erste afrikanische Friedensmission überhaupt, bei der afrikanische Regierungschefs nach Europa reisen, um dort in einem Krieg zu vermitteln.

Die Position Indiens, der bevölkerungsreichsten Demokratie der Welt, ist ähnlich. Premierminister Narendra Modi möchte sich ebenfalls nicht auf die Seite der Nato schlagen. Er fordert zwar eine »unverzügliche Einstellung der Feindseligkeiten« und die Rückkehr zu »Dialog und Diplomatie« und versichert, »jede Art von Friedensverhandlungen« zu unterstützen. Zu Putin sagte Modi bei einem Treffen im September 2022: Man sei »nicht mehr im Zeitalter von Kriegen«. Seine Begegnung fasste er wie folgt zusammen: »Ich hatte ein wundervolles Treffen mit Präsident Putin.« Eine Tonlage, die Stirnrunzeln in Washington und Brüssel auslöste. Was er meinte: Man solle seinen Einfluss in der Weltpolitik nicht unterschätzen.

Neu-Delhi mag sich nicht so positionieren, wie der Westen sich das wünscht. Indien hat 2022 den Anteil der russischen Ölimporte auf 23 Prozent mehr als verzehnfacht. »Wir fordern unsere Ölfirmen nicht auf, russisches Öl zu kaufen, sondern das billigste Öl auf dem Weltmarkt im Interesse des indischen Volkes«, verteidigte sich Außenminister Subrahmanyam Jaishankar. Parallel dazu vereinbarte Modi 2022 eine »strategische Technologiepartnerschaft« mit den USA, bei der es auch um die Zusammenarbeit im Rüstungsbereich geht. Konsequenterweise sollte Washington Indien ebenfalls mit Sanktionen belegen, als Strafe, dass sie die Sanktionen des Westens unterlaufen. Doch Indien ist zu wichtig. US-Präsident Joe Biden verkauft den Indern lieber 200 Boeings, der größte Deal mit Indien bisher. Er betont, er schaffe damit Arbeitsplätze für eine Million Amerikaner.

Ende Juni dann ein weiteres Treffen zwischen Modi und Biden. Im Mai hatte der Anteil des russischen Öls bei Indiens Importen bereits bei 43 Prozent gelegen. In keinem anderen Land weltweit, auch in China nicht, ist der Anteil höher. Dennoch heißt es in dem gemeinsamen Statement nach dem Treffen: »Die Partnerschaft hat eine neue Ebene an Vertrauen und gegenseitigem Verständnis in der warmen familiären Bande der Freundschaft erreicht.« Die USA und Indien gehörten »zu den engsten Partnern der Welt – eine Partnerschaft der Demokratien«. Statt Indien für seine Russlandpolitik abzustrafen, bilden die Amerikaner nun indische Astronauten aus. Weiter heißt es, die amerikanisch-indische Verteidigungspartnerschaft sei »eine Säule für den globalen Frieden und die Sicherheit«. Erst unter Punkt 23 drücken beide Länder ihre Sorge um den »Konflikt in der Ukraine« aus, eine neutrale Formulierung, die Peking geprägt hat und für die es aus Washington viel Kritik bekommen hat. Putin und Russland werden nicht erwähnt. Myanmar und Nordkorea werden kritisiert, China nicht.

An diese »Sowohl-als-auch-Haltung« musste sich auch Bundeskanzler Olaf Scholz im Frühjahr 2023 bei seiner Reise nach Indien gewöhnen. Bei seinem Treffen mit Brasiliens Präsident Inácio Lula da Silva Ende Januar 2023 hatte er sich damit noch schwerer getan. Von Lula hatte Scholz mehr Solidarität im Ukrainekrieg gefordert und damit auf Granit gebissen. Er blitzte mit seinem Wunsch nach 300 000 Stück 105-Millimeter-Munition für die deutschen Gepard-Panzer in der Ukraine ab. »Wir sind ein Land des Friedens«, erläuterte Lula. »Wir wollen keine Beteiligung an diesem Krieg, auch nicht indirekt.« Derzeit höre man »das Wort Frieden sehr wenig in der internationalen Diskussion«. Lulas Vorschlag hingegen: »Es ist notwendig, eine Gruppe von Ländern zu bilden, die sich mit den beiden an einen Verhandlungstisch setzen. Multilaterale Initiativen gefallen mir sehr.« Die neue Weltordnung müsse »auf Dialog basieren, auf Multilateralismus und Multipolarität«, forderte Lula, der – wie Peking – überzeugt ist, dass die globalen Institutionen nicht mehr zeitgemäß sind. »Seit vielen Jahren kämpfen wir für einen Sitz im Weltsicherheitsrat der UN. Dafür, dass afrikanische, asiatische, lateinamerikanische Länder ebenfalls einen Sitz bekommen.« Diese Forderungen gehen weit über BRICS hinaus: So lautet auch die Position Argentiniens, Saudi-Arabiens, Mexikos, Malaysias, Indonesiens und selbst des Nato-Mitglieds Türkei.

Der wichtigste Unterschied in den Vorstellungen des Westens und der BRICS als Voraussetzungen für Friedensverhandlungen: Anders als die Nato spricht derzeit kein Vertreter der BRICS-Länder von einem kompletten Rückzug Putins aus den von seinen Truppen besetzten Gebieten in der Ukraine als Voraussetzung. Doch in der ersten Hälfte des Jahres 2023 wurde diese Position aufgeweicht. Vor allem, nachdem Chinas Präsident Xi Jinping Ende April 2023 erstmals seit Beginn des Krieges mit dem ukrainischen Präsidenten Wolodymyr Selenskyj gesprochen hatte. Man habe über den Ausbau der chinesisch-ukrainischen Beziehungen geredet. China und nicht etwa die EU war vor dem Krieg der wichtigste Handelspartner der Ukraine. Zuvor hatte Selenskyj China immer wieder als »neutral« in dem Konflikt bezeichnet, während die Nato-Staaten China vorwerfen, auf der Seite Russlands zu stehen. China hat die russische Invasion nicht verurteilt. Pekinger Diplomaten betonen hinter den Kulissen: China tue dies, um seinen Einfluss auf Putin nicht zu schmälern und damit seine Verhandlungsmacht für ein schnelles Ende des Krieges zu wahren.

Selenskyj jedenfalls setzt auf das Verhandlungsgeschick Pekings. Die Unterredung mit Xi, die er als »lang und bedeutsam« bezeichnete, habe ein »besonderes Augenmerk auf die Möglichkeiten der Zusammenarbeit zur Schaffung eines gerechten und nachhaltigen Friedens für die Ukraine« gelegt. Noch im Februar hatte Selenskyj betont, Gespräche seien nur möglich, wenn Russland seine Soldaten abziehe, seinen Fehler eingestehe und es vielleicht eine neue Führung in Moskau gebe: »Nur dann kann die Situation gelöst werden. Nur dann sind Verhandlungen möglich.« Nach dem Gespräch mit Xi zeigte er sich erstmals kompromissbereiter: Es könne »keinen Frieden auf Kosten von territorialen Kompromissen geben«. Für Friedensgespräche hingegen nannte er keine Vorbedingungen mehr.

9 SYSTEMRELEVANTE KLONSCHWEINE

Die Chinesen essen immer mehr Schweinefleisch.
Die Schweine vermehren sich jedoch nicht schnell genug.
Deshalb werden sie nun von KI-Robotern geklont.

Die Wissenschaftler vom College of Artificial Intelligence an der Nankai University halten ihre Forschungen für bahnbrechend. Die Universität liegt in der 14-Millionen-Stadt Tianjin südöstlich von Peking. Hier wurden im März 2022 die ersten sieben geklonten Schweine von einer Surrogatsau auf die Welt gebracht.

Jeder Schritt bis zur Geburt sei automatisiert, erklärt Liu Yaowei, ein Forscher, der das Verfahren mitentwickelt hat: »Der Mensch greift nicht mehr ein.« Die Roboter würden so arbeiten, dass die Zellen nicht beschädigt werden. Die menschlichen Hände seien hingegen zu grobmotorisch, um verlässlich zu klonen.

Die gebräuchlichste Methode zum Klonen von Tieren war bislang der sogenannte somatische Zellkerntransfer (SCNT). Dabei entfernt ein Wissenschaftler per Hand den Kern aus der Eizelle eines Tieres. Den ersetzt er dann durch einen Kern, der aus einer anderen Körperzelle entnommen wurde. Der Embryo mit dem transplantierten Kern wird dann in ein Leihmuttertier eingepflanzt.

In den letzten fünf Jahren sei es gelungen, die Erfolgsrate von maschinell geklonten Embryonen von 21 auf 27,5 Prozent zu verbessern. Per Hand liege die Erfolgsrate nur bei etwa 10 Prozent. »Unser KI-gestütztes System kann die Belastung innerhalb einer Zelle berechnen und den Roboter anweisen, den Klonprozess mit minimaler Kraft auszuführen. Dadurch werden die normalerweise durch menschliche Hände verursachten Zellschäden reduziert«, so die Forscher aus Tianjin. Allerdings müssen sie ihren Durchbruch erst noch von der internationalen Wissenschaftswelt in einem Peer-

Review-Papier begutachten lassen: Das soll demnächst im *Engineering Journal* passieren.

Das nicht nur für Tierschützer gruselig anmutende Verfahren ist aus der Not geboren. Je mehr Chinesen zu Wohlstand kommen, desto mehr Fleisch essen sie – gewissermaßen als Statussymbol. Das neue Verfahren soll nicht nur den Nachschub an Schweinefleisch sichern, sondern die Schweine selbst auch besser vor Krankheiten schützen. Die Schweinepest, die 2019 vor Covid in China grassierte, hat gezeigt, wie anfällig die Versorgung mit Fleisch ist. Das Virus, das sogar überlebt, wenn man Fleisch kocht oder tiefgefriert, hatte sich von Nordostchina über das ganze Land ausgebreitet. Hunderte Millionen Schweine mussten getötet werden. Schweinefleisch wurde so knapp, dass China mehr auf dem Weltmarkt kaufen musste. Sogar in Deutschland stiegen daraufhin die Preise. »Chinesen kaufen unser Grillfleisch weg!«, titelte die *BILD*-Zeitung im April 2019.

China ist heute schon der weltweit größte Produzent – und auch Konsument – von Schweinefleisch. Die Chinesen verzehren jährlich rund 55 Millionen Tonnen, 41 Kilo pro Kopf und Jahr. Schweinefleisch ist ein wichtiges Importgut: 2020, dem Jahr nach der Schweinepest, importierte China den größten Anteil aus den USA (333 000 Tonnen), gefolgt von Spanien (300 000) und Deutschland (239 000). Die neue Erfindung könnte also eine schlechte Nachricht für deutsche Schweinezüchter sein.

Ist sie wenigstens eine gute Nachricht für das Klima? Leider nein. Auch die geklonten Schweine produzieren klimaschädigendes CO_2. Nach Berechnungen der UN tragen Schweine 9 Prozent zum CO_2-Ausstoß bei, der durch die Haltung und Verarbeitung von Tieren entsteht. Insgesamt liegt der tierische Anteil bei 14,5 Prozent.

Die Erfindung mag bahnbrechend sein. Dennoch wird China nicht umhinkommen, den Fleischkonsum pro Kopf und Jahr niedrig zu halten. Eine Annäherung an den Fleischkonsum der Amerikaner –

alle Fleischarten zusammengerechnet knapp 130 Kilogramm pro Kopf und Jahr – hält das Weltklima nicht aus. Das bedeutet: Auch in einer multipolaren Weltordnung wird der Westen weniger Fleisch essen müssen, damit die Chinesen mehr essen können. Denn sie werden ihr Recht auf die gleiche Menge Fleisch pro Kopf einfordern. Die einzige denkbare Lösung: Man trifft sich in der Mitte. Der Westen senkt seinen Fleischkonsum, und dafür sagen die Chinesen zu, ihren Konsum auf gleichem Level zu deckeln.

10 INHAFTIERTE JOURNALISTEN

Dong Yuyu ist wegen Spionage angeklagt. Er soll sicherheitsrelevante Informationen verraten haben. Ob das stimmt oder ob er nur mundtot gemacht werden soll, lässt sich nicht nachvollziehen.

Dong Yuyu ist ein bekannter und renommierter chinesischer Journalist mit sehr guten internationalen Kontakten. Er war von 2006 bis 2007 Nieman-Fellow an der Harvard University, 2010 Visiting Fellow an der japanischen Keio University und 2014 Gastprofessor an der Hokkaido University. Bekannt wurde er als Journalist der *Guangming Daily* im liberaleren Süden Chinas, einer der fünf großen staatlichen Zeitungen des Landes.

Obwohl er 1989 auf der Seite der Protestierenden auf dem Platz des Himmlischen Friedens stand und für ein Jahr zu Zwangsarbeit in einem Stahlwerk verurteilt wurde, schaffte er es auf den Posten des stellvertretenden Chefredakteurs.

Im Februar 2022 hatte sich Dong Yuyu in einem Pekinger Hotelrestaurant mit einem japanischen Diplomaten getroffen. Noch während des gemeinsamen Mittagessens wurden die beiden von chinesischen Sicherheitskräften verhaftet. Die internationalen Medien erfuhren damals davon, weil die japanische Regierung unmittelbar danach eine Beschwerde einreichte. Nur wenige Stunden später wurde ihr Diplomat freigelassen. Japan verlangte eine Entschuldigung von Peking, aber das Außenministerium antwortete nur, der Diplomat habe »inkonsistent« gehandelt. Dong hingegen blieb seitdem in Untersuchungshaft und wurde im März 2023 angeklagt. Spionage ist ein Strafbestand, der in leichten Fällen mit zwischen drei und zehn Jahren Gefängnis bestraft wird. In schwerwiegenden Fällen kann lebenslanger Freiheitsentzug drohen. Die Familie betont, bisher habe die Staatsanwaltschaft keinerlei Beweise für Dongs Schuld vorgelegt, etwa Belege über Geldüberweisungen oder andere Begünstigungen.

In einer Petition forderten sechzig internationale Journalisten und Akademiker die Freilassung von Dong, darunter Bob Woodward von der *Washington Post* oder Matthew Pottinger, ehemaliger US-Korrespondent in Peking und zuletzt stellvertretender Nationaler Sicherheitsberater unter dem ehemaligen amerikanischen Präsidenten Donald Trump.

In keinem Land der Welt sitzen mehr Journalistinnen und Journalisten im Gefängnis als in China. Derzeit sind dort mehr als hundert chinesische Medienschaffende aufgrund ihrer Arbeit inhaftiert. Cheng Lei, ein australischer Journalist chinesischer Herkunft, der für den staatlichen TV-Sender CGTN gearbeitet hat (dem internationalen Kanal von CCTV), wurde 2020 wegen »Verletzung der nationalen Sicherheit« angeklagt. 2022 wurde Haze Fan, ein Reporter der amerikanischen Nachrichtenagentur Bloomberg News verhaftet. Er wurde erst nach einem Jahr gegen Kaution freigelassen. Jeder einzelne Fall in China ist schlimm, auch weil die Urteile völlig intransparent sind. Mit 114 inhaftierten Journalisten bei 1,4 Milliarden Einwohnern steht China allerdings deutlich besser da als das Nato-Mitglied Türkei: Hier kommen 32 inhaftierte Journalisten auf nur 84 Millionen Einwohner. In Ägypten (109 Millionen Einwohner), ein Land, von dem Bundeskanzler Olaf Scholz (SPD) sagt, die Beziehungen seien von »großem und gegenseitigem Respekt« geprägt, liegt die Zahl der Inhaftierten bei zwanzig. China steht auch deutlich besser da als Vietnam mit gar vierzig Inhaftierten Journalisten bei neunzig Millionen Einwohnern. Vietnam ist dennoch ein »strategischer Partner« Deutschlands, der für Bundeskanzler Olaf Scholz eine »ganz, ganz wichtige Rolle spielt«, wenn es darum geht, die wirtschaftliche und politische Abhängigkeit von dem »systemischen Rivalen« China zu verringern.

Am schlechtesten jedoch ist das Verhältnis in Saudi-Arabien mit 24 inhaftierten Journalisten bei nur dreißig Millionen Einwohnern. Dennoch genehmigte Wirtschaftsminister Robert Habeck (Grüne) 2022 den Export von Ausrüstung und Munition für die Kampfjets Eurofighter und Tornado im Wert von rund 36 Millionen Euro an Saudi-Arabien. Im Rahmen eines europäischen Kooperationsprojekts mit Frankreich, Spanien und Großbritannien sollen außerdem Ersatzteile für den Airbus A330 MRTT im Wert von 2,8 Millionen Euro geliefert werden. Der Preis für eine engere Energiepartnerschaft.

Es zeigt sich also, dass die Frage inhaftierter Journalisten in unterschiedlichen Ländern von der deutschen Politik durchaus unterschiedlich gewichtet wird. Je nach Interessenlage. Bei China fällt die Gewichtung sehr stark aus, weil das Land wirtschaftlich so erfolgreich ist und der deutschen Wirtschaft das Wasser abgräbt.

Ein kleiner Lichtblick in China: Es sind durchaus kritische Stimmen gegen diese Politik möglich, die sich unter Präsident Xi Jinping noch verschärft hat: Chinas National Press Club sagte in einem Statement zum Fall Dong: Die internationalen Kontakte von Journalisten »machen ein Land stärker. Er [Dong] hat der Welt geholfen, China besser zu verstehen.« Und habe »aus den USA und

Japan ein abgerundetes Bild vom Leben in diesen Ländern mitgebracht«. Auf das Schicksal von Dong wird dies jedoch wohl kaum Einfluss haben.

11 CHINESISCHE QUERKÖPFE

Spektakuläre jüngst entdeckte 3000 Jahre alte Funde sind schon Teil von Chinas Popkultur.

Die Funde von Sanxingdui stellen Chinas Geschichtsschreibung auf den Kopf. Denn sie passen überhaupt nicht in die großen Linien der chinesischen Zivilisation. Das bedeutet: Die chinesische Kultur ist vielfältiger als gedacht. Selbst das Londoner British Museum hält sie für bedeutender als die Terrakotta-Armee und für ebenso wichtig wie die berühmten Orakelknochen aus Yinxu. Sie zeigen, wie die chinesische Schrift aus Piktogrammen entstand, den interessanten Übergang von einer Bilderschrift zu einer Zeichenschrift. Und sie legen nahe, dass die Wiege der chinesischen Kultur nicht nur in Zentralchina stand, sondern dass eine ganz eigenständige Kultur im Südwesten Chinas existierte. *National Geographic* spricht Anfang 2023 von einem »historischen Ort der Weltklasse«.

1986 waren Archäologen auf zwei rechteckige Gruben gestoßen, im März 2021 auf zahlreiche weitere. Gefüllt mit kunstvollen Artefakten, teils bis zu 3200 Jahre alt. Darunter Bronzeköpfe groß wie Küchentische, aber auch kleinere, mit übergroßen mandelförmigen Augen und spitzen Ohren. Sie wirken ebenso ausdrucksstark wie harmonisch. Skulpturen aus Gold und Jade, hauchdünne bemalte Masken, dazu Fabelwesen mit Schlangenkörpern und Vogelbeinen. Selbst ein vier Meter hoher Bronzebaum mit geheimnisvollen Vögeln wurde freigelegt.

»Spektakuläre Funde«, findet auch Professorin Dr. Maria Khayutina, Sinologin mit dem Schwerpunkt Altes China an der LMU München, die sich mehr globale Aufmerksamkeit für die Relikte wünscht. »Die westliche Welt interessiert sich leider recht wenig für Entdeckungen außerhalb ihres Kulturraums. Was man nicht kennt, wird oft einfach ignoriert.« Die archäologische Stätte liegt rund vierzig Kilometer nordöstlich von Chengdu in der Provinz Sichuan und verfügt über ein Museum, »von dem man in Europa nur träumen kann«, so Khayutina. Ein neues ist bereits geplant, was zeigt, wie wichtig Peking diese Funde sind: Der Entwurf stammt denn auch von MAD, einem der Top-Architekturbüros in China. MAD hat bereits ein Museum in Los Angeles gebaut, aber auch Wohnanlagen in Paris, Beverley Hills oder Rom. Das neue Sanxingdui Ancient Cultural Heritage Museum soll die Geheimnisse dieser alten Kultur einfangen, und tatsächlich mutet der Entwurf mit den sechs kuppelförmigen Holzgebäuden fast so geheimnisvoll an wie die Funde selbst.

Wer waren die Erschaffer dieser seltsamen Werke? Welchen Zweck hatten sie? Gräber können es nicht gewesen sein, denn menschliche

Überreste fehlen. Das macht die Funde noch rätselhafter und populärer. Es scheint, als hätten die Menschen ihre Kulturgüter sorgfältig eingegraben. Vielleicht mussten sie flüchten, hofften aber auf eine Rückkehr? Alles sehr geheimnisvoll.

Auf chinesischen E-Commerce-Seiten kann man bereits Sanxingdui-Turnschuhe von Adidas kaufen, auch T-Shirts, Stifthalter, Eis am Stiel und Emojis der Bronzeköpfe gibt es. Ein Film mit US-Starregisseur James Cameron ist geplant. Der Plot: Ein Fremder trifft auf die Sanxingdui-Kultur. In der Hauptrolle von *The Guest of Sanxingdui:* Arnold Schwarzenegger.

Durch die sozialen Medien waberten Gerüchte, wie die Kunstwerke entstanden sein könnten. Die Spekulationen schossen so sehr ins Kraut (Diese Augen! Diese Ohren!), dass die staatliche *Global Times* 2021 in einem Artikel einen außerirdischen Ursprung explizit ausschloss.

Bei der Neujahrsgala 2023 im chinesischen Fernsehen, dem größten TV-Event der Welt, war der Tanz mit Sanxingdui-Hologrammen ein Höhepunkt. Im Frühjahr wurde dann tagelang live von den Grabungen berichtet. Das war zwar eher langweilig, zeigt aber, dass der Staat dem Sanxingdui-Hype etwas abgewinnen kann. »Die Idee einer Kultur mit verschiedenen Einflüssen passt viel besser zum Konzept einer modernen Nation als das alte Weltbild«, so Khayutina.

Präsident Xi Jinping meinte denn auch: Die Funde »offenbaren den Ursprung der chinesischen Kultur sowie ihre großen Beiträge zur Kultur dieser Welt«. International wird diese Einschätzung geteilt. Die Funde sind bereits auf der Warteliste für das UNESCO-Weltkulturerbe als ein »Kulturzentrum der Bronzezivilisation«. Denn kein Ort auf der Weltkulturerbe-Liste könne bisher »den Austausch und das Zusammenlaufen zwischen Ost- und Westasien in der Bronzezeit evident belegen«, so die UNESCO.

Neben der Vielfalt geht es also auch um die langen Traditionslinien. Darum kümmert sich Professor Zhao Hao von der Peking

University, der an den Grabungen in Grube Nr. 8 beteiligt ist. »Die Grundmotive der chinesischen Kultur wie Drachen oder die für die Shang-Dynastie typischen Zun-Gefäße findet man auch in Sanxingdui«, fasst er seine Erkenntnisse zusammen. Die Forschung über die Sanxingdui-Kultur stehe erst am Anfang, schränkt Wang Wei ein, Historiker der Chinesischen Akademie für Sozialwissenschaften in Peking. »Im nächsten Schritt suchen wir nach größerer Architektur, in der zum Beispiel der zuletzt gefundene Altar gestanden haben könnte.« Das Stück wurde im Frühjahr 2022 gefunden und mit weiteren Objekten der Öffentlichkeit präsentiert, darunter eine Truhe in Form eines Schildkrötenpanzers. Inzwischen wurden die Reste einer kilometerlangen Mauer ausgegraben, auch Fundamente von Häusern und Werkstätten. Möglicherweise haben hier einst bis zu 30 000 Menschen gelebt.

All diese Funde lassen die Frage noch unbeantwortet, warum diese hoch entwickelte Kultur in der Entwicklung der chinesischen Zivilisation nicht prägender war. Denn eines zeichnet sich bereits deutlich ab: So vielfältig, fortschrittlich und ausdrucksstark sie auch war, sie verschwand offenbar ziemlich schnell wieder von der Bildfläche. Die Frage nach dem Warum ist nur eines von vielen ungelösten Rätseln. Einige Forscher suchen Anhaltspunkte bei der langen Mauer und ihrer ungewöhnlichen Form: fast sieben Kilometer lang, sechs Meter hoch und unten vierzig Meter breit, dabei innen steiler ansteigend als außen. Eine gigantische Flutmauer? Ein Schutz gegen die beiden Flüsse, die einst durch Sanxingdui flossen und bei Monsun zu einer tödlichen Gefahr wurden? Das wäre dann eine Traditionslinie, die bis in die Gegenwart reicht.

12 WENIGER WANDERARBEITER

Chinas Binnenmigranten werden knapp. Viele arbeiten und leben nun nicht mehr an der boomenden Küste, sondern in ihrer Heimat in den Westprovinzen.

Apples Auftragsproduzenten haben bereits Probleme, genug Arbeiter für die Produktion des neuen iPhone 14 zu bekommen. Rund 87 Millionen Stück wurden 2022 hergestellt. Foxconn in Zhengzhou/Zentralchina, mit 250 000 Mitarbeitern die größte Smartphone-Fabrik der Welt, zahlt schon Prämien: Neueinsteiger, die drei Monate bleiben, bekommen umgerechnet 1251 Euro on top. Das ist viel bei einem durchschnittlichen Jahreslohn von 3256 Euro. In zehn Jahren hat sich der Lohn fast verdreifacht. Auch das ist ein Zeichen dafür, dass die Arbeiter knapp werden und Chinas Wohlstand steigt.

Trotz des US-Handelsstreits hat Apple in den vergangenen drei Jahren mehr neue Fertiger aus China in seine Lieferketten aufgenommen als aus jedem anderen Land: Das Preis-Leistungs-Verhältnis stimmt offenbar noch. Doch die Arbeiter wollen nicht mehr ans Fließband. Sie bleiben in ihren Heimatprovinzen im Westen oder kehren dorthin zurück und arbeiten in Läden oder Restaurants, als Online-Kleinhändler oder gar als Influencer. Davon werden immer mehr gebraucht, denn allein 2020 haben sich fünfzig Millionen Landbewohner neu ans Internet angeschlossen.

2021 verzeichnete das chinesische Statistikbüro rund 2,5 Millionen Wanderarbeiter weniger als im Jahr zuvor. Inzwischen spricht man bereits von »Reverse Migration«. Die Smartphone-Hersteller sind derweil wegen Arbeitskräftemangel und aus Kostengründen immer mehr gezwungen zu automatisieren. Covid hat die Lage noch verschlimmert. Vor allem im Herbst 2022 kam es zu Protesten. Die

Arbeiter wollten sich nicht länger in Fabriken einsperren lassen, um zu arbeiten. Dies war aufgrund der Lockdowns und der Null-Covid-Strategie nötig geworden. Foxconn versuchte daraufhin die Arbeiter mit weiteren Boni zum Bleiben zu bewegen. Jeder, der dreißig Tage im November 2022 zur Arbeit kam, erhielt umgerechnet rund 420 Euro als Bonus. Die gleiche Summe gab es für 26 Tage im Dezember. Und wer dann noch mal im Januar 2023, dem Monat mit dem chinesischen Neujahr, 26 Tage blieb, konnte sogar einmalig 840 Euro zusätzlich mit nach Hause nehmen. So versuchte Foxconn, die Versorgung der Welt mit dem iPhone 14 sicherzustellen.

Die Reverse Migration bedeutet, dass Apple, Foxconn und die chinesische Regierung umdenken müssen, wenn auch in unterschiedliche Richtungen. Klar ist für Apple: Auf China als Fabrik der Welt allein kann man sich aufgrund der schrumpfenden Zahl an Wanderarbeitern nicht länger verlassen. Apple muss sein Geschäft nach Südostasien diversifizieren, vor allem nach Vietnam und Indien. Bisher wurden die neuen Smartphones von Apple exklusiv vom taiwanesischen Hersteller Foxconn hergestellt, zumeist in China. Auf Indien entfielen nur 5 bis 7 Prozent. Die indische Regierung hofft, dass Apple den Anteil mit der Zeit auf 25 Prozent erhöhen wird. Foxconn jedenfalls zieht mit. Ab Frühjahr 2024 kann es immerhin bis zu zwanzig Millionen iPhones im südindischen Karnataka herstellen. Bis die Produktionskapazitäten voll ausgelastet sind, wird es allerdings dauern, denn das Zulieferer-Ökosystem, das sich in mehr als 25 Jahren entwickelt hat, lässt sich nicht über Nacht einfach so verschieben. Dass dies aber grundsätzlich möglich ist, zeigt Samsung: Das Unternehmen lässt bereits zu 20 Prozent in Vietnam und Indien produzieren.

Während Foxconn den politischen Friktionen zwischen den USA und China machtlos gegenübersteht, kann es beim Problem der mangelnden Arbeitskräfte gegensteuern. Foxconn automatisiert seine Produktion stärker als bisher, um von den Arbeitern unabhängiger zu werden. In diesem Bereich ist Huawei Vorreiter. Der Telekomausrüster stellt – anders als Apple – einen Teil seiner Smartphones selbst her, um die Produktionsprozesse besser zu verstehen. Im südchinesischen Foshan hat Huawei eine Smartphone-Produktion aufgebaut, die massiv auf Automatisierung setzt, auf die sogenannte intelligente Robotic Process Automation (RPA). Nur noch wenige Arbeiter sind an den Fließbändern zu sehen. Das bedeutet wiederum: Es wird nun auch wieder attraktiver, Smartphones in entwickelten Hochlohnländern herzustellen – in dem Maße, in dem man weniger preiswerte Arbeitskräfte braucht.

Die chinesische Regierung muss noch langfristiger denken und sich fragen: Wie sieht eine Gesellschaft aus, in der nicht mehr Arbeiter, sondern Roboter Produkte herstellen? Und wie bleiben die ehemaligen Arbeiter zumindest Konsumenten? Denn es kann eine Entwicklung eintreten, in der die Menschen für die Wirtschaft als Konsumenten wichtiger werden denn als Arbeiter. Wenn man diese Entwicklung zu Ende denkt, dann muss man sich die Frage stellen, wie man die Gewinne, die Roboter erwirtschaften, an Menschen umverteilt, damit diese noch Spielraum zum Konsumieren haben. Aus diesem Blickwinkel könnte die Alterung der Gesellschaft nicht mehr nur ein Nachteil sein.

Bisher graut es der chinesischen Regierung vor den Zeiten, in denen zu wenige Junge mit ihrer Arbeit die Pensionen von zu vielen Alten finanzieren müssen. Die Automatisierung könnte dieses besorgniserregende Szenario entspannen. Mehr Roboter würden bedeuten, dass man für weniger junge Leute einen Job finden muss. Und gleichzeitig könnte man Geld an die Alten umverteilen, damit diese mit ihrem Konsum die Wirtschaft noch bis ins hohe Alter am Laufen halten.

Eines ist jedenfalls bereits klar: Das Zeitalter der Wanderarbeiter in China neigt sich dem Ende zu. Gleichzeitig erreichte Apple 2022 in China einen Rekord-Marktanteil von über 25 Prozent.

Auch, weil Huawei wegen der US-Sanktionen praktisch aus dem Markt gedrängt wurde. Aber eben auch, weil immer mehr Chinesen der neuen Mittelschicht sich ein teures iPhone leisten können.

13 SELBSTHEILUNGSNETZ

Chinesische Wissenschaftler minimieren Stromausfälle mit künstlicher Intelligenz für ein globales Stromnetz.

Die neue Software, die auf künstlicher Intelligenz (KI) basiert, soll Stromausfälle, die normalerweise sechs bis zehn Stunden andauern würden, auf erstaunliche drei Sekunden verkürzen. Mit diesem wichtigen Schritt möchte China seinen Einfluss auf das globale Netz erhöhen. China erzeugt bereits heute ein Drittel des weltweiten Stroms, mehr als die USA, Indien, Russland und Japan zusammen. Und dank einer KI-gestützten Software wäre China nun auch in der Lage, globale Probleme zu lösen.

Stromausfälle sind an vielen Orten der Welt ein ernsthaftes Problem. Durch den Klimawandel bedingte Hitzewellen und Stürme, Lieferengpässe – wie etwa durch den Ukrainekrieg –, aber auch Hackerangriffe verschärfen die Lage. In Südafrika, einem der reichsten Länder des afrikanischen Kontinents, sind Blackouts von mehreren Stunden täglich üblich. Stromausfälle im Süden der Welt betreffen auch Deutschland. Wenn etwa in China Fabriken ohne Strom sind und nicht produzieren können, brechen internationale Lieferketten zusammen, und in deutschen Regalen fehlen Produkte.

Bisher wurde die neue Software nur im Westen Chinas getestet. Sie soll nun schnellstmöglich auf andere Regionen ausgedehnt werden. Menschliche Eingriffe sind für die Effizienz des Systems nach Einschätzung der verantwortlichen Wissenschaftler nicht mehr nötig. Sie sprechen von einer »Selbstheilungsfunktion«. Bisher war es üblich, dass Mitarbeiter der Stromversorgungsunternehmen bei einem Blackout Umleitungspläne auf der Grundlage von Notfallplänen und ihrer individuellen Erfahrung erarbeiten. Die KI hingegen wertet frühere Stromausfälle aus, erkennt Muster und hat dann die entsprechenden Lösungen parat. Auch fehlerhaftes Equipment kann die KI sekundenschnell lokalisieren.

Um die Genauigkeit zu verbessern, benötigt die Software jedoch eine große Menge an Daten, die von einer Vielzahl von Sensoren ermittelt werden: »In der Vergangenheit waren diese Sensoren und die dazugehörige Datenübertragungstechnologie nur für Hochspannungsleitungen verfügbar. Inzwischen halten sie Einzug in kleine Netze wie in Wohngebieten. Wenn das Netz dort zusammenbricht, starten die Edge-Computing-Terminals sofort die Selbstheilungsfunktion mit automatischer Fehlerortung und anschließender Wiederherstellung der Stromversorgung«, erklärt ein beteiligter Ingenieur.

Bereits 2015 hatte Chinas Präsident Xi Jinping vor der UN für ein weltumspannendes Energienetz geworben, das den Zugang zum Wohlstand gleichmäßiger verteilen und regionale Schwächen besser austarieren würde. Die neue Software ist aus Sicht Pekings ein wichtiges Instrument dafür. Bei Chinas globalen Stromambitionen gibt der staatliche Stromnetzbetreiber SGCC das Tempo vor. Der Plan für Xis »Global Energy Interconnection«-Initiative (GEI) ist ambitioniert: Bis 2025 will man die regionale KI-basierte Vernetzung vorantreiben, bis 2030 den Ausbau der erneuerbaren Energien, bis 2050 schließlich die interkontinentale Vernetzung.

Im Mittelpunkt stehen dabei die teuren und schwierig zu bauenden UHV-Leitungen, die Energie mit mehr als der doppelten Spannung herkömmlicher Hochspannungsleitungen übertragen. Die Grundlage für diese Technologie kommt aus Deutschland, aber China hat sich hier inzwischen sowohl einen Produktions- als auch einen Technologievorsprung erarbeitet. »Peking will bis 2025 knapp 350 Milliarden Dollar in smarte Energienetze im Land investieren«, sagt SGCC-Chairman Xin Baoan. Und nicht nur das: Schon seit 2013 kauft sich China weltweit in Stromnetze ein – etwa in Chile, Brasilien, Russland, Portugal, Nigeria, Südafrika, Pakistan, Australien und den Philippinen – und hat dafür bereits 123 Milliarden Dollar investiert. Mit diesen Investitionen und technischen Innovationen könnte China die globalen Normen für die Stromversorgung setzen, ähnlich wie bei den E-Autos.

2021 haben die International Renewable Energy Agency (IRENA) und der Staatskonzern SGCC eine Absichtserklärung unterschrieben, um gemeinsam die globale Stromversorgung nachhaltiger und moderner zu machen. »Zukünftige Stromnetze brauchen smarte Lösungen, weil der Anteil der erneuerbaren Energien schneller wächst denn je«, so Francesco La Camera, IRENA-Generaldirektor, in einem Workshop mit SGCC.

Es zeichnet sich ab, dass China ein immer wichtigerer Player bei einem innovativen globalen Stromnetz wird, das mit künstlicher Intelligenz stabiler und effizienter, aber auch nachhaltiger werden soll. Den Ländern des globalen Südens sind die Vorteile einer stabilen Stromversorgung wichtiger als Chinas Einfluss auf ihre kritische Infrastruktur. Zumal ein effizientes Stromnetz auch im Kampf gegen den Klimawandel hilft. Der Westen hat es jahrelang versäumt, diesen Ländern bei ihren Problemen zu helfen. Nun wird es schwierig, noch ins Spiel zu kommen.

14 VOLL AUTONOM

Shenzhen ist die erste Stadt weltweit, wo autonomes Fahren nun Alltag ist. China ist das führende Land des autonomen Fahrens.

Die südchinesische Metropole Shenzhen ist eine der am dichtesten besiedelten Städte der Welt. Dennoch – oder gerade deshalb – hat sie als erste Stadt überhaupt autonomes Fahren auf ihren großen Straßen erlaubt. Nun ziehen andere Städte nach. In seinem jüngsten Fünfjahresplan hat Peking das autonome Fahren zu einem Schlüsselbereich der Entwicklung Chinas erklärt. 2030 könnten bereits dreißig Millionen autonom fahrende Autos auf Chinas Straßen unterwegs sein, schätzt die britische Wirtschaftsberatung Deloitte. Das Tempo ist weltweit einmalig. Und in keinem anderen Land der Welt sind schon heute mehr Robotaxis auf der Straße unterwegs, ohne Sicherheitsfahrer oder Fernsteuerung. Shenzhen führt die Entwicklung an: Seit August 2022 bereits ist die kommerzielle Nutzung intelligenter Autos stadtweit geregelt. Seit 2020 bieten chinesische Pioniere wie AutoX ihren Service in Shenzhen an. AutoX ist der größte Anbieter von autonom fahrenden Taxis in China. Er wird von Alibaba mitfinanziert, dem chinesischen Amazon. AutoX wurde als erstem Anbieter erlaubt, mit seinen Taxis in einem so großen Viertel wie dem Pingshan-Distrikt (168 Quadratkilometer) ohne Sicherheitsfahrer unterwegs zu sein.

Die Kunden können bereits per App freie Robotaxis buchen. Auf einem Gebiet von tausend Quadratkilometern darf AutoX mit Sicherheitsfahrer beliebig unterwegs sein. »Wir sind die ersten, die ein so großes Gebiet abdecken dürfen«, sagt der Gründer Xiao Jianxiong. Sein Spitzname: Prof. X. Seit Herbst 2022 wird dort das Pilotprojekt des ersten dreidimensionalen futuristischen urbanen Transportsystems auf 5G-Basis getestet. Es soll bald die vielen auto-

nom fahrenden Fahrzeuge besser koordinieren. Das ist entscheidend für den Erfolg der Stufe 5.

In China hat AutoX bereits jede Menge Wettbewerber: 27 Städte und über siebzig Unternehmen haben Genehmigungen für autonome Autos erhalten. Baidu Apollo hat mit fast 500 Autos Chinas größte teilautonome Testflotte. Sieben Millionen Testkilometer in freier Wildbahn, 210 000 Passagiere. Weltrekord. Im Juni 2023 bekommt Baidu dann auch eine Lizenz für autonome Taxis in Shenzhen nach Wuhan, Chongqing und Peking. Und Deutschland? In Hamburg fahren denn auch nur fünf E-Golfs Stufe 4 auf einer neun Kilometer langen Strecke – mit Sicherheitsfahrer. VW plant zudem nur Taxis, keine Privatautos der Stufe 4. Denn ab dieser Stufe haftet nicht der Fahrer, sondern der Hersteller. Dabei hatten Deutschland und die EU sogar früher als China gesetzliche Regelungen für autonomes Fahren. Die hat China sich genau angeschaut. Aber es gibt noch immer keine autonomen Fahrzeuge der Stufe 5 auf unseren Straßen. Das ist vor allem die Folge von unterschiedlichen Regulierungsgraden: Während die chinesischen Regulatoren sagen: »Schnell verbessern durch Alltagserfahrungen«, sagen die Amerikaner: »Zeige, dass du nicht gefährlich bist.« Die Europäer hingegen fordern: »Beweise, dass du perfekt bist.«

Der Vorteil in China unter diesen Bedingungen: Der Wettbewerb kann sich schneller entfalten und ist härter. Es wird mehr Geld investiert. Die großen Städte sind bereits 5G-vernetzt, und die Autos werden schnell in den dichten Verkehr der Megametropolen losgelassen. Das hilft, denn so können die Autos schneller mehr Daten für die KI-Software sammeln, die das Fahren ohne Fahrer immer sicherer macht. Viel sicherer als das Fahren der Menschen. Die USA und Europa fallen also immer mehr zurück bei einer Schlüsseltechnologie der modernen Mobilität. In dreißig Jahren schon werden sich unsere Enkel wundern, wie gefährlich und verantwortungslos es war, dass früher alle Autofahrer selbst entscheiden konnten, wie schnell sie fahren, wie dicht sie auffahren, Fahrradfahrer und Fußgänger bedrängen durften, egal, wie müde oder gestresst sie waren oder wie schlecht die technische Ausstattung und der Zustand ihres Autos war. Sie werden den Kopf darüber schütteln, dass man skrupellos die vielen Toten einfach so in Kauf genommen hat, nur um Fahrspaß zu haben. Es ist keineswegs ungewöhnlich, dass unsere heutige Gegenwart aus Sicht zukünftiger Generationen als rückständig, riskant und wenig wünschenswert erscheint. In China muss man dafür allerdings nicht auf die Zukunft warten: AutoX hat inzwischen eine Flotte von über tausend Autos. Zum Vergleich: Die Google Tochter Waymo, Marktführer in den USA, lässt 300 bis 400 Fahrzeuge im dünn besiedelten Phoenix, Arizona, fahren.

Seit Juli 2022 durfte AutoX mit strengen Auflagen selbstfahrende Autos im kalifornischen San Jose testen. Als erster chinesischer Hersteller und als dritter überhaupt. Das Operation Center von AutoX in San Francisco ist schon eröffnet. Der Anbieter aus Shenzhen wartet nun auf eine Lizenz. Im Juni 2022 hat die GM Tochter Cruise die erste Lizenz bekommen.

Umgekehrt sind die Amerikaner allerdings noch nicht in China unterwegs. Aber sie müssen ihre Fahrzeuge dort bauen lassen. Geely stellt die Autos für Waymo her. So wie Foxconn die Smartphones für Apple herstellt. AutoX hingegen stellt seine Autos in eigener Produktion her. Sie basieren stärker als die Autos anderer Anbieter auf Bilderkennungssoftware, weniger auf Sensoren, setzen also mehr auf Software als auf Hardware. Beides senkt die Kosten. 30 000 Euro kosten die billigsten Fahrzeuge inzwischen.

Zahlreiche Wettbewerber – darunter Pony.ai, Baidu, Huawei oder DeepRoute – sind AutoX dicht auf den Fersen. Das erhöht den Druck auf die staatlichen Regulierer. Die stadtweite Regelung in Shenzhen ist noch deutlich vorsichtiger als die Praxis im Pingshan-Viertel: Ein Sicherheitsoperator, also eine im Wagen anwesende Person ist noch erforderlich. Wer haftet, steht bereits fest. Ist ein Überwacher im Auto, zahlt der, ansonsten der Betreiber der Autos, also der Halter. Aber eben nicht der Hersteller, wie eine Weile diskutiert wurde.

Ein landesweites Gesetz wurde 2022 verabschiedet. Es muss zwei widerstreitende Ziele austarieren: Die »Anwendung selbstfahrender Fahrzeuge für Verkehrsdienste fördern und gleichzeitig die Sicherheit zu gewährleisten«, so das Verkehrsministerium. Die Betreiber von autonomen öffentlichen Verkehrsdiensten haften versichert mit einer Deckungssumme von umgerechnet 740 000 Dollar. Vor allem die neunzig Sekunden vor und die dreißig Sekunden nach einem Vorfall müssen aufgezeichnet und den Behörden sofort überspielt werden.

China ist also mit seiner Smartcar-Software auf Augenhöhe mit US-Wettbewerbern. Manche sagen sogar, sie sind bereits weiter. Wie weit die Chinesen tatsächlich sind, hat ein Börsengang in New York gezeigt. Geely hat dort seine Smartcar-Software-Firma ECARX im Dezember 2022 gelistet. Geely, einer der beiden größten privaten Autohersteller Chinas, gehört bereits zu den Top 10 der Welt. Volvo ist eine Geely-Tochter. Und Geely ist der größte Einzelanteilseigner an Daimler. Es wurden Aktien im Wert von 368 Millionen Dollar ausgegeben, was einem Anteil am Unternehmen von 11 Prozent entspricht. Damit ist das Unternehmen gut 3,5 Milliarden Dollar wert. Die ECARX-Systeme in 3,7 Millionen Autos haben dem Unternehmen 2021 einen Gewinn von 410 Millionen Dollar beschert, erwirtschaftet mit rund 2000 Mitarbeitern. Die internationalen Investoren trauen der Aktie allerdings noch nicht. Sie ist im Juli 2023 von gut 8 Dollar beim Börsenstart auf gut 5 Dollar gefallen. Die Marktkapitalisierung liegt aber immer noch bei 1,74 Milliarden Dollar. Nicht schlecht für ein Unternehmen, das erst 2017 gegründet wurde. Zu den Hauptprodukten von ECARX zählen autonome Fahrsysteme, selbst entworfene Chipsätze, intelligente 4G-Cockpits, HD-Karten, Big Data und IOV-Cloud-Anwendungen (Input-Output-Virtualisierung). Die durchschnittliche Anzahl gleichzeitig vernetzter Autos liegt bei 350000. Und Deutschland spielt dabei mit: Die Messaging-Plattform von ECARX stammt von einem Hidden Champion aus dem bayerischen Landshut. Das 2012 gegründete Start-up HiveMQ ist einer der führenden Broker für das Standard-Kommunikationsprotokoll MQTT. ECARX hat zudem den SE1000 entwickelt, Chinas ersten 7-nm-Autochip, der Anfang 2023 in die Massenproduktion in Taiwan gegangen ist. Ein wichtiger Schritt, um den Vorsprung der Amerikaner schmelzen zu lassen. So komplex ist die Globalisierung: Ein erfolgreiches chinesisches Unternehmen, das mit Hilfe deutscher Technologie führend bei vernetzten Autos ist und Chips entwickelt hat, die zu den besten der Welt gehören, darf in New York an die Börse gehen, aber seine Chips aufgrund von US-Sanktionen nicht selbst herstellen.

Allein Shenzhens Stadtregierung, die Vorreiterstadt Chinas, plant, dass ihre Smart-Vehicle-Industrie bis 2025 einen Umsatz von umgerechnet rund 29 Milliarden Euro generieren soll. Das bedeutet mehr Steuereinnahmen. Shenzhen, die derzeitige Welthauptstadt des autonomen Fahrens, ist also hoch motiviert. Die Metropole und China sind Vorreiter dieser neuen globalen Industrie. Und der Abstand zum Westen wird größer. In San Francisco gibt es erst seit Anfang 2022 öffentliche Robotaxi-Versuche. Der dichte Verkehr in China lässt die Algorithmen schneller lernen als in den dünner besiedelten Vereinigten Staaten. Die Chinesen sind außerdem offener gegenüber Innovationen.

15 WASSER MARSCH!

Durch den längsten Tunnel der Welt soll bald Wasser aus Chinas Süden in den Norden gepumpt werden.

Auf die Frage, worin das größte Risiko für den wirtschaftlichen Aufstieg der neuen Weltmacht China liegt, kann man mit einem Wort antworten: Wasser. China, die Fabrik der Welt, steht vor der Herausforderung, mit rund 7 Prozent des globalen Süßwasser-Vorkommens etwa 20 Prozent der Weltbevölkerung versorgen zu müssen. Das ist heute schon schwierig, obwohl die Chinesen noch vergleichsweise wenig Wasser verbrauchen. In den USA sind es derzeit drei- bis viermal so viel Wasser pro Kopf und Tag wie in China. Ein Wasserkonsum wie in den USA würde China und die Welt aus den Angeln heben.

Der erste Schritt einer Entspannung: Das in China vorhandene Wasser besser verteilen. Der wasserreiche, subtropische Süden hat Nassreisfelder, leidet aber auch unter Flutkatastrophen. Viele Regionen des Nordens kämpfen hingegen mit Versteppung. Ein Phänomen, das auch andere Weltregionen kennen.

Mit einem Mega-Infrastrukturprojekt (Investitionsvolumen 8,7 Milliarden Dollar) will Peking Dürre und Fluten gleichzeitig bekämpfen. Das wasserreiche Jangtse-Becken soll noch mehr Wasser abgeben als bisher – und zwar künftig schon direkt aus dem Mittellauf. Chinas Ingenieure wollen deshalb den längsten Wassertunnel der Welt durch die Berge bohren. Rund 250 Kilometer lang, das entspricht fast der Autobahnstrecke von Hamburg nach Berlin. Durch den Tunnel soll Wasser unterirdisch aus dem regen- und unwetterreichen Süden in den dürren Norden gepumpt werden.

Der bisher längste Wassertunnel der Welt ist der 120 Kilometer lange Päijänne-Tunnel in Finnland, der in einer Tiefe von dreißig bis hundert Metern durch felsigen Untergrund gebohrt wurde. Der neue Yinjianbuhan-Tunnel soll maximal tausend Meter unter der Erde verlaufen. Der Bau des sechsmal so langen Versorgungskanals vom Wasserreservoir Danjiangkou in der Südprovinz Hubei nach Peking verschlang umgerechnet 66 Milliarden Euro.

Der Kanal ist Teil eines über 1400 Kilometer langen Wassertransferprojekts, das neben dieser zentralen Route auch einen West- und einen Ostkanal umfasst. Letzterer folgt einer alten Wasserstraße, dem Kaiserkanal. Er entstand um das Jahr 600, ist 1800 Kilometer lang, neun Meter tief und vierzig Meter breit. Es ist die älteste und längste von Menschen geschaffene Wasserstraße. Sie verlief vom Mündungsgebiet des Jangtse in Hangzhou südlich von Shanghai bis nach Peking und diente sowohl der Bewässerung als auch dem Gütertransport. 984 wurde mit der Erfindung der Schleuse vieles einfacher, doch mit der Eisenbahn schwand die Bedeutung der Kanalschifffahrt zu Beginn des 20. Jahrhunderts. Heute sind Abschnitte des alten, inzwischen modernisierten Kaiserkanals wichtige Bestandteile des Wassertransferprojekts von Nord nach Süd.

Einst bereiste Kaiser Yangdi im Jahr 605 mit einer Flotte, die sich über hundert Kilometer erstreckte, ein Teilstück, um die Bedeutung des Baus hervorzuheben. Und noch heute ist klar: Wer als Politiker Geschichte schreiben will, muss Lösungen für Chinas Wasserproblem finden. In Zeiten des Klimawandels mehr denn je. Daher kam 2014 dann die mittlere Route dazu. Das Süd-Nord-Kanalsystem ist eines der größten Infrastrukturprojekte der Welt. Seitdem wurden auf der mittleren Route rund 54 Milliarden Kubikmeter Wasser in den dürren Norden gepumpt – zur Versorgung von über 140 Millionen Menschen. Das entspricht fast der durchschnittlichen Wassermenge des Gelben Flusses, dem zweitgrößte Strom Chinas nach dem Jangtse. Peking hat also mal eben einen dritten zu den zwei größten Flüssen Chinas hinzugefügt.

»Der Yinjianbuhan-Tunnel wird eine physische Verbindung zwischen dem Drei-Schluchten-Damm und dem Süd-Nord-Wassertransferprojekt herstellen«, sagte Niu Xinqiang, Präsident des Changjiang-Instituts für Vermessung, Planung, Design und Forschung bei der Grundsteinlegung des neuen Megaprojekts im Juli 2022. Solche gigantischen Vorhaben werden im Westen immer wieder kritisiert. Die ökologischen Folgen des massiven Eingriffs in die Natur seien nicht abzusehen. Die Folgen, wenn man nichts täte, seien schlimmer, konterte Peking. Durch den Klimawandel wird es im Norden immer trockener. Die Zahl der Dürren steigt, der Grundwasserspiegel sinkt, während Nordchina zunehmend dichter besiedelt ist. Wassertransfers allein werden das Problem jedoch nicht lösen, China muss Wasser sparen. Dafür hat Peking detaillierte Pläne vorgelegt. Tatsächlich haben die Städte zwischen 2000 und 2020 gut 97 Milliarden Kubikmeter weniger Wasser verbraucht als in den zwanzig Jahren zuvor – das ist das Neunfache der Menge, die jährlich durch die zentrale Route gepumpt wird. Doch niemand weiß, ob die Maßnahmen reichen. Denn je wohlhabender die Chinesen werden, desto mehr Wasser wollen sie verbrauchen. Peking steht auf dem Standpunkt: Ein Chinese muss durchschnittlich genauso viel Wasser verbrauchen dürfen wie ein Europäer oder Amerikaner. Aber das hält die Welt nicht aus. Die einzige Lösung:

Der Westen muss dramatisch Wasser einsparen. Dafür wird Peking den Wasserverbrauch auf gleichem Niveau deckeln. Das wird hart für den Westen.

16 BETONT EIGENSINNIG

Asien, mit Vorreiter China, setzt seine eigenen Interessen immer mehr gegen den Westen durch.

Asien trägt weit mehr zum Wachstum der Weltwirtschaft bei als die USA und Europa zusammen. Mit 60 Prozent der Weltbevölkerung hat es an der Kaufkraft gemessen bereits heute einen Anteil von knapp 50 Prozent an der Weltwirtschaft, Tendenz steigend. Die allermeisten Länder Asiens wollen sich im Machtdreieck zwischen Russland, China und dem Westen auch längst nicht mehr auf eine Seite zwingen lassen. Dass der Ukrainekrieg diesen Trend verstärkt hat, wurde in den gemeinsamen Erklärungen der USA und den Vertretern asiatischer Länder bei der ersten Asienreise von US-Präsident Joe Biden so deutlich wie nie zuvor. Asien ist nun stark genug, einen eigenen Weg durchzusetzen.

Der Westen hat eine klare Position zu Russland und China, die in der gemeinsamen Erklärung der Staats- und Regierungschefs auf dem Nato-Gipfel im März 2022 deutlich wurde. »Wir verurteilen die russische Invasion der Ukraine auf das Schärfste.« Präsident Wladimir Putin, der einen »Anschlag auf internationale Normen verübt« habe, solle den Krieg sofort stoppen. »Der Angriff Russlands auf die Ukraine bedroht die globale Sicherheit.« Die Nato forderte »alle Staaten einschließlich der Volksrepublik China auf, die internationale Ordnung (…) zu wahren, von jeglicher Unterstützung für die russischen Kriegsanstrengungen abzusehen und jegliche Maßnahmen zu unterlassen, die Russland die Umgehung von Sanktionen erleichtert«. Die Nato zeigte sich »besorgt« über öffentliche Äußerungen von Chinas Offiziellen und forderte von Peking, »die falschen Narrative des Kremls über den Krieg und die Nato« nicht weiter zu verstärken.

Nachdem Biden die Vertreter der ASEAN-Staaten erstmals in Washington zu Besuch hatte, reiste er im Mai 2022 nach Japan und Südkorea. In Tokio traf er auch seine Kollegen aus Australien und Indien. Die gemeinsame Erklärung von Biden und seinem japanischen Amtskollegen Fumio Kishkida ähnelt der Nato-Position: »Die größte unmittelbare Herausforderung für die Weltordnung ist Russlands brutale, nicht provozierte und ungerechtfertigte Aggression gegen die Ukraine.« Beide Länder haben Sanktionen gegen Russland verhängt und fordern China auf, im Einklang mit »der internationalen Gemeinschaft Russlands Aktionen unmissverständlich zu verurteilen«. Man »diskutiere« die »kontinuierlichen Aktionen« Chinas, die »unvereinbar sind mit der internationalen regelbasierten Ordnung, einschließlich wirtschaftlicher Nötigung und anderer Mittel«, wolle aber mit China in Bereichen gemeinsamer Interessen »weiter zusammenarbeiten«. Beide Staatschefs betonten die Bedeutung von »offener Kommunikation« mit China auf höchster Ebene.

Doch schon in den Statements von Biden und seinem neuen südkoreanischen Amtskollegen Yoon Suk-yeol wird Peking an keiner Stelle direkt erwähnt, ermahnt oder gar offen kritisiert. Das ist nicht weiter erstaunlich, denn rund 30 Prozent der Exporte Südkoreas gehen nach China. Immerhin wollen beide Seiten eine strategische Allianz aufbauen, die von »den geteilten Werten der Demokratie und einer regelbasierten internationalen Ordnung getragen« wird.

Noch zurückhaltender gegenüber Russland und China fällt im Mai 2022 die Erklärung von Quad aus, dem 2007 gegründeten Quadrilateral Security Dialogue von Australien, Indien, Japan und den USA. Darin ist von einem »Konflikt in der Ukraine« und einer

»andauernden tragischen humanitären Krise« und deren »Implikationen« für den Indopazifik die Rede. Die Quads sprechen sich nur gegen jede »erzwungene, provokative oder unilaterale Aktion« in der Region aus, die »versucht, den Status quo zu ändern und die Spannungen zu erhöhen«. Alle Länder müssten sich um eine friedliche Lösung des Disputes im »Einklang mit dem internationalen Recht« bemühen. Nordkorea und Myanmar werden direkt kritisiert, China nicht.

Ähnlich ernüchternd aus westlicher Sicht war das Ergebnis des bereits erwähnten, im Mai 2022 abgehaltenen Sondergipfels der ASEAN-Länder und der USA in Washington gewesen. China wurde nicht erwähnt, und der Ukrainekrieg tauchte gar erst im vorletzten von 28 Punkten auf. »In Bezug auf die Ukraine, aber auch für alle anderen Nationen, betonen wir weiterhin unseren Respekt für die Souveränität, politische Unabhängigkeit und territoriale Integrität.«

In Asien teilt also nur noch Japan die Positionen der USA ganz, Südkorea halb. Die meisten anderen Länder Asiens tarieren ihre Position eigenständig zwischen den USA, China und Russland aus, allen voran die zehn Mitglieder der ASEAN-Staaten, in denen rund 670 Millionen Menschen leben. Der Ukrainekrieg gibt dem Emanzipationsprozess Asiens von der westlichen Sicht auf die Welt einen neuen Schub. Nach den jüngsten Wahlen auf den Philippinen und in Australien haben mit Ferdinand »Bongbong« Marcos und Anthony Albanese zwei neue Politiker die Regierungsgeschäfte übernommen. Sie stehen weder für eine Nibelungentreue zu den USA noch für einen Schmusekurs gegenüber China.

Beim Treffen der demokratischen Quad-Staaten am Rande des G7-Gipfels Mitte Mai 2023 setzten sich die Inder gegen die USA, Australien und Japan durch. Anders als in der G7-Erklärung wird China von den Quad-Staaten nicht kritisiert. Allerdings ist nun in der gemeinsamen Erklärung klar vom »Krieg« in der Ukraine die Rede.

Der »Schwenk nach Asien«, den US-Präsident Barack Obama einst ausgerufen hatte, um den Einfluss in der Region mit zahlreichen Bündnissen zu stärken, scheint nach den Jahren unter Donald Trump ins Stocken geraten zu sein. Der Versuch Joe Bidens, diese Allianzen auch gegen autoritäre Systeme zu festigen, war bislang nicht ganz vom gewünschten Erfolg gekrönt. In Asien jedenfalls hat das Bedürfnis nach Solidarität mit dem Westen Grenzen. Aber weil man sich auch China nicht an den Hals werfen will, werden die kleineren Staaten enger zusammenrücken.

Spätestens seit dem G20-Gipfel im November 2022 ist offensichtlich: 25 Jahre nachdem die G20 gegründet wurden, um die aufsteigenden Länder stärker einzubeziehen, gelingt es dem Westen als Minderheit nicht mehr, die Richtung der Staatengruppe zu prägen. Eine Epoche geht zu Ende, in der der Westen – zunächst die Europäer als Kolonialmächte und ab Mitte des 20. Jahrhunderts die USA – die Spielregeln der Welt prägen konnte.

17 UNGLÜCK IM GOLDRAUSCH

Vor 140 Jahren wurde Chinesen eine Immigration in die USA verboten – für über sechzig Jahre.

Am 6. Mai 1882 unterschrieb US-Präsident Chester A. Arthur den Chinese Exclusion Act, das einzige Gesetz in der Geschichte des Landes, das sich gegen eine Nation oder ethnische Gruppe richtete. Damit sollte die Einwanderung von Chinesen gestoppt werden. Denn sie waren erfolgreicher als andere Einwanderer, erfolgreicher auch als die Vorfahren der damaligen Amerikaner, die schon Generationen zuvor ins Land gekommen waren.

Der damalige Senator von Kalifornien, John F. Miller, war ein typischer Vertreter seiner Zeit. Er bezeichnete die Chinesen als »maschinenartig, mit stumpfsinnigem Mut, wenig beeinflusst von Hitze oder Kälte, drahtig, sehnig mit Muskeln wie Stahl«.

Die ersten chinesischen Immigranten waren in den 1850er-Jahren gekommen. Sie flohen vor der Wirtschaftskrise in China und suchten ihr Glück im Goldrausch. Nach dessen Abklingen waren sie als billige Arbeitskräfte gefragt, etwa beim Bau der transkontinentalen Eisenbahn. Rund 15 000 Chinesen schufteten dort, 1200 starben. Doch in den 1870er-Jahren, während der Wirtschaftsdepression, konkurrierten sie plötzlich mit den Amerikanern um Jobs. Die Feindseligkeiten gegenüber den Chinesen nahmen zu. Viele weiße Amerikaner glaubten, die Chinesen seien schuld daran, dass ihre Löhne immer niedriger wurden und es der Wirtschaft schlecht ging. »Pazifische Ritterlichkeit«, fordert eine Karikatur, die darauf abzielte, dass man sich gegen den angeblich von den Chinesen verstärkten wirtschaftlichen Einbruch stemmen müsse. Wer das forderte, konnte sich großer Zustimmung sicher sein.

Insofern war es kein großes Problem, das Ausschlussgesetz durchzubringen. Die meisten Medien berichteten damals positiv darüber: eine Mehrheitsentscheidung als ein Akt der Demokratie. Heute streiten sich die Historiker: Hat die Politik damals dem Druck der Straße nachgegeben oder die antichinesische Stimmung überhaupt erst geschürt?

Manche unterstützten dennoch die Chinesen im Kampf um ihre Rechte. Darunter der kalifornische Anwalt und Eisenbahn-Unternehmer Frederick Bee. Aber erst 1943, als China gemeinsam mit den USA gegen Deutschland und Japan kämpfte, wurde das Gesetz aufgehoben. Nach wie vor durften jedoch nur 105 Chinesen pro Jahr einwandern. Erst 1965 wurden alle Einschränkungen aufgehoben. Viele Chinesen, die vor Mao fliehen mussten, immigrierten in die USA. Heute leben 2,5 Millionen Menschen chinesischer Herkunft in den Vereinigten Staaten.

Chinesen stellen heute die mit einem Anteil von 34 Prozent größte Gruppe der Studierenden in den USA. Rund 80 Prozent gehen nach dem Studium jedoch wieder zurück in ihre Heimat. Nach Mexikanern und Indern sind die Chinesen die drittgrößte Gruppe mit Greencard in den Vereinigten Staaten. Zwischen 65 000 und 80 000 Chinesen erhalten jedes Jahr eine neue Greencard. Sie dürfen dann ein- und ausreisen, wie sie wollen. In China hingegen sind Ausländer zwar grundsätzlich willkommen, aber sehr selten (Anteil: 0,07 Prozent). Es ist sehr schwierig, eine chinesische Greencard zu bekommen, und fast unmöglich, Chinese zu werden.

Inzwischen ist das boomende China der am ernstesten zu nehmende Herausforderer der Weltmacht USA. Beginnt nun nach sechzig Jahren Ausgrenzung und achtzig Jahren Einbindung wieder eine Phase der Ausgrenzung? Nein. Trotz zunehmendem Rassismus gegen Chinesen und Asiaten selbst in der Tech-Industrie ist die Einwanderungspolitik weiterhin die große Stärke der USA gegenüber China. Allerdings: Washington verbannt nun statt der Chinesen Chinas Technologie. Der Grund ist der gleiche wie vor 140 Jahren. Die Technologie ist zu gut. Ein unwillkommener Wettbewerber.

18 ALLSEITS AUSSCHWÄRMEN

Trotz schlechten Wirtschaftswachstums investiert China nach wie vor viel in der Welt.

Chinas weltweite Direktinvestitionen (Outbound FDI) wuchsen 2022 trotz Covid, Wirtschaftskrise und politischen Spannungen mit dem Westen um 0,9 Prozent, nach 2,2 Prozent im Jahr zuvor. Über 146 Milliarden Dollar hat China in der Welt investiert. Große Gewinner waren dabei die Staaten der Belt and Road Initiative, mit einem Anstieg der Direktinvestitionen um 3,3 Prozent. Hier war zwar ein Rücklauf zu verzeichnen, denn im Vorjahr hatte das Plus bei 14 Prozent gelegen. Doch zum zweiten Mal überhaupt wurden in diesen Staaten in einem Jahr mehr als 20 Milliarden Dollar investiert.

Auch im ersten Quartal 2023 setzte sich dieser Trend fort. Chinas Auslandsinvestitionen stiegen auf 40 Milliarden Dollar. Bei der Art der Investitionen kann man indes eine Verschiebung beobachten. Die Unternehmenskäufe und Fusionen gingen schon 2022 um über die Hälfte auf 28 Milliarden Dollar zurück, während die Neuansiedlungen entsprechend zugenommen haben. In Europa investierte China 2021 zum ersten Mal in zwanzig Jahren mehr in Neubauten auf der grünen Wiese als in vorhandene Firmen. Es scheint für die Chinesen inzwischen mit weniger Aufwand verbunden zu sein, ein Unternehmen neu aufzubauen, als eines zu übernehmen und gegen die Skepsis in den Medien anzukämpfen. Die OFDI-Zahlen haben ihren Höchststand von 37 Milliarden Dollar aus dem Jahr 2016 zwar noch nicht wieder erreicht – damals hatte Peking aus Sorge um Kapitalflucht begonnen, die weltweiten Direktinvestitionen stärker zu kontrollieren –, doch nicht nur Peking, auch die US-Wirtschaftsanwaltskanzlei Baker McKenzie spricht von einem »stabilen Wachstum« der OFDIs.

Überraschend ist, dass die OFDIs 2021 in Europa trotz der EU-Sanktionen um satte 25 Prozent stiegen, auf 12,8 Milliarden Dollar. Nordamerika verzeichnete hingegen einen Einbruch um 34 Prozent auf 5,8 Milliarden Dollar.

Der generelle Trend ist allerdings offensichtlich: China investiert nicht weniger in der Welt, aber weniger in Europe und den USA. Im Jahr 2022 sank das chinesische OFDI nach Europa mit 7,9 Milliarden Euro auf den niedrigsten Wert seit 2016. Ein Minus von 83 Prozent. Nun muss man sehen, wie sich das 2023 nach Covid wieder einpendelt, wenngleich der Trend wahrscheinlich bleiben wird. Es sind auch nicht länger Infrastrukturprojekte, die die internationalen Direktinvestitionen Chinas dominieren. Konsumgüter und Services sowie Unterhaltung liegen an der Spitze. Dann erst folgen Transport und Infrastruktur, Finanz- und Unternehmensservices, Grundstoffe und Gesundheit. Der größte Wachstumsmarkt bei den OFDIs ist die Autozulieferindustrie, also eine Domäne, in der Deutschland führend in der Welt ist.

Die Entwicklung lässt mehrere Schlüsse zu: China investiert weiter in die Welt und zieht sich nicht etwa zurück, will also einerseits seinen Einfluss in der Welt vergrößern. Anderseits braucht China die Welt noch, ihre Märkte und ihr Know-how. Beides ist gleichermaßen richtig und spricht für eine noch engere Verflechtung. Gleichzeitig kaufen die Chinesen weniger vorhandene Firmen, sondern bauen lieber selbst neue auf. Und schließlich: China verlagert seine Investitionen aus dem schwierigen Westen in Richtung seiner pragmatischeren asiatischen Nachbarn und des aufstrebenden globalen Südens. Damit betreibt China seinerseits Derisking hinsichtlich der Abhängigkeit vom Westen und gibt der multipolaren Weltordnung ein größeres wirtschaftliches Rückgrat.

19 STRAHLENDES GLAS

Die Atomkraftnation China hat ein Problem:
Wohin mit dem radioaktiven Müll?

Kein Land weltweit baut die Atomkraft schneller aus als China. Die International Atomic Energy Agency zählte bis Mitte 2023 55 Atomkraftwerke in China mit zusammen mehr als 55 Millionen Kilowatt. Damit ist China nach den USA und Frankreich zwar weltweit erst auf Platz drei. Doch kein anderes Land baut mit 17 Atomkraftwerken derzeit mehr neue Anlagen. Bis 2035 sollen es sogar 150 neue Anlagen werden. Aber selbst dann wird der Anteil der Atomkraft an Chinas Strommix nur 10 Prozent betragen.

Dennoch ist die Atomkraft wichtig, um 2030 die Spitze des CO_2-Ausstoßes und 2060 schließlich die Klimaneutralität zu erreichen. Selbst Japan hat Ende 2022 beschlossen, den Ausstieg aus der Atomkraft nach der Fukushima-Havarie wieder zurückzunehmen und weiter auf Atomstrom zu setzen. Im April 2023 haben Frankreich und China entschieden, ihre Zusammenarbeit bei der Atomenergie noch weiter zu intensivieren. Frankreich hat die meisten Atommeiler in Europa.

Inzwischen gelten die Atomkraftwerke in China als die sichersten der Welt. Das ergibt sich aus dem jährlichen Ranking der World Association of Nuclear Operators (WANO). 70 Prozent aller Kraftwerke haben die höchstmögliche Sicherheitspunktzahl bekommen.

Doch wohin mit dem Atommüll? China baut für knapp 400 Millionen Dollar zwei Forschungslabore, eines in 280 Metern Tiefe. Das andere in 540 Metern Tiefe. Die 280 Meter wurden im April 2023 erreicht. Nun kann das Labor dort unten aufgebaut werden. Es wird das größte und tiefste der Welt sein und gehört zu den hundert wichtigsten Forschungsprojekten in Chinas 13. Fünfjahresplan (2016–2020).

Eine Lösung für die Endlagerung: Mit ursprünglich in Deutschland entwickelter Technologie hat China nun eine Fabrik eröffnet, die Atommüll verglast und die Strahlung damit »tausend Jahre« binden soll. Die radioaktiven Elemente ausgebrannter Brennstäbe werden bei mindestens 1100 Grad mit Silikatglas in Spezialbehältern eingeschmolzen und sicher verplombt. Ob das tatsächlich stimmt, wissen wir allerdings erst in tausend Jahren.

Peking hält das Verfahren für einen technologischen Durchbruch, manche westlichen Wissenschaftler halten es immerhin für sinnvoll und unterstützen den Weg der Chinesen. Eine Studie der britischen Universität Sheffield kam bereits 2014 zu dem Ergebnis, dass auf diese Weise rund 90 Prozent des Atommülls »eliminiert« werden können. Andere sind dagegen vorsichtiger: »Derzeit kann nicht ausgeschlossen werden, dass über lange Zeiträume radioaktive Elemente frei werden«, meint Prof. Thorsten Geisler-Wierwille von der Uni Bonn.

Die Verglasung von Atommüll wurde vor allem in den 1980er- und 1990er-Jahren in Deutschland, Frankreich und anderen Ländern praktiziert. In Deutschland war dabei die Verglasungseinrichtung Karlsruhe (VEK) führend. Allerdings wurde dieser Weg hierzulande schon vor dem Atomausstieg aufgegeben und auch in anderen Ländern kaum weiterverfolgt. Peking dagegen steckt enorm viel Forschungsgeld in die Weiterentwicklung, das Thema Endlagerung ist politisch enorm wichtig. In den chinesischen Versuchen werden inzwischen Gläser benutzt, die weitaus stabiler gegenüber Glaskorrosion sind als die in der Sheffield-Studie seinerzeit untersuchten.

Im Herbst 2021 wurde eine Fabrik in der Stadt Guangyuan in der südwestlichen Provinz Sichuan eröffnet. Hier werden seitdem jedes Jahr mehrere Kubikmeter hoch radioaktiver Müll mit Glas verschmolzen, allerdings noch nicht nach dem neuen Verfahren. Das bisherige basiert auf einem älteren, das in Deutschland entwickelt wurde. Die erste Anlage, die mit diesem Verfahren arbeitete, wurde bereits 1999 in China installiert. Das neue soll dann ab 2024 industriell nutzbar sein. Selbst wenn das Verfahren sich nicht als der Weisheit letzter Schluss erweisen sollte: Die Chinesen gehen einen anderen Weg als die Deutschen. Sie versuchen die Schwächen einer Technologie zu verringern und ihre Stärken zu nutzten. Statt ganz auf sie zu verzichten, nur weil sie Schwächen hat.

20 HYPERSCHALLFLIEGER

Mit Chinas neuen Raketenflugzeugen schneller und umweltfreundlicher um die Welt

2035 will China Hyperschallflugzeuge betreiben, die jeweils zehn Passagiere innerhalb einer Stunde mit 6 Mach (7300 km/h) an jeden beliebigen Ort der Erde befördern können. Skizzen gibt es bereits: Mit 45 Metern sollen die Hyperschallflugzeuge fast ein Drittel länger sein als eine Boeing 737. Das Design ähnelt mit seinen Deltaflügeln einer Concorde, die 1976 bereits 2,5 Mach geschafft hat. Als Antrieb dienen zwei Staustrahltriebwerke, sogenannte Scramjets, die erst bei Überschallgeschwindigkeit arbeiten.

Die NASA schaffte es 2004, den unbemannten und nur dreieinhalb Meter langen Scramjet X-43 für zehn Sekunden sogar auf eine Geschwindigkeit von 9,4 Mach zu bringen. Knapp unter der zehnfachen Schallgeschwindigkeit. 2013 ging es mit dem X-51 für 210 Sekunden auf über 5 Mach. China hat es im Mai 2020 erstmals geschafft, ein Scramjet-Triebwerk für volle zehn Minuten laufen zu lassen. Ein Meilenstein. Im Frühjahr 2022 ist es Forschern dann in einer Bodensimulation gelungen, einen Flug in Höhe von 25 Kilometern zu simulieren – bei einer Geschwindigkeit von 6 Mach mit fast doppelt so hoher Kerosineffizienz wie bisher. Das ist nicht nur aus Umweltgründen wichtig, sondern auch aus Kostengründen. Umgekehrt formuliert bedeutet das: Der Motor ist nun doppelt so stark wie bisher.

Neben dem Scramjet-Triebwerk wird eine weitere Methode ausprobiert, die noch kraftvoller und treibstoffsparender ist: das Pulsdetonationstriebwerk. Es gilt, ein Strahltriebwerk zu schaffen, das mit der bei Überschallgeschwindigkeit erfolgenden Detonation von Treibstoff arbeitet. Einem Forschungsteam des Instituts für Mechanik an der Pekinger Chinese Academy of Sciences ist es 2022 erstmals gelungen, ein solches Detonationstriebwerk nicht mit teurem Wasserstoff zu betreiben, sondern mit normalem Kerosin auf 9 Mach zu beschleunigen, was viel preiswerter ist. Seit vielen Jahrzehnten versuchen Wissenschaftler weltweit, das hinzubekommen. Das Problem: Kerosin ist schwerer entzündbar als Wasserstoff und braucht deswegen eine größere Detonationskammer. Die jedoch macht den Flieger zu schwer. Die Lösung der Forscher ist sehr simpel – wenn man einmal darauf gekommen ist: eine fingernagelgroße Beule im Lufteintrittsschacht. Die Beule verwirbelt das Luft-Kerosin-Gemisch derartig, dass Schockwellen entstehen und sich das Kerosin leichter entzündet. So einfach wie genial.

Es gibt durchaus Wettbewerber, aber die sind noch nicht so weit: die EU mit Stratofly M3 unter italienischer Führung und unter Beteiligung des Deutschen Zentrums für Luft- und Raumfahrt. Boeing hat ähnliche Pläne. In China wird es dagegen bereits konkret: Bis 2025 soll ein neu entwickeltes Triebwerk fertig sein, das im Senkrechtstart Flugzeuge auf Raketengeschwindigkeit bringen soll – nur viel billiger als bisher. Anders als die Raketenmotoren mit riesigen Flüssigsauerstofftanks sollen die neuen Flieger den Sauerstoff aus der Luft ansaugen, um ins Weltall zu kommen. Damit werden die Kosten auf ein Hundertstel gesenkt, und die Flüge sind viel umweltfreundlicher, weil viel weniger Kerosin verbraucht wird. Dazu haben Wissenschaftler in Peking einen Windtunnel gebaut, der 25 Mach, also die 25-fache Schallgeschwindigkeit simuliert. Zum Vergleich: Westliche Windtunnel können bislang nur bis zu 9 Mach simulieren. Damit können die chinesischen Wissenschaftler nicht nur das neue Triebwerk testen, sondern auch die extreme Hitze- und Druckbelastung, der der Hochgeschwindigkeitsflieger bei 6 Mach ausgesetzt ist.

Eine Studie von Deloitte hat schon ausgelotet, wie sich der Markt entwickeln und ob ein solches Flugzeug überhaupt rentabel sein wird. Auf neunzig transozeanischen Routen hält Deloitte das neue schnelle Fliegen für sinnvoll. Der Markt umfasse potenziell 2,25 Millionen Passagiere und habe ein Volumen von 16,5 Milliarden Dollar. Für Betreiber und Kunden rechne sich die Sache, wenn ein Flugzeug nicht mehr als 146 Millionen Dollar koste. Das ist allerdings sportlich: Der Listenpreis eines A380 beträgt 440 Millionen Dollar.

Diese Technologie ist jedoch nicht nur interessant, um Passagiere und Güter rund um die Erde bringen, sondern auch zu Raumstationen. Bisheriger Knackpunkt: unkalkulierbare Turbulenzen beim Start im erdnahen Weltraum. Wang Yunpeng, einer der führenden Wissenschaftler am Institute of Mechanics der Chinese Academy of Sciences in Peking, hat Ende 2022 dafür eine Lösung gefunden. Er hat die inzwischen nicht mehr genutzte Skisprungmethode zum Start von Flugzeugen auf Flugzeugträgern weiterentwickelt und in einem 1/80-Modell bereits Spaceshuttles mit einer Geschwindigkeit von 7 Mach erfolgreich von einem Trägerflugzeug abheben lassen. Wie ein Skispringer, der ja keine Turbine braucht, um zu fliegen, nutzen die Forscher diese Methode nun zum kraftvolleren Abheben bei weniger Turbinenpower.

Das Problem hat Wissenschaftler seit Jahrzehnten beschäftigt. Getestet wurde in einem der besten Windkanäle der Welt, dem JK-12, wo das Abdocken simuliert werden kann. Das gelingt allerdings für nur etwa eine Sekunde. Dieser Zeitraum ist lang genug, um die stabile Abkopplung zu belegen, ohne dass sich die beiden Flugkörper in die Quere kommen. »Mit der Skisprungmethode braucht man nur ein Zehntel der Energie dafür«, so Wang, dessen Forschung bereits von unabhängigen Kollegen für haltbar befunden und in der Zeitschrift *Acta Aeronautica et Astronautica Sinica* veröffentlicht wurde. Am Ende geht es allerdings darum, ein Spaceshuttle von 87 Tonnen in weniger als acht Sekunden zum Abkoppeln zu kriegen und auf 7 Mach zu beschleunigen und dabei möglichst wenig Energie zu verbrauchen.

Inzwischen sind die Chinesen führend in diesem Bereich. Sowohl an der Skisprungmethode als auch bei der Beule zur Verwirbelung der Luft in den Turbinen zeigt sich, dass manchmal ein kleines banales Detail reicht, um ein großes Projekt entscheidend voranzubringen. Und bei solchen Themen leisten sich die Chinesen inzwischen den längeren Atem. Die Neugier der Menschen eines aufsteigenden Landes, gepaart mit Geduld und viel Geld, das bereitgestellt wird, weil der Staat solche Fortschritte unbedingt will, sind die Schlüssel zum Erfolg. Denn so können die Forscher selbst unwahrscheinliche Möglichkeiten akribisch durchspielen, bis ihnen ein Durchbruch gelingt.

21 VERDÄCHTIGER GLÄUBIGER

Westliche Wissenschaftler halten die populäre These, Afrika stecke in Chinas Schuldenfalle, für nicht haltbar.

China treibt Afrika nicht in die Schuldenfalle. Zu diesem Ergebnis kommt eine Studie von Harry Verhoeven (Center on Global Energy Policy, Columbia University) und Nicolas Lippolis (Fakultät für internationale Beziehungen, University of Oxford). China sei zwar der größte bilaterale staatliche Gläubiger des Kontinents, doch die meisten Kredite, die die Länder Afrikas belasteten, kämen von privaten westlichen Geldgebern. »Was die afrikanischen Staatsoberhäupter nachts wach hält, sind nicht die chinesischen Schuldenfallen. Es sind die Launen des Anleihemarktes«, der vom Westen geprägt sei, schreiben die Autoren.

Überhaupt, so die Studie, seien nur etwa die Hälfte aller Staatsschulden Afrikas international. Davon sei ein Drittel staatlich-bilateral, ein Drittel mit internationalen Finanzinstitutionen, und das letzte Drittel seien Eurobonds. Von den bilateralen Schulden entfalle nur rund die Hälfte auf China. Peking spiele mit einem gut achtprozentigen Anteil an den Staatsschulden Afrikas nur eine untergeordnete Rolle. Zudem seien Schulden bei China »nicht das am schnellsten wachsende Segment. Andere Kreditlinien sind in den letzten Jahren viel stärker gewachsen, insbesondere die gegenüber kommerziellen Anleihegläubigern, also Investmentbankern aus London, Frankfurt und New York, die afrikanische Schulden kaufen«, so die Studie. Dieses Segment sei in den letzten Jahren viel schneller gewachsen als alle Verbindlichkeiten afrikanischer Staaten gegenüber anderen Gläubigern.

Insgesamt beliefen sich die Staatsschulden afrikanischer Länder südlich der Sahara gegenüber chinesischen Unternehmen Ende 2019 – also vor Beginn der Covid-Krise – auf rund 78 Milliarden Dollar, bei einer Gesamtverschuldung der Region von rund 954 Milliarden Dollar. Selbst die staatlichen und privaten Schulden gegenüber China machen 2022 nur rund 12 Prozent der Auslandsschulden der afrikanischen Länder aus, so die Weltbank. Die privaten internationalen Gläubiger ohne China machen hingegen mit 35 Prozent mehr als doppelt so viel aus. Und die Schulden machen sogar 39 Prozent aus. Die privaten Gläubiger verlangen 2021 5 Prozent Zinsen, China 2,7 und die multilateralen hingegen nur 1,3.

Die China Africa Research Initiative der Johns Hopkins University im amerikanischen Baltimore kommt zu ähnlichen Ergebnissen: Peking habe seit 2000 rund 150 Milliarden Dollar über die China Exim Bank (60 Prozent) und die China Development Bank (40 Prozent) an Afrika geliehen. Davon sei die Hälfte bereits wieder zurückgezahlt. Die Schulden konzentrierten sich zudem nur auf fünf Länder: Angola, Äthiopien, Kenia, Nigeria und Sambia. »Die Vorstellung, dass chinesische Schuldenfallen den gesamten Kontinent gefährden, ist übertrieben«, so Deborah Bräutigam, Direktorin der China Africa Research Initiative. Zwischen 2000 und 2019 habe China zudem 3,4 Milliarden Dollar an Schulden erlassen.

Nicht haltbar sei auch die oft verbreitete These, dass China die Verschuldung nutze, um bei Kreditausfällen die Kontrolle von Häfen oder Eisenbahnen zu übernehmen oder gar Kredite an solche Verbindlichkeiten zu binden. China sei zudem weltführend, was den Covid-Schuldenerlass in Afrika betrifft – sowohl im Rahmen des G20-Schuldenmoratoriums (DSSI) als auch des Forums für China-Afrika-Kooperation (FOCAC), so Bräutigam. Im August 2022 hat Peking 23 Kredite in 17 afrikanischen Ländern erlassen. Kredite, die sowieso schon zinsfrei waren. Die Gesamtsumme wurde nicht bekannt.

Zudem bedeuten Chinas Investitionen mehr Jobs für Afrikaner. China habe in Afrika zwischen 2016 und 2020 mit 70,6 Milliarden Dollar Investitionen über 1,7 Millionen Jobs geschaffen. Gleichzeitig nimmt die Zahl der Chinesen, die in afrikanischen Ländern arbeiten, kontinuierlich ab. Die USA hätten hingegen mit 23 Milliarden Investitionen nur 540 000 Jobs geschaffen, so eine Studie der Londoner Beratungsfirma EY.

Die öffentliche Stimmung dreht sich entsprechend, das hat eine repräsentative Umfrage der südafrikanischen Ichikowitz Foundation in 15 Ländern unter jungen Leuten (18 bis 24 Jahre) gezeigt. 76 Prozent der jungen Afrikaner finden, China habe einen positiven Einfluss auf ihr Leben. Die USA kommen auf 72 Prozent. 2020 war das Verhältnis noch umgekehrt: 83 Prozent pro USA, 79 pro China. Allein schon, dass China und die USA inzwischen ungefähr den gleichen Stellenwert haben, ist eine erstaunliche Entwicklung. Anstatt China zu kritisieren, sollte der Westen den afrikanischen Ländern sinnvolle Alternativen zu den chinesischen Angeboten bieten. Das wäre der beste Weg, dem Kontinent zu helfen.

22 METAHUMANS

Ayayi ist Chinas erste hyperrealistische virtuelle Influencerin.

Ayayi ist nicht die erste digitale Influencerin oder Key Opinion Leaderin (KOL). Aber sie ist die erste hyperreale auf Basis von 3D-CGI- und KI-Technologie. Ein neuer Trend nimmt Gestalt an, seit 2012 die erste KOL entwickelt wurde, die noch sehr an eine Zeichentrickfigur erinnerte.

Ayayi wurde von dem Pekinger Unternehmen Ranmai Technology in nur sechs Monaten entwickelt und im Mai 2021 auf der E-Commerce-Plattform Xiaohongshu vorgestellt. Seitdem geht sie viral. Ranmai ließ sich bei der Entwicklung von dem japanischen Unternehmen Aww Inc. unterstützen, das bereits fünf virtuelle Influencer entwickelt hat, darunter Imma Gram, die als Vorläuferin von Ayayi gilt und bereits über 400 000 Follower auf Instagram und 485 000 auf TikTok hat.

Ende 2022 sammelte Ranmai in einer ersten Finanzierungsrunde 10 Millionen Dollar ein. Der Investor ist BAI Capital, einer der führenden Venture Capital Fonds in China und ein Tochterunternehmen der Gütersloher Bertelsmann AG. BAI hat auch in Start-ups wie NIO, einem der führenden chinesischen E-Auto-Hersteller, in die Streaming-App Bingo und in den Pionier der chinesischen Fahrradverleihdienste Mobike investiert.

Vor allem die Haut Ayayis und deren Schatten sind sehr viel realistischer als in früheren Versionen. Das ist wichtig, wenn sie als KOL in reale Veranstaltungen und Umgebungen eingefügt wird. Allein bei ihrem ersten Auftritt hatte sie drei Millionen Views und über Nacht rund 40 000 Follower. Ayayi, die auch als »synthfluencer« bezeichnet wird, wurde prompt von Guerlain, einem der ältesten Parfum- und Kosmetikhäuser der Welt (gegründet 1828), zu deren Sommerparty eingeladen. Das Unternehmen gehört heute zur LVMH-Gruppe (Louis Vuitton). Auch Prada, Dior und Ferragamo luden Ayayi ein. Sie hat inzwischen über zwei Millionen Fans auf Weibo, dem chinesischen Twitter.

Ling, eine andere digitale Influencerin, hat dort über eine Million Follower. Ihr Markenzeichen: Sie kombiniert traditionelle chinesische Ästhetik mit moderner Mode. Ling wurde bereits 2020 von der Shanghaier Firma Xmov Information Technology entwickelt. Sie arbeitet als Metamensch für den amerikanischen E-Auto-Hersteller Tesla, die italienische Schmuckmarke Bulgari oder die chinesische Einkaufsplattform Tmall und wurde schon in den Modezeitschriften *Marie Claire* und *Vogue* porträtiert.

Metahuman KOLs sind auch politisch in China willkommen. Denn sie missbrauchen ihre Bekanntheit im Gegensatz zu manchen ihrer menschlichen Pendants nicht für Politisches und reden – zumindest aus Sicht der Zensur – keinen eigensinnigen, verfänglichen Unsinn. Und sie lassen sich auch sonst nicht zu »Verfehlungen« oder gar »Übergriffen« hinreißen. Aber auch den Unternehmen gefällt das: Bulgari, Porsche und Louis Vuitton hatten sich 2021 von ihrem Markenbotschafter Kris Wu getrennt, nachdem man ihm Vergewaltigung und sexuelle Nötigung vorgeworfen hatte. Adidas und Balenciaga mussten sich nach antisemitischen Äußerungen von dem Rapper, Sänger und Musikproduzenten Kanye West trennen.

Ayayi hingegen gratuliert auch artig zum bemannten Raketenstart der Shenzhou 12 und lässt sich mit dem politisch korrekten Hongkonger Star William Chan fotografieren. Und Ayayi altert nicht. 2022 präsentierte sie den neuen Porsche Taycan 4S. Das Durchschnittsalter der Porschefahrer in China liegt bei 35 Jahren. In Deutschland bei über sechzig.

Inzwischen hat Ranmai Technology auch Noah geschaffen, das männliche Pendant zu Ayayi. Vorher hatte es eine Konsumentenumfrage gegeben, an der mehr als 21 000 User teilnahmen. Sie haben entschieden, wie Noah werden soll. Bei seiner Entstehung sahen 65 Millionen User auf Weibo zu. Inzwischen ist Noah für die Marke Tommy Hilfiger unterwegs.

Es gibt weltweit mehr als fünfzig Metahumans. Der Begriff wurde von der chinesischen Digital-Marketing-Plattform Social Beta geprägt und seitdem Millionen Mal benutzt. Die Metahuman-Idol-Industrie soll nach Branchenschätzungen schon 2025 bei einem Volumen von 5,8 Milliarden Dollar liegen. 2030 rechnet man mit einem Markt von über 40 Milliarden Dollar allein in China.

Über die Hälfte der Verkäufe des globalen sogenannten sozialen Handels werden in China getätigt. Der Markt ist zehnmal größer als der amerikanische. Kein Wunder, dass das Geschäft mit den Metamenschen vor allem von China geprägt wird. Inzwischen haben Marken wie Prada, Puma, Yoox, Alibaba oder Samsung ihre eigenen virtuellen Influencer geschaffen, um junge Menschen im Metaverse zu fesseln. Auch hier verschwimmen Realität und Fiktion, Wunsch und Wirklichkeit immer mehr.

23 WEGGESPERRT

Die Verurteilung chinesischer Dissidenten zu langen Haftstrafen bedeutet das vorläufige Ende des Teils der chinesischen Zivilgesellschaft, der für einen Regimewechsel kämpft.

Ein Gericht in der Provinz Shandong verurteilte den Menschenrechtsanwalt Xu am 10. April 2023 zu 14 Jahren Haft, sein Mitstreiter Ding Jiaxi erhielt zwölf Jahre. Das Gericht habe dem Juristen die »Untergrabung der Staatsgewalt« vorgeworfen und zusätzlich »für drei Jahre seiner politischen Rechte beraubt«, sagte Luo Shengchun. Luo ist seit 1994 mit Ding Jiaxi verheiratet und lebt seit 2013 mit den beiden gemeinsamen Töchtern im amerikanischen Exil. »Ding Jiaxi hat immer zu mir gesagt, es sei das Richtige, was er tut. Er hat nie akzeptiert, dass der Staat ihm vorwarf, das Gesetz zu brechen«, so Luo. Das Gericht in Linshu bestätigte das Urteil auf Anfrage westlicher Journalisten nicht. »Wir wissen nichts über diesen Fall«, betonte eine Sprecherin. Auch in den chinesischen Medien wurde über die beiden Fälle nicht berichtet.

Im Dezember 2019, kurz vor dem Ausbruch der Covid-Pandemie, hatten die nun verurteilten Ding und Xu an einem geheimen Treffen von Juristen und Menschenrechtsaktivisten in der Provinz Fujian teilgenommen. Dabei diskutierten sie über einen »demokratischen Übergang in China«. Ding, früher ein Wirtschaftsanwalt, forderte später Präsident Xi Jinping öffentlich zum Rücktritt auf. Er wurde kurz darauf festgenommen. Xu Zhiyong, ein ehemaliger Rechtsprofessor, wurde nur wenig später im Februar 2020 verhaftet. Er hatte zuvor eine Reihe von Internetbeiträgen veröffentlicht, in denen er Präsident Xi für sein hartes Vorgehen angesichts der damals beginnenden Pandemie kritisierte, aber auch für den Umgang Pekings mit den regierungskritischen Protesten in Hongkong.

Der frühere Dozent an der Universität für Post und Telekommunikation in Peking war Mitbegründer eines heute verbotenen Rechtshilfezentrums und einer Gruppe, die sich »Neue Bürgerbewegung« nannte.

Das Tragische daran: Der Rückhalt der Dissidenten in der Bevölkerung ist sehr gering. Das liegt nicht nur an der Zensur, die sich mit VPN-Apps umgehen ließe. Schließlich kochen immer wieder eigentlich zensierte Themen in China hoch. Doch für einen Regimewechsel gibt es trotz großer Unzufriedenheit keine Mehrheit. Zwischen der Bevölkerung und der Partei gibt es eine Art ungeschriebenen Vertrag: Die KP schafft Wohlstand und Prosperität, womit sich auch der persönliche Spielraum der Menschen vergrößert. Dafür lassen die Leute die Partei gewähren.

Ende 2022 sah es angesichts der rigiden Covid-Politik, des Ideologieschubs und sinkenden Wirtschaftswachstums für kurze Zeit so aus, als sei die Bevölkerung skeptisch geworden, ob die KP noch in der Lage sei, ihren Teil des Vertrages einzuhalten.

Peking reagierte prompt: Man stellte die Corona-Maßnahmen ein und setzte wieder voll auf Wirtschaftswachstum. Der kurz aufflackernde Widerstand erstarb umgehend. Es galt wieder: business as usual.

Schon bei der ersten Verurteilung der beiden Dissidenten hatte man auch hinter vorgehaltener Hand kein breites Interesse entdecken können. Xu hatte bis 2017 bereits vier Jahre abgesessen, Ding dreieinhalb. Kurz vor seiner erneuten Verurteilung am 10. April 2023 hatte Dings Anwalt eine Stellungnahme seines Mandanten veröffentlicht, die dieser ihm bei einem seiner letzten Besuche diktiert hatte: »Wie viele auch immer an mir gezweifelt haben, ungeachtet der vielen Schwierigkeiten und Rückschläge, denen ich begegnet bin, einschließlich der körperlichen Folter, die ich erlitten habe, werde ich nicht von meinen unerschütterlichen Überzeugungen abweichen.«

Schon 1989 hatte Ding mit Zehntausenden auf dem Platz des Himmlischen Friedens demonstriert. Als Präsident Xi Jinping im Herbst 2012 die Macht in China übernahm, hofften die Bürgerrechtler auf eine liberalere Zukunft. In einer Petition vom 9. Dezember jenes Jahres forderten sie die neue Parteispitze zu Veränderungen auf. Doch nur 7000 Menschen aus ganz China hatten das Dokument unterzeichnet, obwohl die Forderungen nicht vermessen waren: Bildungsgleichheit, Offenlegung der Vermögenswerte von Parteifunktionären und ein sogenanntes gemeinsames Bürger-Abendessen, ein politisches Forum der freien Meinungsäußerung.

Erstaunlich ist, dass die chinesische Führung nicht gelassener mit derartigen Bewegungen umgeht und dass sie keinen transparenten Prozess durchführt. »Sie trauen sich nicht, eine Gerichtsanhörung abzuhalten, sie trauen sich nicht, Zeugen aufzurufen, und sie trauen sich neun Monate lang nicht, ein Urteil zu sprechen«, fasst Luo die Situation zusammen. Die Prozesse zumindest transparent zu machen, wäre ein wichtiger Schritt für die Modernisierung Chinas und ist unablässig für ein glaubwürdiges Rechtssystem. Dass dies nicht geschieht, sehen manche als Zeichen dafür, auf welch dünnem Eis sich Peking wirtschaftlich bewegt. Andere schließen daraus, dass die chinesische Führung so gut im Sattel sitzt, dass sie in dieser Frage entscheiden kann, was und wann sie will. Klar ist jedenfalls: Die chinesische Bürgerrechtsbewegung hat in China erst dann eine realistische Chance auf einen Regimewechsel, wenn das Land in eine tiefe Wirtschaftskrise gerät.

24 HAMSTERKÄUFE

Der Getreidebedarf des boomenden und von Naturkatastrophen gebeutelten China treibt die Preise stärker nach oben als der Krieg in der Kornkammer Ukraine.

Bis in die 1980er-Jahre war es eines der wichtigsten politischen Ziele der Kommunistischen Partei, dass die Menschen in China nicht hungern müssen. Die Lage wurde zwar besser, doch selbst zur Jahrtausendwende hungerten noch über 10 Prozent der Chinesen, wie die Weltbank errechnet hat. Erst seit zehn Jahren liegt die Zahl bei rund 2,5 Prozent. Das ist etwa so viel wie in den USA. Nun geht es für die Partei vor allem darum, die Lebensmittelpreise stabil zu halten. Da die amtierenden Politiker des Landes als Kinder noch Hunger erlebten, haben sie vorgesorgt: China lagert mittlerweile 142 Millionen Tonnen Weizen ein, für 1,4 Milliarden Menschen. Für jeden Chinesen sind das gut 100 Kilogramm Weizen, genug für 18 Monate. Die EU hat nur eine Reserve von zehn Millionen Tonnen für 450 Millionen Menschen, pro Kopf also knapp die Hälfte. Der Ukrainekrieg zeigt, wie wichtig solche Reserven werden können.

Immerhin exportiert die EU in der Regel mehr Weizen, als sie importiert, während China schon seit Jahren rund ein Fünftel seines Weizens importieren muss. Angesichts zunehmender Naturkatastrophen haben die Chinesen 2021 mit mehr als 28 Millionen Tonnen doppelt so viel Getreide gekauft wie 2020. Das hat die Preise schon vor dem Krieg dramatisch steigen lassen, der diesen Trend nur noch verschärft hat. Doch auch wenn dadurch ein Drittel der ukrainischen Ernte ausfällt (minus acht Millionen Tonnen), hat die höhere Nachfrage der Chinesen (plus 17 Millionen Tonnen 2021) noch immer einen größeren Einfluss auf die Getreidepreise auf dem Weltmarkt als der Krieg in der Ukraine. Allerdings hat Putin im Sommer 2023 das Getreideabkommen, das der Ukraine erlaubte, sein Getreide durch das Schwarze Meer zu transportieren, aufgekündigt. Peking nahm rund 25 Prozent dieser Lieferungen ab.

»Wegen der Überschwemmungen im letzten Herbst steht China vor großen Schwierigkeiten bei der Nahrungsmittelproduktion«, so der chinesische Landwirtschaftsminister Tang Renjian. »Die Erntebedingungen 2022 gehörten zu den schlechtesten in der Geschichte«, fügt Tang hinzu. 30 Millionen Hektar landwirtschaftliche Nutzfläche wurden zerstört. Auf 18 Millionen Hektar hat sich die Aussaat verzögert. Im Juli 2023 warnt das Agrarministerium erneut vor einer schlechten Ernte.

Peking war kurz vor dem Krieg mit Russland übereingekommen, mehr Getreide von dort zu beziehen. Doch nun kommt es zu Verzögerungen bei den Lieferungen, die wegen der Sanktionen auch politisch kompliziert sind. In den ersten vier Monaten des Jahres 2023 hat China bereits 60 Prozent der Getreidemenge gekauft, die im gesamten Vorjahr importiert wurde. Dabei versucht es, die USA zu umgehen. Gewinner ist Australien, mit dem sich China nach einigen Jahren Eiszeit wieder arrangiert hat: 60 Prozent der Importe kommen aus Australien, 19 Prozent aus Kanada, 13 Prozent aus Frankreich und nur noch 8 Prozent aus den USA.

25 INDIENS CHINA-HANDYS

Chinesische Smartphones dominieren den indischen Markt mehr denn je.

Der Anteil indischer Smartphone-Marken wie Micromax, Lava, Karbonn und Intex ist von 68 Prozent im Jahr 2015 auf nur noch ein Prozent 2021 gesunken. Der Grund: Indiens Hersteller kommen nicht gegen die chinesischen Wettbewerber an.

Die chinesische Marke Xiaomi ist mit 24 Prozent Marktanteil führend, vor Samsung aus Südkorea mit 18 Prozent. Auf den Plätzen drei bis fünf liegen die chinesischen Hersteller Vivo (15 Prozent), Realme und Oppo. Xiaomi hat gleich doppelt profitiert: Im Premiumsegment ab 400 Dollar konnte der Hersteller 2021 um 251 Prozent zulegen. Im Massensegment mit der Submarke POCO war es immerhin noch ein Plus von 51 Prozent. 2022 konnte Xiaomi seinen Umsatz um 9 Prozent in Indien steigern, trotz strengerer staatlicher Regeln und Anti-China-Stimmung in den sozialen Medien.

Damit kontrollieren die Chinesen rund 80 Prozent des indischen Marktes, der 2021 insgesamt um 27 Prozent gewachsen ist. Im Vergleich zu China ist er allerdings noch immer klein. In Indien beträgt sein Volumen 38 Milliarden Dollar, in China sind es 329 Milliarden Dollar. Also fast das Zehnfache, bei ähnlich hoher Bevölkerungszahl.

Delhi versucht nun, den Siegeszug der Handys made in China zu bremsen. Im Januar 2022 musste Xiaomi 87,80 Millionen Dollar Einfuhrsteuern nachzahlen. Das Unternehmen habe Lizenzgebühren unterschlagen. Oppo wird gar vorgeworfen, 551 Millionen Dollar an Steuern hinterzogen zu haben. 58 Millionen Dollar wurden Mitte 2022 auf den Konten von Vivo eingefroren. Doch komplett ausbremsen kann Delhi die Chinesen nicht. Die indischen Kunden wären empört, denn die Smartphones aus dem eigenen Land sind nicht gut genug. Delhi plant nun Gerüchten zufolge, chinesische Handys unter 150 Dollar vom indischen Markt zu verbannen. Handys dieser Preisklasse machen ein Drittel des Marktes aus. Es wäre ein Segment, in dem indische Firmen eine realistische Chance hätten. Die große Frage ist aber, ob sich die Kunden in der größten Demokratie der Welt einen solchen Eingriff noch gefallen lassen.

Immerhin werden inzwischen fast alle chinesischen Smartphones für Indien in Indien produziert. Das stärkt die lokale Wirtschaft ebenso wie die chinesischen Investitionen in indische Start-ups: Das Volumen stieg von 1,8 Milliarden Dollar im Jahr 2020 auf 9 Milliarden 2021. Der Handel zwischen den beiden Ländern ist 2021 sogar um 43 Prozent gewachsen. Im ersten Halbjahr 2023 sind es nur noch 0,9 Prozent Wachstum, doch das sind immer noch 56 Milliarden Dollar. Indien und China verlinken sich also wirtschaftlich immer stärker. Damit sinkt das Risiko, dass der politische Streit zwischen China und Indien eskaliert. Seit über fünfzig Jahren ist der Grenzverlauf in der Himalaja-Region Ladakh umstritten. Allein 2020 kamen dabei nach indischen Angaben zwanzig indische Soldaten »in einem Gefecht mit Stöcken und Steinen« ums Leben. Beide Seiten warfen sich gegenseitig Grenzverletzungen vor. Zwei Jahre später flammte der Konflikt wieder auf, diesmal gab es »nur« Verletzte.

Es wäre gut, wenn es Indien gelänge, seine eigene Smartphone-Industrie aufzubauen. Das würde den globalen Wettbewerb erhöhen. Doch dazu müsste Indien nun eine höhere Innovationsgeschwindigkeit an den Tag legen als China. Nur wenn die indischen Smartphones genauso gut, aber billiger sind, haben sie eine Chance bei den indischen Kunden.

26 DEN HUNGER BESIEGEN

Sind Riesenpflanzen mit menschlichen Wachstumsgenen die Lösung?

Es war eine »verrückte Idee«, sagt He Chuan, Co-Projektleiter und Professor an der University of Chicago. »Um ehrlich zu sein, haben wir mit katastrophalen Ergebnissen gerechnet.« Seine chinesische Kollegin Jia Guifang, Professorin an der Peking University, sieht das ähnlich. Gemeinsam hat das Team aus chinesischen und amerikanischen Forschern Neuland betreten, in jeder Hinsicht. Für die Amerikaner ungewöhnlicher als für die Chinesen: Anstatt in kleinen

Schritten auf gut verstandenen Theorien aufzubauen, haben sie in den freien Raum gespielt und dabei ein überraschendes Tor erzielt. Es ist ihnen gelungen, mit menschlichen Fettleibigkeitsgenen Reis- und Kartoffelpflanzen größer und dürreresistenter zu machen.

Die Methode sei einfach, meint Jia Guifang, und habe bei allen Testpflanzen funktioniert. Das hat nicht mal eben von heute auf morgen geklappt: Zehn Jahre haben sie in Zusammenarbeit mit der Universität Guizhou im subtropischen Südwesten Chinas geforscht, nun konnten sie die bahnbrechenden Ergebnisse veröffentlichen. Bis zur Marktreife werden allerdings noch viele Untersuchungsreihen nötig sein. Dennoch haben diese Forschungen das Zeug, die Welt zu verändern: Neun Millionen Menschen sterben jährlich an Hunger, mehr als durch AIDS, Malaria und Tuberkulose zusammen. 9 Prozent der Weltbevölkerung hungern.

Die genveränderten Pflanzen haben 40 Prozent mehr Biomasse und liefern 47 Prozent mehr Ertrag. Die Wurzeln sind länger, daher sind die Pflanzen dürreresistenter. Selbst führende Experten auf dem Gebiet der Pflanzenbiologie wie Donald Ort, Mitglied der US National Academy of Sciences (NAS) und Professor an der University of Illinois, sind »verblüfft« über dieses Ergebnis. »Sehr ungewöhnlich, aber offensichtlich doch möglich«, urteilt auch Robert Sablowski, Biologe am britischen John Innes Center, einem der führenden Forschungszentren in Europa.

In Deutschland werden seit 2012 kommerziell keine gentechnisch veränderten Pflanzen mehr angebaut, 80 Prozent der Deutschen hatten sich dagegen ausgesprochen. EU-weit ist derzeit nur der kommerzielle Anbau zweier gentechnisch veränderter Organismen (GVO) zugelassen: der Bt-Mais »MON 810« und die Kartoffel »Amflora«.

China investiert aus einer Mischung aus Not und Nationalstolz weltweit am meisten Geld in diesen Forschungsbereich. »Wir müssen ausschließen, dass ausländische Unternehmen bei der Agrobiotechnologie dominieren«, sagt Präsident Xi Jinping. Er hat dabei die Sanktionen im Blick, die Washington in Bereichen verhängt, in denen die Chinesen noch Schwächen zeigen. Das Vorhaben scheint zu gelingen.

27 NEUER SPIELRAUM

Als Erster bricht Bundeskanzler Olaf Scholz das mehrjährige europäische Schmollen nach den gegenseitig verhängten Sanktionen zwischen der EU und China und reist im November 2022 nach Peking.

Nach der Peking-Reise des Bundeskanzlers ist klar: Reden ist besser als Sanktionen, Schweigen oder Drohen. Der Kurzbesuch hat die China-Beziehungen wieder in pragmatischere Bahnen gelenkt und neue Spielräume eröffnet für den kurz darauf stattfindenden G20-Gipfel in Bali.

Drei lange Jahre lang war der direkte Gesprächsfaden zwischen der EU und China weitgehend abgerissen. Der Grund: Covid und die gegenseitigen Sanktionen. Die Amerikaner haben den Faden schon im Frühjahr 2021 mit der China-Reise des US-Klimabeauftragten und ehemaligen Außenministers John Kerry wieder aufgenommen. Und der hat nicht nur über Umweltthemen gesprochen. Er durfte trotz strengen Covid-Regeln quarantänefrei einreisen. Seine chinesischen Gesprächspartner gingen danach in Quarantäne.

Olaf Scholz kommt für ein paar Stunden nach Peking, ohne zu übernachten. Er hat einen günstigen Zeitpunkt genutzt: Er ist nicht nur als Bundeskanzler, sondern auch als gegenwärtiger Vorsitzender der entwickelten Industrienationen (G7) nach China gereist. Er ist der erste westliche Regierungschef, der Staats- und

Parteichef Xi Jinping trifft, nachdem dieser seine Amtszeit auf der 20. Parteitagung der KP verlängert hat. Nun ist Xi mächtiger denn je. Zudem war es die letzte Möglichkeit, sich vor dem G20-Gipfel auf Bali Mitte November abzusprechen, dem jährlich einzigen Treffen der Spitzen der wichtigsten Länder der Welt. Xi hat das verstanden und Scholz signalisiert, er sähe ein Treffen auch als eine Chance für Deutschland/Europa und China, um globale Herausforderungen gemeinsam besser auszutarieren.

Nach dem Kurzbesuch ließ er verlauten, das Treffen mit dem Kanzler habe das »gegenseitige Verständnis und Vertrauen gestärkt« und die »praktische Zusammenarbeit in verschiedenen Bereichen vertieft«. Deutschland und China sollten als »einflussreiche Mächte« inmitten »von Veränderungen und Chaos« einen »größeren Beitrag zu Frieden und Entwicklung in der Welt leisten«, sagte Xi. Eine »umfassende strategische Partnerschaft für die Zukunft« mit Deutschland sei wichtig. Voraussetzung dafür sei »gegenseitiger Respekt«. Jedes Land müsse »den Weg entsprechend seiner eigenen Realität wählen«. China werde weiterhin ein »hohes Maß an Offenheit gegenüber der Außenwelt« haben, im Sinne »einer wirtschaftlichen Globalisierung«. Xi unterfütterte seine Sichtweise mit einem Zitat von Altkanzler Helmut Schmidt, der in China noch immer sehr verehrt wird: »Politiker sollten mit Gelassenheit das akzeptieren, was nicht geändert werden kann, mit Mut das ändern, was geändert werden kann, und mit Weisheit den Unterschied erkennen.«

Immerhin zeigt Xi im Ukrainekrieg, beim Klimawandel und in der Covid-Debatte Beweglichkeit. Der Impfstoff des Mainzer Unternehmens BioNTech soll zunächst für Ausländer in China zugelassen werden. Im nächsten Schritt sollen chinesische Impfstoffe in der EU und der von BioNTech in China zugelassen werden. Beim Thema Ukraine hat sich Xi sehr klar gemeinsam mit Scholz gegen »den Einsatz oder die Androhung des Einsatzes von Atomwaffen« ausgesprochen. Xi forderte »alle betroffenen Parteien« auf,

»Vernunft und Zurückhaltung« zu wahren und »so bald wie möglich« die »Voraussetzungen für die Wiederaufnahme von Verhandlungen« zu schaffen. Beim Thema Umwelt wollen Peking und Berlin eine gemeinsame neue Strategie im Kampf gegen den Klimawandel entwickeln. Der Markt allein mache die Welt nicht grüner, das müsse man regulieren.

Bei diesen Punkten haben Xi und Scholz eine gemeinsame Tonlage für den G20-Gipfel gefunden. Trotz der unterschiedlichen Auffassungen in Menschenrechtsfragen, die Scholz deutlich anspricht. Er kehrt mit politischem Rückenwind nach Berlin zurück. Und Peking hat nun wieder einen pragmatischen Partner im westlichen Politikbetrieb.

Nach hitzigen Wortgefechten innerhalb der Koalition vor der Reise dominieren nun vorübergehend wieder die Gemeinsamkeiten. »Alle bisherigen Entscheidungen sind verantwortbar«, fasst FDP-Chef Christian Lindner die Politik von Scholz zusammen. Lindner gibt sich gar staatsmännisch gelassen: Das »Gerangel« um die Hafenbeteiligung der Chinesen in Hamburg, bei der Scholz sich gegen den Willen der Mitkoalitionäre und trotz Kritik auch aus Reihen der SPD durchgesetzt hat, habe »die Frage aufgeworfen, ob wir mit unserem bestehenden Recht möglicherweise an Grenzen stoßen«. Ein Satz, den Scholz mittragen kann.

China sei Handelspartner und »systemischer Rivale«. Lindner fordert nicht, sich aus China zurückzuziehen, sondern »ergänzend andere Weltregionen in den Blick zu nehmen«. Auch ein Satz, mit dem Scholz leben kann.

Die Grünen halten etwas mehr Distanz. Allerdings betonen auch sie beim Blick in die Zukunft eher die Gemeinsamkeiten als die Unterschiede. »Es wäre gut gewesen, wenn neben den Wirtschaftsvertretern auch Vertreter der Zivilgesellschaft und der Menschenrechte mitgereist wären«, kritisiert Grünen-Chefin Ricarda Lang. Dann folgen die wichtigen Sätze: »Die gegenwärtige Abhängigkeit von China lässt sich nicht kleinreden. Es geht nicht darum, sich komplett zu entkoppeln, sondern die strategische Souveränität gegenüber China wieder zu gewinnen.« Und weiter: »Wir werden die großen Herausforderungen unserer Zeit, insbesondere die Klimakrise, nicht ohne Peking lösen können«, betont die Lang pragmatisch. »Deshalb Austausch und Begegnung ja, aber wertegeleitet, souverän und auf der Grundlage dessen, was wir im Koalitionsvertrag gemeinsam verabredet haben.«

Damit kann Scholz leben.

28 ALGORITHMEN DER AUSBEUTUNG

Peking zwingt den börsennotierten Essenslieferanten Meituan zu Sozialleistungen für seine Mitarbeiter.

Manche Fahrer haben nach einer zwölfstündigen Schicht umgerechnet gerade einmal 5,30 Euro verdient. Denn die Algorithmen der Ausbeutung machen strenge Vorgaben, in welcher Zeit sie das Essen zu liefern zu haben. Sind sie zu langsam, kann der Arbeitgeber den Lohn kürzen – bis zu 60 Prozent. Eine Fahrt von einer Stunde konnte so nur mickrige 86 Cent einbringen, egal, ob der Fahrer auf seinem Elektromotorrad in der Rushhour nicht so schnell vorankam wie geplant oder tatsächlich getrödelt hat.

Wang Xing, Gründer und CEO von Meituan, ist berüchtigt für seine schroffe Unternehmenskultur der Gewinnmaximierung. Mitarbeiter, die die strengen Umsatzziele verfehlen, fliegen raus. Nun hat die chinesische Regierung dafür gesorgt, dass Meituan seinen Kurs ändert: gesicherte Mindestlöhne, Sozial-, Kranken- und Unfallversicherung für 9,5 Millionen Lieferanten. Das war überfällig.

Wang hat angekündigt, die Maßnahmen umgehend umzusetzen. Sein Topmanagement betont allerdings, dass die Margen nicht hoch genug dafür seien. Essenslieferungen wurden teurer, der Aktienkurs des Unternehmens brach zeitweilig um bis zu 50 Prozent ein. Im Sommer 2023 liegt er trotzdem noch mehr als 60 Prozent über dem Startkurs von 2018.

Der Börsenwert des Unternehmens beläuft sich auf rund 100 Milliarden Euro. Damit gehört der Konzern zu den hundert wertvollsten der Welt. 2022 konnte das Unternehmen seine Profite um 56 Prozent steigern, bei einer Umsatzsteigerung von gut 22 Prozent. Und es konnte seine Verluste von 4,6 auf 3,18 Milliarden Euro senken.

Meituan, das über eine Website in tausend chinesischen Städten Lieferservices anbietet, will nun international expandieren, zunächst in Hongkong. Dort muss das Unternehmen allerdings Foodpanda schlagen, den größten Player in Asien außerhalb Chinas, mit Sitz in Singapur. 76 Prozent der Hongkonger, die sich ihr Essen liefern lassen, nutzen Foodpanda. Das Unternehmen gehört einem deutschen Start-up, Delivery Hero aus Berlin. Die Gründer sind der Pekinger Regierung dankbar, dass sie die Ausbeutung gestoppt haben. Denn ohne den Eingriff des Staates wäre es schwierig geworden, in Asien gegen Meituan zu bestehen. Peking hat nun Standards gesetzt, die Asien die Richtung weisen.

Die Wahrscheinlichkeit ist groß, dass die Entwicklung den Weg zur Lieferung ohne Fahrer nimmt, seien es autonom fahrende Autos oder Drohnen. Damit könnte Meituan-Gründer Wang die Lohnkosten in seinem Unternehmen senken.

Meituan ist größter Einzelanteilseigner an dem Pekinger Hersteller Auto Li. Die Wahrscheinlichkeit, dass die Entwicklung zügig in Richtung von Lieferungen ohne Fahrer läuft, ist groß. Und dann liegt der Schwarze Peter wieder beim Staat. Der muss sich Gedanken machen, womit die Fahrer dann ihr Geld verdienen, wenn sie nicht mehr für die Auslieferung gebraucht werden. Eine große Herausforderung.

29 KEINE ENTKOPPLUNG

Peking und Washington einigen sich: Chinesische Firmen bleiben an den US-Börsen.

Trotz der heftigen politischen Konfrontation zwischen den rivalisierenden Weltmächten USA und China auch im Ukrainekrieg haben beide Länder im August 2022 eine Lösung gefunden, mit der beide Seiten leben können. Es ging um die Frage, wie viele Informationen chinesische Unternehmen preisgeben müssen, um in den USA an der Börse gelistet werden zu können. Washington forderte maximale Transparenz, Peking sagte, das sei aus Gründen der nationalen Sicherheit nicht möglich.

Ausgelöst worden war der Disput durch eine Regelverschärfung des amerikanischen Kongresses im Jahr 2020. In der Folge hätten sich mehr als 262 Firmen mit einem Marktwert von 775 Milliarden Dollar zurückziehen müssen, darunter Schwergewichte wie Alibaba, Baidu und JD.com. Sowohl innerhalb Chinas als auch innerhalb der USA entbrannte daraufhin ein Streit.

Die Nationalisten in China argumentierten, dass China schneller mächtiger werde, wenn es möglichst unabhängig vom Ausland sei. Börsengänge solle es allenfalls in Hongkong geben. Auch, damit die USA nicht an die Geschäftsgeheimnisse chinesischer Firmen gelangten. Die Internationalisten betonten, dass China nur dann eine richtige Weltmacht werden könne, wenn es sich global integriere. Dem stimmten auch die in New York gelisteten Konzerne zu. Die Wall Street sei der wichtigste Markt, um globale Investitionen zu bekommen.

Die Regulatoren in den USA wiederum bestanden auf größtmöglicher Transparenz, von der auch chinesische Unternehmen nicht ausgenommen seien. Die Wall-Street-Manager entgegneten, man dürfe nicht zu streng sein. Chinesische Firmen seien inzwischen ein zu wichtiger und vor allem stark wachsender Teil ihres Geschäftsfelds.

Schließlich hat man sich auf einen Kompromiss geeinigt: Die Amerikaner werden mehr Informationen von den Wirtschaftsprüfern bekommen, wenn auch nicht so viele, wie sie wollten. Und geprüft wird hauptsächlich in Hongkong, dem drittgrößten Finanzplatz der Welt. Das ist China und doch nicht China. »Das ist ein erster Schritt, uns den Zugang zu öffnen«, lässt die amerikanische Aufsichtsbehörde über die Wirtschaftsprüfungsgesellschaften (Public Company Accounting Oversight Board) verlauten. Wichtig sei nun: »Keine Schlupflöcher und Ausnahmen«.

Chinas Securities Regulatory Commission, ein Regierungsministerium des Staatsrates, betont, man wolle die Kooperation mit den amerikanischen Regulierungsbehörden in einer »professionellen und pragmatischen« Weise vorantreiben, um »gemeinsam positive Ergebnisse« zu erzielen. Peking »unterstützt Unternehmen, die sich in Überseemärkten listen wollen«, so Liu He, der zuständige Vizepremier.

Allerdings haben sich fünf Staatsbetriebe bereits von der New Yorker Börse zurückziehen müssen: China Life Insurance, PetroChina, Sinopec, Aluminum Corporation of China und Sinopec Shanghai Petrochemical. Die offizielle Begründung lautet: zu wenig Umsätze, zu hohe Kosten. Analysten gehen dagegen davon aus, dass die Firmen strategisch zu wichtig seien, als dass Peking hier Transparenz zulassen könnte.

Das Hauptproblem des Kompromisses: Die Chinesen gründen Offshore-Briefkastenfirmen, die dann Aktien in New York ausgeben, sogenannte Variable Interest Entities (VIE). Der Haken für den Westen daran: Die Aktionäre profitieren zwar vom Wachstum der Aktien, sind aber nicht wirklich an dem Unternehmen beteiligt und haben auch keine Stimmrechte. Eine Mogelpackung also.

Das gefällt wiederum den Pekinger Nationalisten, weil es den Einfluss internationaler Investoren auf chinesische Unternehmen limitiert. Was sie hingegen nicht gut finden: Das Geld, das die Unternehmen über die VIEs aufnehmen, bleibt im Ausland. Chinesische Firmenwerte, die womöglich mit staatlicher Schützenhilfe aufgebaut wurden, würden so im Ausland versilbert, ohne dass China etwas davon hätte.

Die Internationalisten und die westlichen Investoren kontern: Mit dem Geld könnten chinesische Firmen international Marktanteile ausbauen oder Forschung und Entwicklung betreiben. Das nütze wiederum den chinesischen Muttergesellschaften.

An den Äußerungen des damaligen Vizepremiers Liu He wurde offensichtlich, dass sich die Machtbalance in Peking zugunsten einer zunehmenden Internationalisierung verschoben hat. Das wurde auch in der Rede des Staats- und Parteichefs Xi Jinping zur 20. Tagung der KP Chinas klar. Und die Einigung wird prompt von den Investoren honoriert. Als mit dem Shanghaier Autosensorhersteller Hesai das größte chinesische Unternehmen seit der Einigung im Februar 2023 an der Nasdaq neu gelistet wird, kann es mit 190 Millionen Dollar mehr Geld von Investoren einsammeln als geplant. Das Unternehmen ist nun 2,4 Milliarden Dollar wert.

Am Ende ist also Zusammenarbeit statt Entkopplung die Schwerkraft der Vernunft der beiden Länder – trotz des erbitterten Machtkampfes zwischen der etablierten und der aufsteigenden Weltmacht. Eine Vernunft, die wirtschaftlichen Interessen folgt. Die Wall Street will in China Geld verdienen, die chinesischen Unternehmen wollen das Gleiche in den USA. Und so wirken beide auf ihre Regierungen ein, sich jeweils zu mäßigen.

30 PRÄHISTORISCHES PROSIT

In Südchina haben Archäologen den ältesten Beweis weltweit dafür gefunden, dass zum Leichenschmaus ein Bier gehört: Sie haben eine Art Trauerkneipe entdeckt, 9000 Jahre alt.

Lange bevor die Menschen sesshaft wurden, war das Getränk in China – aber auch in Ägypten oder den Anden – zwar noch kein Bestandteil des Feierabends, aber schon ein Luxusgut, um die trübe Stimmung zu heben. Seit den 1950er-Jahren glauben Forscher, dass prähistorische Menschen vor allem sesshaft wurden und Ackerbau betrieben, weil sie mehr Bier trinken wollten.

»Diese Tonbehältnisse enthielten Bier«, sagt Wang Jiajing, Bier-Archäologe im britischen Dartmouth, der gemeinsam mit Kollegen aus Hangzhou eine Studie zu frühem Bierkonsum veröffentlicht hat. Die prähistorischen Humpen, in denen Bierreste gefunden wurden, gehören zu den ersten Zeugnissen bemalter Tongefäße und sind mit abstrakten Mustern verziert. »Das Urbier glich allerdings nicht dem heutigen. Es war wahrscheinlich ein leicht fermentiertes, süßliches Getränk mit einer trüben Farbe«, so Wang. Durch eine neue Mikrofossil-Analyse, die die Forscher entwickelt haben, um fermentiertes Getreide zu entdecken, fanden sie Hefe- und Schimmelpilzreste sowie Stärkekörner.

In China ist Bier, das dem leichten französischen Bier ähnelt, inzwischen eine Art Nationalgetränk. Die Chinesen konsumieren doppelt so viel Bier wie die US-Amerikaner und mehr als fünfmal so viel wie die Deutschen. China ist der größte Biermarkt der EU, der Konsum der Chinesen ist in den letzten zehn Jahren um 70 Prozent gestiegen. Dennoch trinken die Chinesen pro Kopf und Jahr mit rund dreißig Litern erst ein Drittel der Menge, die die Deutschen pro Kopf schaffen.

Nicht prähistorische Chinesen, sondern die Deutschen haben den chinesischen Biertrend begründet. Das Getränk ist das Einzige, was von Deutschlands kurzer Kolonialherrschaft in China übrig geblieben ist. Die erste moderne Brauerei, die Germania, wurde 1903 von deutschen Braumeistern in der chinesischen Küstenstadt Qingdao gegründet. Heute ist die Tsingtao Brewery eine der beiden größten Brauereien Chinas. Mit einem Marktanteil von 17 Prozent hat sie 2020 430 Millionen Euro Gewinn gemacht. Seit 2019 ist die Aktie trotz Covid und Wirtschaftskrise um 80 Prozent gestiegen. Das Unternehmen ist nun rund 15 Milliarden Dollar wert.

Bier ruft in China noch heute positive Assoziationen mit Deutschland hervor. Es rangiert gleich hinter deutschen Autos.

31 AUFS DACH GESTIEGEN

In einem großen Pilotprojekt werden Chinas Dächer mit nachhaltigen Solarpanels versorgt. Staat und Privatwirtschaft arbeiten dabei Hand in Hand.

China gelingt es, mit Dach-Solaranlagen die Energie von 12 bis 25 Atomkraftwerken pro Jahr zu ersetzen. Denn der Staat nutzt die Dächer seiner Gebäude und unterstützt private Immobilienbesitzer dabei, dies auch zu tun.

Das Projekt läuft seit 2016 sehr erfolgreich. 2022 wurden im Vergleich zum Vorjahr dreimal mehr Anlagen gebaut. Das Erfolgsrezept: Privatbesitzer müssen sich um nichts kümmern. Sie stimmen nur zu. Der Staat baut ihnen die Anlage aufs Dach. Die Kosten sind günstig, Peking kauft die Solarpanels in großen Mengen. Die Anlagen sind zudem von der Mehrwertsteuer befreit, die Kredite günstig. Und der Privatbesitzer kann auch noch frei über den Strom verfügen: Will er ihn selbst nutzen oder die Anlage für gutes Geld an einen staatlichen Stromversorger verpachten?

Bis 2023 sollen 30 Prozent der Dächer von Industrie und Firmen und 20 Prozent der ländlichen Häuser mit Solarpanels ausgerüstet sein. Bei staatlichen Gebäuden sind die Ziele sogar noch höher: 50 Prozent der Dachflächen von Regierungsgebäuden und 40 Prozent der Dächer von Schulen, Krankenhäusern und anderen öffentlichen Gebäuden. Peking macht Druck: Die Kommunen und Städte müssen auf die Privatbesitzer zugehen. Sonst lässt sich die ambitionierte Solarquote nicht erfüllen.

Derzeit nehmen erst 700 Städte und Bezirke an dem Pilotprogramm teil. Es ist also noch viel Spielraum nach oben. Dennoch wurden in nur einem Jahr bis Mitte 2022 Anlagen für rund zwanzig Gigawatt neu aufgebaut. Bis Ende 2023 sollen hundert Gigawatt Strom aus den neuen Anlagen gewonnen werden. Zum Vergleich:

Deutschland hat in den vergangenen Jahrzehnten 58 Gigawatt an Solarkraft geschaffen.

»Ein großartiges Beispiel für das Zusammenspiel von öffentlichen und privaten Ressourcen«, sagt David Fishman, Senior-Berater der Lantau Group. Die Lantau Group ist eine der führenden Energieberatungsfirmen Asiens mit Hauptsitz in Hongkong und sechs weiteren Büros. »In nur zwei Jahren wurden Millionen von Solardächern geschaffen«, so Fishman. Er wurde an der amerikanischen Johns Hopkins University und in Nanjing zum Umweltspezialisten ausgebildet. Anfangs haben die Städte den Aufbau der Anlagen nur an einen Anbieter vergeben. Nun müssen mehrere Wettbewerber sich austarieren.

Nachteile gibt es wenige: Manchem Hausbesitzer wurde ein Kredit für die Solaranlage angeboten, den er sich gar nicht leisten kann, nur damit die Stadt ihre Quoten erfüllt. Doch das war die Ausnahme, nicht die Regel. Die Vorteile überwiegen: Der Bau von dezentralen Anlagen ist sogar etwas billiger: Umgerechnet 59 Cent pro Kilowattstunde waren es 2021, während bei den zentralen Anlagen 66 Cent zu Buche schlugen.

Bei diesem Solardach-Pilotprojekt kann Europa von China lernen. Angesichts des Ukrainekrieges mehr denn je. Denn nun ist es sehr wichtig, die Abhängigkeit von fossilen Brennstoffen schnell zu verringern. Sollte das chinesische Projekt noch erfolgreicher werden, entsteht allerdings ein Risiko. Und zwar für die Europäer: China könnte nicht mehr über genug Anlagen für den Export verfügen. Seit Anfang 2023 müssen sich Produzenten von Solarzellen Exporte genehmigen lassen, Komponenten der Schlüsseltechnologie dürfen seit dem Sommer nicht mehr einzeln exportiert werden. 2022 kamen 87 Prozent der europäischen Solarzellen aus China, dem es zwischen 2010 und 2020 gelang, die Kosten für Solarzellen um den Faktor 10 zu senken. Damit hat China einen entscheidenden Beitrag dafür geleistet, dass die Energiewende in Deutschland überhaupt bezahlbar ist. Doch nun könnte es eng werden für Deutschland und Europa, wenn nicht genug Zellen produziert werden können. Dem Kampf gegen den Klimawandel dient es gleichermaßen, wenn die Chinesen sich entscheiden, ihre Produktion bevorzugt in China zu installieren. Unter Umständen ist es sogar nützlicher, weil die Solarzellen in China Energieanlagen ersetzen, die noch viel umweltverschmutzender sind als die in Deutschland. Über 60 Prozent des chinesischen Stroms kommt noch aus der Kohle. Es ist deshalb realistisch festzustellen: Jede in China aufgestellte Solaranlage hilft dem Kampf gegen den Klimawandel mehr, als wenn sie in Deutschland stünde.

32 FREIHEITLICHER EIGENNUTZ

Was von Nancy Pelosis umstrittener Taiwan-Reise bleibt: Innenpolitischer Nutzen schlägt außenpolitische Klugheit.

Nancy Pelosi war bis November 2022 Sprecherin des US-Repräsentantenhauses. Im August warb die Demokratin, ein Urgestein des Washingtoner Politbetriebes, auf einer umstrittenen Reise nach Taiwan für wichtige westliche Werte: Selbstbestimmung, eigenständige Regierung, Demokratie, Freiheit, menschliche Würde und Menschenrechte. Doch ihre Reise war nicht nur ein Zeichen im Kampf für die Freiheit, getragen von Moral. Es ging auch um innenpolitische Interessen. Um wirtschaftliche Lieferketten etwa: Sie will helfen, die Chipversorgung sicherzustellen, denn auch die Chips der Amerikaner werden auf Taiwan produziert. Die dort ansässigen Firmen haben einen Weltmarktanteil von über 60 Prozent. Sie müssen von Peking unabhängig bleiben. Ihre gute Absicht ist allerdings nur eine Facette des Besuches.

Es geht auch um den globalen Machtkampf: Pelosi will die aufsteigende Weltmacht China an einer empfindlichen Stelle treffen. Der Einheit des Landes. Ihre Reise soll Peking demütigen. Zumindest China Grenzen aufzeigen. Riskant.

Und die persönliche Profilierung ist ebenfalls ein Grund für die Reise: Für Pelosi ist es die letzte Chance, dass alle Welt von ihr spricht. Sie ist 82 Jahre alt. Nach den Kongresswahlen im Oktober 2022 muss sie abtreten. Nach ihrer Reise dürfte das Honorar für ihre Memoiren sehr viel höher liegen. Eitel.

Sogar US-Präsident Joe Biden hat ihr davon abgeraten: »Es ist jetzt keine gute Idee.« Dass Pelosi ihren Parteifreund Biden alt aussehen lässt, ist ihr egal. Pelosi ist machtpolitisch eigensinnig gepolt: Bald sind Kongresswahlen. Die Wähler sehen China kritisch. Klare Kante gegen China bringt innenpolitisch Aufmerksamkeit, egal, was die Welt darüber denkt: »Er benimmt sich wie ein verängstigter Rüpel«, sagt Pelosi über Staatspräsident Xi Jinping.

Die geopolitische Realität trifft Pelosi auf ihrer Asienreise schon in Tokio mit voller Wucht: »Wir wollen den Status quo in Taiwan und der Region nicht ändern«, rudert Pelosi zurück. Ein Wunsch ihrer japanischen Gastgeber. Chinas Außenminister hatte sich zuvor geweigert, seinen neuen japanischen Amtskollegen zum ersten Mal zu treffen. Pekings Sorge: Pelosis Reise rüttelt am Status quo, dass es nur ein China gibt. Deshalb führt Peking Militärmanöver mit scharfen Raketen in Taiwans Zwanzig-Meilen-Zone im Meer durch. Die wird jedem Land zugestanden. Peking sagt jedoch: Taiwan ist kein eigenständiges Land, die Zone gilt nicht. Auf Taiwan und in den USA sieht man das anders.

Trotzdem stellt Washington eilig klar: An der Ein-China-Politik werde nicht gerüttelt. Pelosi sei nicht die Regierung. Tatsächlich erkennen nur eine Handvoll unbedeutender Länder weltweit Taiwan als eigenständiges Land an. Doch andererseits ist Taiwan wirtschaftlich sehr erfolgreich. Es hat eine eigenständige, von

Peking unabhängige Regierung. Und es wird von den USA militärisch unterstützt.

Auch international bröckelt die Unterstützung für Pelosis Provokation. Außerhalb der G7-Staaten (der Westen und Japan) mag sich kaum jemand noch fraglos hinter Pelosi stellen. Selbst in der westlichen Öffentlichkeit wird sie kritisiert. Jane Perlez, Pulitzerpreisträgerin und Leiterin des China-Büros der *New York Times* schreibt: »Eine unnötige Provokation«, die »abschreckend auf Washingtons Alliierte in Asien wirkt«. Eine »inkohärente Strategie«, meint der britische *Economist*. »Die Reise sollte die Stärke der USA zeigen und hat stattdessen deren Konfusion gezeigt.«

Der chinakritische, ehemalige australische Premierminister und Sinologe Kevin Rudd ist besorgt. Er hält die Reise für »unklug«, weil sie die »Spannungen erhöht«. Ähnlich reagiert Penny Wong, die Außenministerin Australiens. Sie zeigt sich besorgt über den unabgestimmten Vorstoß Washingtons: »Alle Parteien sollten ihr Bestes tun, um die Spannungen zu deeskalieren. Wir wollen Frieden und Stabilität in der Taiwanstraße.« Das Land ist einer der engsten Partner der Amerikaner in Asien. Doch Wong ist chinesischer Herkunft.

Auch die Außenminister der ASEAN-Staaten schlagen sich nicht auf Pelosis Seite: Die Reise könne die »Region destabilisieren, zu ernsten Konfrontationen unter den führenden Mächten führen«. Der südkoreanische Präsident Yoon Suk-yeol empfängt Pelosi erst gar nicht. Ihm ist ihr Vorstoß zu forsch und zudem nicht mit den Nachbarn Chinas abgestimmt. Die G7 hingegen halten Pelosis Besuch für »normal«. Die Reaktion Pekings sei »aggressiv«. Sie werfen Peking vor, den »Status quo unilateral zu ändern«. Die Argumente sind nachvollziehbar. Aber eine Mehrheit gibt es für sie damit in Asien nicht mehr.

Also erhöht die globale Minderheit der G7 den Druck. In Europa allen voran Außenministerin Annalena Baerbock von den Grünen: »Wir akzeptieren nicht, wenn das internationale Recht gebrochen wird und ein größerer Nachbar völkerrechtswidrig seinen kleinen Nachbarn überfällt. Das gilt natürlich auch für China.« Ein Sprecher der Bundesregierung muss Baerbock wieder einfangen: »Deutschland erkennt das Ein-China-Prinzip weiterhin an.« Dann kann es allerdings im Taiwankonflikt nicht um internationales Recht gehen. Eine solche Äußerung macht nur, wem ein schneller innenpolitischer Punkt wichtiger ist als außenpolitische Entspannung. Allerdings ist schnell klar: Baerbocks Vergleich zwischen der Ukraine und Taiwan findet nunmehr keine Mehrheit in der Koalition, keine Mehrheit in Deutschland und schon gar keine Mehrheit in der Welt. Pelosis Reise wird als das nicht mehr zeitgemäße Aufbäumen einer Spitzenpolitikerin einer absteigenden Weltmacht in die Geschichte eingehen.

33 JA, ABER

Chinas innovatives, aber zweischneidiges Gesetz gegen den Missbrauch von künstlicher Intelligenz und die Entwicklung eines Smart Court

Verkehrte Welt: Ausgerechnet das autoritäre China hat ein Gesetz verabschiedet, das Kunden nun das Recht gibt, Algorithmus-Empfehlungen innerhalb von Apps und Online-Plattformen abzuschalten. So viel Macht hat bislang kein großer Staat weltweit seinen Bürgern eingeräumt. Doch das ist nur auf den ersten Blick so: Die Technologieunternehmen müssen Nutzer nun »in auffälliger Weise« darüber informieren, wenn Algorithmen zur Anwendung kommen, heißt es in dem Gesetz. Artikel 17 erklärt zudem, dass »den Nutzern Optionen angeboten werden müssen, den algorithmischen Empfehlungsdienst abzuschalten«.

Damit ist Chinas Technologiedatenregulierung fortschrittlicher als die der EU und der USA – zumindest, was das Verhältnis von Unternehmen und Kunden betrifft. Der dreißig Punkte umfassende Gesetzestext richtet sich nicht zuletzt gegen Algorithmen, die »Suchtverhalten oder übermäßigen Konsum fördern«. Besonders bemerkenswert ist jedoch die in Artikel 15 aufgeführte Verpflichtung der Betreiber, die »Grundprinzipien, Absichten und Funktionsweisen« des Empfehlungsalgorithmus offenzulegen. Algorithmen, die das Nutzerverhalten analysieren und auf dieser Grundlage individuelle User-Profile erstellen, sind die wichtigste Grundlage für den Erfolg von Big-Tech-Unternehmen weltweit. »Einige Plattformen behaupten, Algorithmen seien ihr geistiges Eigentum und Geschäftsgeheimnis«, sagt Zuo Xiaodong, Vizepräsident des China Information Security Research Institute. »Deshalb könnten sie nicht der Öffentlichkeit zugänglich gemacht werden. Diese Argumentation hat keine solide Grundlage. Algorithmen müssen transparent sein.«

Genau dafür will Peking nun sorgen, mit seinem ethischen Regelwerk für die Nutzung von KI. Kleiner Haken: Staat und Partei sind davon ausgenommen. Die Verordnung ermöglicht es den chinesischen Behörden, gegen Inhaltsempfehlungen vorzugehen, die das Potenzial haben, »die öffentliche Meinung zu beeinflussen« oder Menschen »zu mobilisieren«. Mit anderen Worten: Die Möglichkeiten des Überwachungsstaats werden nicht begrenzt, politische Kontrolle ist fast beliebig möglich.

Das bedeutet: Algorithmen, die aktiv »positive« Inhalte fördern, die der Parteilinie folgen, sind gewünscht. Wenn sie das nicht tun, sind sie verboten. Was positiv ist, entscheiden Staat und Partei. Sind diese Inhalte patriotisch, familienfreundlich und im Einklang mit den »sozialistischen Kernwerten« der Kommunistischen Partei, ist alles gut. Unerwünscht sind zum Beispiel Gewaltdarstellungen, sexuelle Promiskuität, »obsessives« Anbeten von Prominenten und vor allem »politischer Aktivismus«.

Damit ist dieses KI-Gesetz einerseits ein global wichtiger Schritt zu mehr Transparenz für die Kunden gegenüber den Tech-Unternehmen und andererseits ein neues Machtmittel der politischen Propaganda. Denn Algorithmen, die zum Beispiel ein Mehrparteiensystem und den Wunsch nach freien Wahlen im westlichen Sinne in der Bevölkerung entdecken, fördern und verbreiten, sind illegal.

Peking stärkt zwar die Rechte der Kunden gegenüber den Unternehmen, schränkt aber gleichzeitig die Rechte des Bürgers gegenüber dem Staat ein. Immerhin ist nun ein neuer Argumentationshebel für die Zivilgesellschaft entstanden: Was für das Verhältnis von Kunden und Unternehmen gut ist, kann für das von Bürger und Staat nicht schlecht sein. Dieser Blickwinkel hat angesichts des chaotischen Lockdowns 2022 in Shanghai bei den Bürgern überraschend schnell Aufwind bekommen. Die Plattform-Algorithmen puschten Kritik auf TikTok und WeChat. Die Zensuralgorithmen spürten sie auf, und die Behörden ließen sie wieder löschen. Eine Ambivalenz, auf die man an vielen Stellen in China trifft und auf die man sich im Westen einstellen sollte, will man China realistisch beurteilen. Diejenigen, die behaupten, alles sei schlecht in China, sind ebenso verdächtig wie die, die sagen, alles sei gut. Eigentlich eine Binsenweisheit. Doch bei China macht es durchaus Sinn, hin und wieder daran zu erinnern.

Das wird auch an einer neuen Initiative von Chinas Oberstem Gerichtshof deutlich: Der Smart Court wurde im Fünfjahresplan verankert. Dabei geht es um eine Online-Suche von Beweisen und Gerichtsurteilen. Um Livestreaming-Prozesse und Online-Verhandlungen. Um Identitätsfeststellung mittels Gesichtskontrolle. Aber auch um Blockchain in der Funktion eines Notars.

Der Handlungsdruck ist groß: In den USA kommt ein Anwalt auf 300 Bürger, in Deutschland auf gut 600, in China allerdings auf 4500. Das lässt sich auch nicht von heute auf morgen ändern.

Seit 2017 gibt es bereits das China Judicial Big-Data Service Network, in dem mehr als 120 Millionen Gerichtsentscheidungen per Stichwortsuche abrufbar sind. Auch eine entsprechende App existiert schon: Über das China Mobile WeCourt von WeChat können User Akten einsehen und an Anhörungen teilnehmen, ohne physisch vor Gericht erscheinen zu müssen.

Bei Alltagsprozessen – und das sind die meisten – ist der Smart Court ein großer Vorteil: Man bekommt schneller recht. Und der Spielraum für die Willkür lokaler Richter ist geringer. Mit anderen Worten: Es ermöglicht mehr Transparenz. Wenn es politisch wird, kann der Smart Court umgekehrt aber auch zum Überwachungstool werden. Bei politischen Themen müssen sich die Richter stark an den Vorgaben der Partei orientieren. Mehr Kontrolle also, Big Brother aus unserer Sicht. Allerdings gibt es seit langem Kameras in den Gerichtssälen. In der 4,5-Millionen-Küstenmetropole Xiamen gehen die Behörden sogar einen großen Schritt weiter: Dort fand im Herbst 2022 die erste Gerichtsverhandlung im Metaverse statt. Das bedeutet: Der Gerichtssaal war komplett virtuell. Die Angeklagten, Richter, Verteidiger waren Avatare, die echte Menschen vertraten. Es ging um zwei Verkehrsdelikte. Die virtuelle Rechtsprechung kam gut an, weil sie allen Beteiligten viel Zeit sparte. Avatare, die es der Justiz bei einer Verhandlung erlauben würden, die Originalmimik des Angeklagten im Avatar live zu studieren, sind aber noch Zukunftsmusik.

Die Möglichkeiten des Smart Court und der Metaverse-Gerichte hinsichtlich mehr Transparenz und schnellerer Rechtsprechung sollten wir auch in Europa nutzen. Bei den Nachteilen – vor allem im Bereich der politischen Überwachung – sollten hingegen die Alarmglocken schrillen. In China wird sich dieser Trend verstärken müssen, weil es in absehbarer Zeit nicht möglich sein wird, so viele Juristen auszubilden, dass deren Dichte ähnlich hoch ist wie im Westen. Auch das ist ein Beispiel dafür, dass Not erfinderisch macht.

34 VERKEHRTE WELT

Covid ist Geschichte. Was bleibt: In Shanghai kam überraschend wieder die Mentalität der Kulturrevolution zum Vorschein.

In Shanghai wurden im Jahr 2022 die Menschen zum Teil zweieinhalb Monate in ihren meist kleinen Wohnungen festgehalten, Türen von Gebäuden zugeschweißt oder vernagelt, ganze Viertel eingezäunt. Die Versorgung der Betroffenen mit Essen schwankte. Stundenlanges Warten in endlosen Schlangen zum Corona-Test. Positiv Getestete campierten zu Zigtausenden in Messehallen. Herrenlose Haustiere wurden getötet, Kranke konnten nicht in Kliniken gehen, und anfangs wurden gar Mütter von ihren Kindern getrennt. Es war schlimmer als 2020 in Wuhan, dem Epizentrum der Pandemie. Vor allem die Alten griffen mit einem brutalen Gehorsam zu, der längst Geschichte schien. Und dies ausgerechnet in der Metropole, die als die liberalste und weltoffenste in China gilt.

Peking, die straff geführte Hauptstadt, erlebte hingegen einen Semi-Lockdown. Die Menschen konnten sich frei bewegen. Es wurde zwar täglich getestet, aber die Warteschlangen waren kurz. Nur wenige Blocks waren komplett abgeriegelt, Shopping Malls zwar zu, Supermärkte jedoch offen. Ebenso die Restaurants, allerdings konnte man dort nicht essen, sondern musste sich die Gerichte mitnehmen. Überall musste man sich per App registrieren. Die Schulen waren zu. Die Fitnessstudios und die Büros auch. In Ausnahmefällen war es aber kein Problem, ins Büro zu gehen.

Entschleunigung für die rastlosen Pekinger: Picknick am Stadtrand. Per Fahrrad durch leere Straßen. Spazieren oder joggen. Klare Luft und Kaiserwetter. Mit dem Stand-up-Board auf Pekings Kanälen paddeln. Findige Pekinger verkauften aus dem Kofferraum heraus frisch gezapftes Bier to go. Trinken, ohne sich zu versammeln. Die Stimmung war mulmig-gelassen. Den Moment genießen und die bange Frage verdrängen: Ist morgen auch hier Shanghai?

Der Grund dafür ist eigentlich einfach: Es gab in Peking, so wie in den meisten anderen Städten, viel weniger Corona-Fälle. Deshalb konnten Peking und die meisten anderen Städte dem Shenzhen-Modell folgen, das im Frühjahr 2020 in der südchinesischen Stadt erfunden worden war: Ein Semi-Lockdown mit intensivem täglichem Testen, um die Verbreitungswege des Virus zu finden. Bei positiven Fällen wurden gezielt einzelne Wohnblocks oder Straßenzüge isoliert.

Doch warum diese Härte im liberalen Shanghai?

Am Ende war es eine Verkettung unglücklicher Umstände: Die politisch von Peking verordnete Untätigkeit während der Olympischen Spiele, das chinesische Neujahrsfest und der Nationale Volkskongress trafen auf die hochansteckende Omikron-Variante in Shanghai, der Stadt mit den meisten der noch immer wenigen internationalen Flügen. Schon Anfang Januar 2022 waren erste Omikron-Träger nach Shanghai geflogen. Der große Lockdown kam aber erst am 17. März. Zu spät, um Omikron einzudämmen. Weil Peking ungestört Olympia feiern wollte, hat Shanghai stillhalten müssen. Das Virus breitete sich ungehindert aus. Danach überreagierten die nervösen lokalen Kader, als Peking forderte, die Stadt nunmehr virenfrei werden zu lassen. Eine Spirale der Härte kam in Gang, ein weltgeschichtlich einmaliger Vorgang: Eine 25-Millionen-Weltstadt sperrt ihre Bewohner zweieinhalb Monate ein. Die lange erfolgreiche Null-Covid-Politik Chinas mutierte in Shanghai zur Katastrophe.

Noch in den beiden Jahren 2020 und 2021 hatten weit mehr als 90 Prozent der 1,4 Milliarden Chinesen ein normales Leben führen können, während die Welt kopfstand. Die Wirtschaft lief rund. Für viele Firmen war 2021 ein sehr gutes Jahr. Nur Reisen ins Ausland waren nicht möglich. Schlimm für ein paar Millionen, aber nicht für die Mehrheit der Bevölkerung.

Der wichtigste Grund für die Abschottung: Chinas schlechtes Gesundheitssystem. Gerade einmal drei Intensivbetten pro 100 000 Einwohner, in Deutschland sind es über dreißig. Pekings Null-Covid-Politik schien so erfolgreich, dass man die Alten, die Impfungen eher skeptisch gegenüberstehen, in Ruhe gelassen hat. Die Folge: hundert Millionen ungeimpfte Alte.

Der Vergleich mit den USA schien Peking noch bis Anfang März 2022 recht zu geben. Statt einer Million Tote nur wenige Tausend in China, statt 10 Prozent Inflation wie im Westen nur 2,5 Prozent. Doch mit Omikron hatte Peking nicht gerechnet. Es war so ansteckend, dass man es nicht aus China fernhalten konnte. Damit wurde die Impfung enorm wichtig. Sie verhinderte zwar die Ansteckung nicht, aber schwere Verläufe. Mit den hundert Millionen nicht geimpften Alten war China nun so exponiert wie nie. Und der wichtige 20. Nationale Parteikongress der Kommunistischen Partei stand an.

Auf der Tagung, die nur alle fünf Jahre stattfindet, wollte Parteichef Xi Jinping sich für weitere fünf Jahre als Generalsekretär bestätigen lassen und seine politische Agenda auf unbestimmte Zeit fortschreiben. Ein Novum, sah die Nachfolgeregelung doch bisher einen Wechsel nach zehn Jahren vor. Deshalb ließ Xi in Shanghai so hart durchgreifen. Er wollte, dass man zum Parteitag alles im Griff hatte. In Peking war die Härte nicht nötig, da dort – wohlweislich und anders als in Shanghai – keine internationalen Flüge landen durften, durch die Omikron eingeschleppt werden könnte.

Die Härte in Shanghai beruhigte die Mehrheit der Bevölkerung, nach dem Motto: Je besser Shanghai abgesperrt ist, desto geringer ist die Chance, dass sich das Virus im ganzen Land ausbreitet. In Shanghai jedoch, einer der wichtigsten Städte Chinas, hat Xi damit viel politisches Vertrauen verspielt. Für seine Gegner war es ein Hoffnungsschimmer. Xi schien in der Zwickmühle. Er konnte nun nicht einräumen, dass seine Null-Covid-Politik in Zeiten von Omikron überholt war, ohne dass dies wie eine politische Niederlage aussah.

Xi musste erst noch beweisen, dass Shanghai nicht die Regel seiner Politik, sondern eine Ausnahme war. Das tat er Wochen nach Shanghai in Peking. Ein Glück für ihn, dass es in der Hauptstadt viel weniger Fälle gab. Es gelang ihm, seinen Gegnern mit einem moderaten Semi-Lockdown, bei dem nur wenige in ihren Wohnungen eingesperrt wurden, erst mal den Wind aus den Segeln zu nehmen. Die Wirtschaft und die Konsumenten indes blieben im ganzen Land skeptisch. Xis Politik schien den Pfad des Pragmatismus verlassen zu haben. Das Wachstum lag 2022 nur bei 3 Prozent und damit klar unter dem 5,5-Prozent-Ziel, das Peking im Frühjahr ausgegeben hatte. Nur im ersten Corona-Jahr 2020 war es noch schwächer gewesen. Das Ziel für 2023 wurde auf dem Nationalen Volkskongress mit 5 Prozent ausgegeben.

Doch die Lehre aus Shanghai konnte auch die Zensur nicht vertuschen: Unter großem Druck zeigte sich, wie dünn der zivilisatorische Firnis ist. Brutalität und Blockwartmentalität aus der Zeit der Kulturrevolution bahnten sich zügig wieder ihren Weg. Rückfälle im Prozess der Zivilisierung und Modernisierung sind eben nicht ausgeschlossen, zumal wenn alles so schnell geht wie in China. Li Qiang, dem Parteisekretär von Shanghai, hat das nicht geschadet. Er hat das umgesetzt, was Peking wollte, obwohl er selbst für eine etwas entspanntere Covid-Politik steht. Vielleicht auch, weil er macht, was ihm gesagt wird, wurde der eher marktwirtschaftlich orientierte Politiker im März 2023 Premierminister Chinas. Und selbst bei den Shanghaiern verblasste der brutale Lockdown schnell. Ihr optimistisches Resümee: »Nicht die Alten sind wieder böse geworden, sondern die Bösen sind alt geworden.«

35 ENDLICH EIGENSTÄNDIG

Die BRICS-Staaten lassen sich das Weltbild der G7-Staaten nicht mehr aufzwingen.

Die G7 wurden 1973 von den führenden Industrienationen dreier Kontinente gegründet, Nordamerika, Europa und in Asien Japan. Sie vertreten 10 Prozent der Weltbevölkerung und 27 Prozent der Weltwirtschaft. Tendenz stagnierend. Früher waren es die G8, doch 2014 war Russland wegen der Krim-Krise aus dem Kreis jener Staaten geworfen worden, die die wohlhabende demokratische nördliche Minderheit der Welt vertreten. Das durchschnittliche Pro-Kopf-Einkommen der G7 ist dreimal so hoch wie das der Welt.

BRICS sind die wichtigsten aufsteigenden Länder aus fünf Kontinenten, hinter der Abkürzung verbergen sich Brasilien, Russland, Indien, China und Südafrika. Als der Begriff BRICS 2001 von dem Goldman-Sachs-Top-Manager Jim O'Neill erfunden wurde, waren das noch Entwicklungsländer, denen man alles Gute wünschte. China wurde im gleichen Jahr in die WTO aufgenommen, nicht als Wettbewerber, sondern gedacht als Entwicklungshilfe auf dem Weg hin zur Fabrik der Welt.

Als die Vereinigung aufstrebender Volkswirtschaften 2009 als Forum der Staats- und Regierungschefs der beteiligten Länder gegründet wurde, waren diese BRICS-Aufsteiger mit den Ländern der G7 längst nicht auf Augenhöhe.

Inzwischen sind die Kleinen groß und wirtschaftlich stark: Sie repräsentieren 40 Prozent der Weltbevölkerung – im Vergleich zu den G7 also eine Mehrheit – und tragen nach Berechnungen des Internationalen Währungsfonds (IWF) vom Sommer 2023 32,1 Prozent zur Weltwirtschaft bei, während der Anteil der G7 hier unter 30 Prozent gefallen ist. Dieser Trend ist wahrscheinlich unumkehrbar: Für

2028 rechnet der IWF mit einem Verhältnis von 27,8 Prozent (G7) zu 35 Prozent (BRICS).

Lange konnten sich die etablierten G7-Länder gegen die Aufsteiger durchsetzen, obwohl sie global in der Minderheit sind. Es galt das Recht der Stärkeren: Unsere Regeln sind gut und gelten, so die G7, und wer ihnen nicht folgt, bekommt Druck. Inzwischen aber bläst ihnen der Wind ins Gesicht. Aus eigener Sicht vertreten die G7 die freie, wohlhabende, wohlmeinende und fortschrittliche Welt, die gemeinsam die Zukunft »fairer, grüner und prosperierender« machen will. Aus der Sicht der globalen Mehrheit vertreten sie die reiche, oft überhebliche globale Minderheit der ehemaligen Kolonialmächte. Kraftlos, konfus und rechthaberisch, mit gestrigen Ansichten, geprägt von Doppelmoral.

Die BRICS-Erklärung 2022 richtet sich nicht explizit gegen andere Länder, auch nicht gegen die G7 oder gar gegen die USA. Ihr Tenor lautet vielmehr: Alle Länder der Welt sollen miteinander einen Konsens finden, die UN soll dabei eine zentrale Rolle spielen. Die BRICS-Staaten emanzipieren sich damit zunehmend von den Überzeugungen der G7.

Gleich zu Beginn der G7-Erklärung heißt es: Die G7 stellt sich »vereint« gegen Wladimir Putins Regime und seinen »nicht zu rechtfertigenden Aggressionskrieg«. Die Vereinten Nationen werden an dieser Stelle nicht erwähnt.

China kommt erstmals im Absatz über die »Stabilität der Weltwirtschaft« vor, als unnachgiebiger Gläubiger von Entwicklungsländern. China soll sich »an den notwendigen Schuldenverhandlungen nach dem Prinzip der Gleichbehandlung und der gegenseitigen Berechenbarkeit konstruktiv beteiligen«.

Im Absatz über die Außen- und Sicherheitspolitik steht China im Mittelpunkt: Es gebe »keine rechtliche Basis für Chinas expansive Ansprüche im südchinesischen Meer«. China solle die Regeln der United Nations Convention on the Law of the Sea

(UNCLOS) befolgen. Die haben allerdings selbst die USA nie unterschrieben.

Zwar sei es wichtig, »hinsichtlich der gemeinsamen globalen Herausforderungen zu kooperieren«; China müsse jedoch »seinen Verpflichtungen der internationalen Gesetzgebung nachkommen und zur internationalen Sicherheit beitragen«. China solle »Druck auf Russland ausüben, den UN-Resolutionen zu gehorchen und die militärische Aggression zu stoppen«.

Was Chinas Rolle in der Weltwirtschaft betrifft, wollen die G7 ein »global geteiltes Verständnis von Chinas nicht transparenten und marktverzerrenden Interventionen aufbauen«. Außerdem sind die G7 »tief besorgt über die Menschenrechtslage in China«. Sie werden weiterhin »für universelle Werte werben und fordern China auf, die Menschenrechte zu respektieren, einschließlich Tibet und Xinjiang, wo Zwangsarbeit eine unserer größten Sorgen ist«.

Die gemeinsame Erklärung der aufstrebenden BRICS-Länder hingegen hat einen eigenen Duktus. Sie betont zunächst die eigenen, gemeinsamen globalen Ziele: »Gegenseitiger Respekt, Verständnis, Gleichberechtigung und Solidarität«, aber auch »offen, einbindend und konsensorientiert«.

In den ersten beiden Absätzen legen die BRICS-Staaten dar, was ihnen derzeit am wichtigsten ist: Die Stärkung einer Global Governance, die die Machtverhältnisse in der Welt ausgewogen repräsentiert. Im dritten Absatz geht es erst unter Punkt 21 um den Umgang von Staaten miteinander: Die BRICS-Länder »respektieren die Souveränität und territoriale Integrität aller Staaten«, heißt es. Streitigkeiten zwischen Ländern sollten »friedlich« durch »Dialog und Verhandlungen« gelöst werden. Unter Punkt 22 unterstützen die BRICS-Länder »Gespräche zwischen Russland und der Ukraine«. Die »Besorgnis über die humanitäre Lage in und um die Ukraine wurde diskutiert«. Die BRICS-Staaten, bis auf China allesamt Demokratien, grenzen Russland also nicht aus ihren Reihen aus. Aber sie unterstützen »die Bemühungen des UN-Generalsekretärs, humanitäre Hilfe zu leisten auf der Basis von Menschlichkeit, Neutralität und Unvoreingenommenheit«.

Der größte Unterschied: Die G7-Länder kritisieren andere Länder außerhalb ihres Kreises – neben China und Russland auch Nordkorea, Myanmar, Iran, Afghanistan, Libyen, Jemen und Syrien. Die BRICS kritisieren keine anderen Länder oder internationalen Gruppen wie die G7, sie argumentieren einbindend und Orientierung gebend. Die G7 argumentieren dagegen maßregelnd und ausschließend. Daran ändert sich auch nichts beim G7-Gipfel im Mai 2023 im japanischen Hiroshima. Indien, Brasilien und andere Länder werden als Gäste eingeladen, während China als Land, das Ärger macht, in eine Reihe mit Nordkorea, Jemen oder Iran gestellt wird.

Der G7-Versuch, China gegen die anderen Aufsteigerländer auszuspielen, funktioniert allerdings nicht: Denn auch auf dem Gipfel in Hiroshima teilen sehr viel mehr Länder die Position der BRICS-Aufsteiger als die der etablierten G7, zum Beispiel beim Ukrainekrieg. Zwar hatten im Februar 2023 von 193 Staaten 141 für die fünfte Resolution der UN-Vollversammlung gestimmt, in der ein Rückzug Russlands aus der Ukraine gefordert wurde. Aber rund 170 Länder tragen die Sanktionen gegen Russland nicht mit, darunter China, Brasilien, Indien und Südafrika. In Asien unterstützen nur Singapur, Japan und Südkorea die Maßnahmen. Und so wird das Jahr 2022 im Rückblick also nicht nur für den Ukrainekrieg stehen, sondern auch dafür, dass die Etablierten im Westen den aufsteigenden Ländern nicht länger die Richtung vorgeben können. Auch nicht mehr in den G20, der Runde, wo G7 und BRICS zusammentreffen. Doch auch dort haben die BRICS-Länder und ihre Alliierten die Mehrheit. Eine epochale Wende.

36 KASSE VIER, BITTE

Aldi expandiert stark in China und sieht sich dabei auch als Botschafter deutscher, kosmopolitischer Alltagskultur.

Aldi, seit 2017 im chinesischen Markt, will allein in Shanghai Hunderte neue Läden eröffnen. Damit das erfolgreich klappt, hat Aldi sich an China angepasst: weniger Neon und Kartons, mehr Erlebniskultur. Denn die preiswertesten Produkte kauft man in China online. Abends bestellt, werden sie meist am nächsten Tag geliefert. Um die Kunden aus dem Haus zu locken, muss Aldi also etwas Besonderes bieten. Deshalb ist Aldi in China auch der Mercedes unter den Discountern; Läden, wie wir sie aus Deutschland kennen, hätten dort keine Chance.

Landini Associates aus Australien, einer der führenden Shop-Designer der Welt, entwickelte das Konzept für die chinesischen Läden, das 2019 vom Retail Design Institute of America ausgezeichnet wurde. Die Shanghaier Aldis sind im hochwertigen Fabrikloft-Look gehalten: Hohe Decken mit offener Technik, Ziegelwände, heimelige Holzregale und jede Menge bunte Graffiti. An einer zentralen Wand prangt ein großes Herz in den Farben der deutschen Nationalflagge. Daneben steht: »Wir kennen gute Qualität seit 1913.« Damals nahm Karl Albrecht den Handel mit Backwaren auf, ein Jahr später eröffnete seine Frau einen Tante-Emma-Laden in Essen-Schonnebeck. Für den Gründer dürfte es unvorstellbar gewesen sein, dass aus seinem kleinen Laden eines Tages ein Discounterimperium wird, das gut hundert Jahre später über Filialen selbst in Shanghai verfügt.

Aldi setzt auf Tradition, Qualität und Deutsches. Die Shanghai-Shops triefen nicht vor Folklore wie Paulaner Brauhäuser, aber sie verstecken Deutschland auch nicht. Aldi ist in China unaufdringlich kosmopolitisch deutsch, so wie man es sich wünscht. Deutsche, australische und chinesische Produkte stehen nebeneinander. Der Gipfel des Fusionskonzeptes: ein Baozi, ein chinesischer Teigkloß, gefüllt mit einer Wurst- und Sauerkraut-Mischung – wer's mag … Auch viele Produkte aus den deutschen Aldi-Regalen findet man in China. Sie werden bis auf den Importaufkleber mit deutscher Originalbeschriftung angeboten. Denn deutsche Produkte gelten in China als vertrauenswürdig.

Ein Novum bei Aldi: Die chinesischen Läden verfügen über ein Bistro mit langen Tischen und Barhockern, wo sogar kleine Mittagsgerichte angeboten werden. Ananas süßsauer mit Reis oder Poke Bowl Hawaii Style. Im China-Aldi soll man verweilen, im deutschen Aldi nur kurz einkaufen. Deshalb gibt es in China auch mehr Personal in den Läden, gekleidet in orange, türkise und hellblaue Poloshirts. Nur an der Kasse gibt es kein Personal. Hier tippt niemand mehr in rasender Geschwindigkeit Preise ein, stattdessen gibt es kinderleicht zu bedienende Scanner-Desks. Bezahlt wird, wie überall in China, per WeChat mit dem Smartphone.

Das Konzept scheint aufzugehen: Allein 2021 hat Aldi 16 neue Läden eröffnet und nach Schätzungen des Marktforschungsunternehmens WGSN einen Umsatz in Höhe von 80 Millionen Dollar erreicht. Für die deutschen Kunden ist das gut: Je mehr deutsche Produkte bei Aldi in China verkauft werden, desto billiger können die Produkte bei Aldi in Deutschland angeboten werden.

Es ist nicht das erste Mal, dass Aldi in anderen Teilen der Welt neue Storekonzepte ausprobiert. Schon seit 1979 gehört Trader Joe's in den USA mit gut 500 Filialen zu Aldi. Das war allerdings eine Übernahme, keine Entwicklung eines eigenen Konzepts. In Hawaii-Hemden verkaufen bei Trader Joe's vergleichsweise gut bezahlte Mitarbeiterinnen und Mitarbeiter eine Mischung aus Öko- und Gourmetprodukten, gerne auch vegetarisch, für den modernen, linksliberalen Amerikaner.

Inzwischen erwirtschaften mehr als 7000 Auslandsfilialen auf vier Kontinenten zwei Drittel der Umsätze von Aldi. Der wichtige Wachstumsmarkt China war hier lange außen vor. China ist ein schwieriger, umkämpfter Einzelhandelsmarkt. Lidl zum Beispiel hat sich bereits 2019 nach nur etwas mehr als zwei Jahren wieder zurückgezogen. Der spanische Discounter Dia verkaufte 2018 nach 15 Jahren seine 450 Filialen im Land an die chinesische Suning-Gruppe. Die Verluste waren zu groß geworden. Auch der britische Einzelhändler Tesco ist 2014 in China gescheitert. Der US-Riese Walmart ist hingegen mit seinen 400 Filialen sehr erfolgreich und will die Zahl seiner Filialen mehr als verdoppeln.

Diesen Weg geht nun auch Aldi. Bei gleichem Wachstumstempo wie 2021 würde Aldi im Jahr 2025 dann schon rund 230 Millionen Dollar in China umsetzen. Die Einnahmen aus dem E-Commerce kommen noch dazu. »China ist und bleibt einer der interessantesten Märkte, und die rasant steigende Größe der Mittelklasse führt zu einem riesigen Potenzial im Lebensmittelmarkt«, so Aldi-Süd-Chef Roman Rasinger.

Erstaunlich, dass ausgerechnet Aldi als kommerziell erfolgreicher Botschafter moderner deutscher Softpower die Alltagskultur des innovativen Offline-Einkaufens in Shanghai mitprägt, zumal in Zeiten zunehmender politischer Konfrontation.

37 FIDSCHIS FREUNDE

Das geostrategisch wichtige Ferienparadies Fidschi im Südpazifik lehnt sich enger an China an.

Sitiveni Rabuka, 74, der neue Premierminister der ehemaligen britischen Kolonie Fidschi, fühlt sich vom Westen vernachlässigt. Kaum im Amt, öffnet er sich nun China. Rabuka will die traditionelle

Sicherheitspartnerschaft mit Großbritannien, den USA, Neuseeland und Australien »überdenken«. Der Westen habe Fidschi nur als »Ergebnis seines kolonialen Regimes gesehen und sein Denken nicht an der neuen internationalen Landschaft ausgerichtet, in dem alle Staaten gleich sein sollen«. China hingegen sei »mit einem weißen Papier zu uns gekommen. Sie sehen uns als Entwicklungspartner auf Augenhöhe.«

Bei solchen Tönen gehen in Washington und London, aber auch in Canberra und Wellington inzwischen die Alarmglocken an. Denn schon im April 2022 hat China gegen den Willen der USA eine Sicherheitspartnerschaft mit dem Nachbarstaat Salomonen abgeschlossen. Chinesische Polizeieinheiten bilden bereits die dortige Polizei aus. Das chinesische Militär hat Zugang zum wichtigsten Hafen, noch gibt es allerdings keinen ständigen chinesischen Militärstützpunkt.

Strategisch wichtig sind die Fidschi-Inseln spätestens seit dem Zweiten Weltkrieg. Hier lagen wichtige Versorgungsstationen der Alliierten. Damals kämpften Japan und die USA um eine Region im Südpazifik, ein Gebiet, dreimal so groß wie die Vereinigten Staaten. Sie erstreckt sich von Hawaii bis in die Philippinen im Westen, Australien und Neuseeland im Süden und Japan im Norden. Nicht aus Zufall sind Guam, die Nördlichen Marianen, American Salomon und die United States Outer Islands bis heute US-amerikanisch. Französisch-Polynesien oder Neukaledonien gehören weiterhin zu Frankreich.

Doch zu lange waren sich die USA zu sicher, die Inseln im Pazifik auch wirklich zu kontrollieren. Das räumte selbst US-Vizepräsidentin Kamala Harris auf ihrer eilig im Sommer 2022 anberaumten Reise in die Region ein: »Wir geben zu, dass die Pazifischen Inseln in den vergangenen Jahren nicht die diplomatische Aufmerksamkeit und Unterstützung bekommen haben, die sie verdienen.« Sie verspricht, dies nun zu ändern. Die *New York Times* geht in ihrer

Einschätzung der Lage sogar weiter: »China hat einen meilenweiten Vorsprung im Wettlauf um den Südpazifik.« Dies lege offen, »wie der Abstieg Amerikas aussieht«.

Was Fidschi betrifft, ist das Kind womöglich bereits in den Brunnen gefallen, auch wenn Antony Blinken im vergangenen Februar als erster US-Außenminister seit 36 Jahren Fidschi besucht hat. Denn eigentlich ist es für Fidschis Premierminister Rabuka zur Kolonialzeit gut gelaufen: Der ehemalige Brigadegeneral, der nun 900 000 Menschen auf 300 Inseln mit einer Millionen Touristen regiert, wurde in Neuseeland und an der britischen Militärkaderschmiede Sandhurst ausgebildet und von der Queen zum Officer of the Order of the British Empire ernannt. Dennoch fühlte er sich so wenig ernst genommen, dass er 1987 putschte. Fidschi war zwar schon seit 1970 unabhängig, aber die Queen war noch Staatsoberhaupt. Das änderte Rabuka: Fidschi wurde eine Republik. Prompt wurde der Inselstaat zur Strafe aus dem Commonwealth ausgeschlossen, jener Vereinigung unabhängiger Staaten in der Nachfolge des British Empire, in der die Mitglieder unter anderem wirtschaftliche Vorteile haben.

Eine harte Strafe. Rabuka schaffte es wirtschaftlich nicht aus eigener Kraft. Die Chinesen waren noch nicht so weit, in die Bresche zu springen. So musste Rabuka nach sieben Jahren als Premierminister aufgeben. Als einer seiner Nachfolger 2006 wieder putschte, setzten Australien und Neuseeland die Entwicklungshilfe aus. Diesmal kamen die Chinesen. Und sie blieben auch, als der Westen Fidschi wieder lieb hatte.

Die Menschen waren hin- und hergerissen: Die Chinesen brachten neue Infrastruktur, sicherten sich aber auch die besten Grundstücke. Doch als 2020 während eines Taifuns der Stufe 5 eine von Chinesen gebaute Schule standhielt und es das einzige Gebäude in dem Ort war, der Schutz bot, drehte sich die Stimmung. Seitdem überwiegt die Dankbarkeit gegenüber China.

Genau darauf setzte nun auch Premier Rabuka nach seiner überraschenden Wiederwahl. Dabei geht es ihm weniger darum, dass China politisch besser oder schlechter wäre als die USA: Zum ersten Mal in seinem politischen Leben hat Rabuka das Gefühl, nicht mehr auf Gedeih und Verderb von einer großen Macht abzuhängen, sondern mit mindestens zwei Großmächten über den besten Deal für sein Land verhandeln zu können. Zum ersten Mal, so seine Hoffnung, regiert er ein wirklich unabhängiges Land: »Wir sind nun ein gleichberechtigter Partner für andere Nationen.«

Rabuka muss nun wirtschaftlich liefern. Es muss schnell gehen, denn er hat die ersten freien Wahlen nach 16 Jahren nur ganz knapp gewonnen. China hilft sicher, jedoch nicht uneigennützig. Rabuka spielt riskant: Anfang 2023 hat er gleich mal die Polizeikooperation mit China aus dem Jahr 2011 daraufhin untersuchen lassen, ob sie noch zu seinem Land passt. Die politischen Systeme seien zu unterschiedlich. Eine Geste gegenüber dem düpierten Westen. Jetzt wird Rabuka mit den Rivalen verhandeln – über die wirtschaftlich beste Lösung für Fidschi. Doch als Vizeaußenminister Ma Zhaoxu ihn im April treffen will, sagt Rabuka wegen eines Trauerfalls im engeren Familienkreis ab. Ma musste mit dem Vizepremier vorliebnehmen. Ob dahinter politische Taktik steckt, blieb offen. Dafür spricht, dass auch Ende Juni 2023 noch keine Entscheidung gefallen ist, sondern Rabuka nur sagt, es sei »denkbar«, dass die Polizeivereinbarung mit China beendet werde. Es sei schließlich von der vorherigen Regierung beschlossen worden. Aber er sagt auch, dass er nun mit der Volksrepublik darüber sprechen wollte, wie sich – seiner Meinung nach – »unsere Beziehungen weiterentwickeln könnten«.

Neu ist jedenfalls, dass ein Premierminister eines so kleinen Landes überhaupt so international mitspielen kann. Und das hat einen einfachen Grund: Nun gibt es neben den USA und ihren Verbündeten erstmals seit langem einen zweiten mächtigen Spieler. Rabuka kann jetzt um das beste Angebot für sein Land pokern.

38 INITIATIVE DER MEHRHEIT

Worin liegt die historische Bedeutung der Globalen Sicherheitsinitiative (GSI), die die Chinesen vorgestellt haben, die aber eine Initiative der Mehrheit der Welt ist?

Erstmals in der Geschichte haben sich so viele Länder des globalen Südens gegen den etablierten Westen zusammengeschlossen. Achtzig Länder und Organisationen sind bei der Globalen Sicherheitsinitiative (GSI) dabei.

Die Minderheit des Westens war in den vergangenen Jahrhunderten mächtig genug, die Spielregeln der Welt zu bestimmen. Schon auch werteorientiert, meist interessengeleitet, aber eben auch einfach nur skrupellos. Da war die Zeit des Kolonialismus der Europäer, zuletzt das British Empire. Und dann die des Kampfes um die Weltherrschaft zwischen der Sowjetunion und den Vereinigten Staaten im Kalten Krieg. Ab den 1990er-Jahren dann die Alleingänge der USA als stärkste Macht der Welt.

Nun fördert ausgerechnet Russlands Angriffskrieg gegen die Ukraine eine Neupositionierung. Moskau und Washington wollen jeweils, dass die Welt sich entscheidet. Doch schon im Kalten Krieg war es nicht gelungen, alle Länder zu zwingen, sich für den einen oder den anderen zu positionieren. Die sogenannten Blockfreien hielten dagegen. Doch sie waren noch zu schwach. Inzwischen ist das anders. Nun sind die Blockfreien die Mehrheit der Welt und fordern die Minderheit des Westens heraus. Sie wollen gemeinsam entscheiden, was richtig und falsch, was gut und böse ist, jenseits der alten Blöcke. Sie wollen sich nicht mehr länger auf eine Seite ziehen lassen.

Noch nie in der Geschichte haben so viele Länder ein gemeinsames Positionspapier vereinbart – ohne die Führung des Westens. Im Zentrum des zehnseitigen GSI-Papiers stehen folgende Forderungen: Ein globales Mehrheitsprinzip statt hegemonialen Alleingängen. Eigene Sicherheitsinteressen wahren, aber nicht auf Kosten anderer. Die territoriale Integrität von Ländern soll gewahrt bleiben. Dialog und Verhandlungen statt Sanktionen und Krieg sollen die internationalen Beziehungen bestimmen. Globale Institutionen ausbauen und respektieren, vor allem die UN.

Die Nachteile liegen auf der Hand: Die vielen Länder mit ihrem unterschiedlichen kulturellen Hintergrund und Entwicklungsstand sind schwierig zu managen. Das erfordert sehr viel mehr Abstimmung und Kompromissbereitschaft. Es kostet Zeit. Die Ergebnisse sind aber nachhaltiger. Und die Welt wird auf diese Weise möglicherweise stabiler. Interessant ist: Der globale Süden einigt sich unabhängig von den dort vorhandenen unterschiedlichen politischen Systemen. Demokratien (Indien) und Diktaturen (China) schließen sich bei der GSI gegen den Westen zusammen. Nur 15 Prozent der Weltbevölkerung mit 45 Prozent der Wirtschaftskraft (Nato plus Japan) haben Sanktionen gegen Russland verhängt. 84 Prozent der Weltbevölkerung mit 55 Prozent der Wirtschaftskraft halten nichts davon.

Militärisch ist die Minderheit des Westens aktuell noch deutlich stärker. Dennoch können es sich die Vereinigten Staaten, die Führungsmacht des Westens, politisch nicht mehr leisten, einen Stellvertreterkrieg gegen China zu beginnen. Ein Krieg gegen die Führungsmacht der Aufsteiger wäre ein Weltkrieg gegen die globale Mehrheit. Der wäre nicht zu gewinnen und wird deshalb nicht geführt.

Es zeichnet sich also ab: Das Zeitalter der Kolonialherrschaft des Westens geht zu Ende. Ebenso das Hegemonialstreben des Westens, zuletzt der USA. Ein Zeitalter, zu dem es nach dem Zusammenbruch der Sowjetunion lange keine Alternative gab. Erstmals haben die Aufsteiger nun eine realistische Chance, die globale Sicherheit in all ihren Facetten, von Kriegsverhinderung bis Terrorismusbekämpfung nach eigenen Vorstellungen zu gestalten. Sie kritisieren Putin, schließen ihren Partner Moskau aber nicht aus, sondern suchen den Dialog. Die nichtwestlichen Länder der G20 ziehen am gleichen Strang. Sie haben bei den G20 die Mehrheit. Und die G20 haben den Vorteil, dass es – anders als in der UN – kein Vetorecht gibt.

Die Aufsteiger haben alle Zeit der Welt. Sie betrifft der Ukrainekrieg nicht unmittelbar. Dem Westen, vor allem Europa, läuft die Zeit davon. Die Inflation in Europa ist gerade zehnmal so hoch wie in China. Noch ruft der Westen: Die internationale Weltordnung wird angegriffen, das geht uns alle an! Die selbstbewusste Antwort lautet jedoch: Das ist eure Weltordnung, nicht unsere.

Die kleineren aufsteigenden Länder wollen sich mit der Global Security Initiative schützen: vor den Zumutungen der USA, vor dem um sich schlagenden Russland, aber auch vor den Muskelspielen der neuen Weltmacht China.

Peking will mit der GSI die Dominanz der USA schwächen, Russland zähmen und das ohne einen hässlichen hegemonialen Alleingang, sondern als der Stärkere in einer globalen Mehrheit.

Die USA werden am Ende sagen: Die GSI hat verhindert, dass Russland jemals wieder andere Länder überfällt und China übermütig wird. Mission accomplished.

Auch Putin kann damit leben. Die GSI hat dem Westen (vor allem den USA) Grenzen gesetzt. Und: Russland wird von den Aufsteigern respektiert, auch wenn sie seinem Angriffskrieg kritisch gegenüberstehen. Das ist Putin wichtig.

Die Europäer werden sagen: Nie wieder kann Europa von Mächtigeren in eine Richtung gezwungen werden. Gut so. Sie werden auf Russland zeigen, aber eben auch auf China. An die USA werden sie denken.

Es geht also eine Epoche zu Ende. Die des Rechts des Stärkeren auf globaler Ebene. Eine neue Epoche beginnt. Die des globalen Rechts der Mehrheit und des Schutzes der Minderheiten. Das auf allen Ebenen durchzusetzen, wird mehrere Dekaden dauern. Es wird Rückschritte geben. Aber der Versuch, mehr Mitbestimmung in der Welt zu etablieren und die globalen Institutionen entsprechend umzubauen, ist dennoch lohnend.

39 INNOVATION TRACKER

Der Westen wird im globalen Wettkampf um Innovationen immer schwächer.

Nach Ende der Covid-Pandemie treffen Bundeskanzler Olaf Scholz, EU-Präsidentin Ursula von der Leyen und Frankreichs Präsident Emmanuel Macron bei ihren Zusammenkünften im ersten Halbjahr 2023 auf ein noch selbstbewussteres China als vor Covid – auch weil China immer innovativer wird.

Eine Studie des Australian Strategic Policy Institute (ASPI) zeigt im Frühjahr 2023, dass China bereits in 37 von 44 der wichtigsten innovativen Bereiche besser ist als die USA und die Europäische Union. Über 2,2 Millionen Forschungspapiere hat das Forschungsteam des ASPI gesichtet, um Chinas Innovationskraft im internationalen Vergleich aufzuschlüsseln. Die Autoren der Studie nennen das Ergebnis »erschreckend« und fordern: »Regierungen weltweit sollten gemeinsam und individuell daran arbeiten, den Vorsprung Chinas als neues Zentrum der technischen Innovation wieder wettzumachen.« In manchen Bereichen lägen die zehn wichtigsten Forschungszentren allesamt in China. In anderen Bereichen würden die Chinesen gar neunmal so viele relevante Forschungspapiere produzieren wie die zweitplatzierten USA. »China hat eine Antwort auf fast jede technische Herausforderung der Welt«, stellt denn auch das amerikanische Magazin *Fortune* ernüchtert fest.

Die Studie, die vom US-Außenministerium mitfinanziert wurde, brachte weitere bittere Erkenntnisse ans Licht. So brauchen immer weniger Chinesen eine Ausbildung im Ausland. Nur noch 20 Prozent der chinesischen Forschungspapiere werden von Wissenschaftlern erstellt, die in den sogenannten Five-Eyes-Ländern ausgebildet wurden, also in den USA, Großbritannien, Kanada, Australien und Neuseeland.

Die ASPI-Forscher verfügen über einen einzigartigen neuen Technologie-Tracker, der verschiedene Länder und deren jeweiligen Entwicklungsstand vergleicht. Wenn man zum Beispiel bei den Fachkräften für fortschrittliche Robotertechnologie die EU und China vergleicht, erhält man folgendes Ergebnis: Bei den Studierenden mit Bachelor-Abschluss ist der Anteil der Chinesen mit 28,7 Prozent bereits doppelt so hoch wie in der EU (14 Prozent). Bei den Postgraduierten liegen die EU und China hingegen noch gleich auf. Der Trend ist also klar sichtbar: China baut seine Innovationsfähigkeiten in dramatischem Tempo aus.

Auch der Special Competitive Studies Project's Report und Govinis Analyse kommen ernüchtert zu dem Schluss, dass die westlichen Investitionen bei weitem nicht ausreichen, um den Rückstand aufzuholen. Führungspositionen in technologischen Kernbereichen, kombiniert mit »der Fähigkeit, Forschungsdurchbrüche in kommerzielle Produkte zu transformieren und in sehr effizienten Produktionsanlagen herzustellen«, könnten es China ermöglichen, »die globalen Versorgungsketten in zentralen technologischen Bereichen in den Würgegriff zu nehmen«, betonen die Autoren von Govini.

Und so verwundert es nicht, dass Peking London 2022 als Innovationszentrum überholt hat. Erstmals ist keine europäische Metropolregion mehr unter den besten drei weltweit. Das ergab der Global Innovation Hubs (GIH) Index 2022. Das Ranking der hundert wichtigsten GIHs wird Jahr für Jahr vom britischen Magazin *Nature* und der Pekinger Eliteuniversität Tsinghua erstellt. Die entscheidenden Faktoren sind dabei die Innovationskraft selbst, die Rahmenbedingungen der Wirtschaft für Innovationen und das Innovationsökosystem, also Cluster in bestimmten Regionen, in denen vernetzte Akteure Wissen austauschen und Innovationen vorantreiben.

Die Liste wird – noch – angeführt von San Francisco-San Jose, gefolgt von New York. Auf Platz drei liegt schon die Region Peking, dann kommen London und Boston und die Greater Bay Area im Süden Chinas, die damit erstmals den Großraum Tokio überholt hat. Auf den Plätzen acht bis zehn folgen Genf, Paris und Shanghai. In den Top 10 sind nun also drei chinesische, drei amerikanische und drei europäische Hubs vertreten. Nimmt man Tokio dazu, dann führt die Region Asien mit vier Hubs. Europa ist die Weltgegend, die am meisten absteigt. Asien – und dort vor allem China – ist der größte Aufsteiger.

Vor allem die Greater Bay Area (GBA) am Perlflussdelta im Süden Chinas ist ein neues Weltzentrum für Einhörner, also für Startups mit einer Bewertung von über einer Milliarde Dollar. 2021 waren 43 der 137 chinesischen Einhörner (94 mehr als fünf Jahre zuvor) in der GBA beheimatet. Zusammen sind sie rund 1,1 Billionen Dollar wert. Obwohl die Region nur 0,6 Prozent der chinesischen Landfläche umfasst und hier nur 5 Prozent der Bevölkerung leben, trägt sie bereits 12 Prozent zur chinesischen Wirtschaft bei. Die Wirtschaft der GBA ist damit größer als die von Südkorea, Australien, Spanien oder Brasilien. Die hier lebenden 84 Millionen Menschen erwirtschafteten 2022 ein BIP von rund 2 Billionen Dollar. Das ist etwa so viel wie Kanada. Deutschland kam mit 83 Millionen Menschen auf 4,2 Billionen Dollar – hat aber nur zwölf Einhörner statt der 43 der Greater Bay Area.

Shenzhen ist der Spitzenreiter in der Greater Bay Area. 25 der 43 Einhörner stammen demnach aus der Tech-Metropole. Auch die

Hälfte der in China angemeldeten Patente kommen aus Shenzhen. Bei der Wirtschaftskraft führt die Metropole vor der Provinzhauptstadt Guangzhou. Mit großem Abstand folgen Hongkong mit acht Einhörnern und Guangzhou mit sieben.

Der große Vorteil der Greater Bay Area: Es ist das einzige Innovationshub der Welt, wo Innovation, Produktion, der größte Wachstumsmarkt der Welt und mit Hongkong eines der drei wichtigsten Finanzzentren der Welt zusammenkommen. Dazu eine Bevölkerung, die Innovationen gegenüber extrem aufgeschlossen ist, und eine Regierung, die Forschung und Entwicklung stark fördert. Das Ziel: China soll wieder genauso innovativ werden, wie es bis zum 19. Jahrhundert war. Auch bei Zukunftstechnologien, die es heute noch nicht gibt.

Derzeit führen die USA zum Beispiel noch im Bereich der Quantum-Computing-Forschung, aber China geht bereits auf der nächsten Ebene voran, etwa bei der Post-Quanten-Kryptografie. Sie befasst sich mit sogenannten kryptografischen Primitiven. Die sind im Gegensatz zu den meisten derzeit verwendeten asymmetrischen Kryptosystemen selbst von Quantencomputern nicht zu entschlüsseln und gelten als ein zentraler Baustein der Quantenkommunikation, in der es auch darum geht, sein Wissen zu schützen.

Beim ebenfalls zentralen Forschungsbereich der Quantensensorik ist China bereits vorne: Mit solchen Quantensensoren kann man Temperatur, Geschwindigkeit, elektrische und magnetische Felder oder Positionen mit einer wesentlich höheren Präzision messen als mit bisher existierenden Sensoren.

China führt auch bei 5G, bei Energie- und Umwelttechnologie – einem Bereich, in dem einst die Europäer führend waren –, bei Drohnen, dem autonomen Fahren und Hyperschallflugzeugen. Im August 2022 wurde der US-Geheimdienst von der Nachricht überrascht, dass den Chinesen die Entwicklung von Hypersonic-Raketen gelungen ist, die auch Sprengköpfe tragen können.

In Europa klafft eine Sicherheitslücke bei der Abwehr solcher Hyperschallwaffen. Dennoch stritten sich die EU-Staaten monatelang, wer die Gelder für die Entwicklung eines Abwehrsystems bekommen soll. Nun wird es einfach doppelt entwickelt: von einem spanischen und einem französischen Konsortium. Mehrkosten für den Steuerzahler: 80 Millionen Euro. Geld, das man auch sinnvoller hätte einsetzen können, wenn nationale Interessen nicht eine Einigung verhindert hätten. Das Gezerre in Brüssel mutete angesichts des Ukrainekrieges umso absurder an: Im März 2022 hatte Russland erstmals eine Kinschal-Rakete auf die Ukraine abgefeuert, auf ein Munitionslager kaum hundert Kilometer von der Grenze Rumäniens entfernt. Über diese Hyperschallwaffe verfügt Moskau seit Ende 2017. Bis heute gibt es kein westliches Abwehrsystem dagegen.

Forschungsexzellenz sei kein Wasserhahn, den man auf- und zudrehen könne, fassen die Autoren ihre ASPI-Studie zusammen. Vielmehr brauche es lange Zeit, um wieder zu den Besten der Welt aufzuschließen. »Die Kosten des Aufholens sind hoch, die Kosten des Nichthandelns jedoch viel größer«, so die Autoren. Dennoch sprechen sie sich gegen Sanktionen gegen China aus. Der beste Weg sei, die eigene Wettbewerbsfähigkeit zu stärken. Der Westen muss also wieder besser werden, auch wenn es schwerfällt. Die Wettbewerber mit Sanktionen zu schwächen, mag innenpolitisch für schnellen Beifall sorgen, schafft aber – wenn überhaupt – nur kurzfristig Spielraum.

40 CHINAS ALTE

2022 ist Chinas Bevölkerung erstmals geschrumpft. Um 840 000 Menschen. Doch noch immer leben über 1,4 Milliarden Menschen in China.

Noch sieht Chinas Altersstruktur akzeptabel aus: 12 Prozent der Bevölkerung sind über 65 Jahre alt. In Japan sind es 28 Prozent, in Italien 22 Prozent, in Deutschland 21 Prozent. Und in den USA sind es immerhin noch 16 Prozent, trotz der starken Einwanderung junger Menschen etwa aus Mexiko und Lateinamerika. Die Vereinigten Staaten haben also trotz Migration einen schlechteren Wert als China, das kein Einwanderungsland ist.

Chinas Bevölkerungszahl könnte bis Ende des Jahrhunderts unter eine Milliarde fallen. Bis 2050 wird China jedoch voraussichtlich mit einem Minus von 3 Prozent viel langsamer schrumpfen als Japan (minus 16 Prozent), Italien (minus 10 Prozent) oder Deutschland (minus 4 Prozent). Die Bevölkerung der USA wird hingegen deutlich wachsen, um schätzungsweise 28 Prozent auf rund 400 Millionen. Auch Indien, seit 2023 das bevölkerungsreichste Land der Erde, wird noch einige Dekaden wachsen. Weil China schrumpft, wird es dort bis 2050 doppelt so viele Alte geben wie noch im Jahr 2023. Daher gilt: China muss reich werden, bevor es alt wird. Das Land muss sein Pro-Kopf-Einkommen mehr als verdoppeln, um den Wandel der Bevölkerungsstruktur abzufedern. Das Pro-Kopf-Einkommen läge dann ungefähr auf dem Niveau von Japan. Japans Wirtschaft wächst seit Ende der 1990er-Jahre kaum noch. Das Land wird immer älter, und dennoch ist es sozial höchst stabil. Um das hinzubekommen, muss es China gelingen, mit weniger Arbeitskräften noch viel mehr Wirtschaftsleistung zu generieren: Die durchschnittliche Produktivität chinesischer Arbeiter liegt bei 40 Prozent der japanischen und bei gut 30 Prozent der deutschen. Das ist nur möglich, wenn China stärker automatisiert.

Einstweilen liegen die chinesischen Rentner den jüngeren Familienmitgliedern auf der Tasche. Denn der Sozialstaat ist längst nicht so stark ausgeprägt wie in Europa, aber besser als in den USA. Die Familien müssen diese Last tragen: Deshalb liegt der Anteil des privaten Konsums an Chinas BIP nur bei um die 40 Prozent. Die Sparraten pro Haushalt liegen im Schnitt bei über 35 Prozent. Während der Covid-Pandemie ist sie sogar noch gestiegen, auf über 40 Prozent. In Japan liegt die Sparrate nur bei 4 Prozent, in den USA sogar bei unter 3 Prozent, so niedrig wie seit Jahrzehnten nicht mehr. Der Konsum liegt hingegen bei 68 Prozent. Die Amerikaner leben also riskanter als die Chinesen. Deutschland liegt mit einer Sparrate von gut 10 Prozent und einem Konsumanteil von rund 50 Prozent im stabilen unteren Mittelfeld.

Schätzungen gehen davon aus, dass 400 Millionen Chinesen 2025 über sechzig Jahre alt sein werden. Die Ursachen dafür sind einerseits die Ein-Kind-Politik, die 1980 von dem Reformer Deng Xiaoping eingeführt wurde, und andererseits die gestiegene Lebenserwartung.

Laut Angaben der Weltbank lag sie 1970 noch bei 57, 2020 bereits bei 78 Jahren. Noch nie in der Weltgeschichte ist die Lebenserwartung bei so vielen Menschen so schnell gestiegen wie in China.

Wie gravierend die Folgen für China tatsächlich sein werden, lässt sich heute kaum abschätzen. Denn wir wissen nicht, welchen Einfluss Automatisierung und Digitalisierung auf die Zahl der Arbeitskräfte in der Produktion haben werden. Wanderarbeiter (rund 300 Millionen) sind inzwischen knapp in China, ihre Löhne steigen, selbst Bonuszahlungen gibt es nun, wenn jemand mehr als sechs Monate in einem Job geblieben ist. Tagelöhner gibt es kaum noch, und die Bereitschaft der Wanderarbeiter, weit entfernt von ihrer Heimat zu arbeiten, nimmt ab: Zu ihnen zählen inzwischen auch 120 Millionen Menschen, die wir eher als Pendler bezeichnen würden, die also innerhalb ihres Bezirkes arbeiten. Traditionell werden in China alle, die nicht dort arbeiten, wo sie einen Houkou – eine Wohnerlaubnis – besitzen, als Wanderarbeiter eingestuft. Ein Düsseldorfer, der in Köln bei Ford arbeitet, wäre also nach chinesischer Lesart ein Wanderarbeiter.

In Zukunft ist durchaus ein Szenario denkbar, in dem Roboter und ganz wenige Menschen den Großteil der Produktion erledigen und damit einen großen Teil von Chinas BIP erwirtschaften; auch ein beträchtlicher Teil der Service-Industrie könnte von Robotern erledigt werden. Die Gewinne würden dann über Steuern umverteilt werden, mit dem Ziel, dass möglichst viele Menschen Geld zum Konsumieren haben. So würden die Maschinen das Pro-Kopf-Einkommen steigern. Und konsumieren können auch die Alten. Schon jetzt versucht die Regierung, deren Konsum anzukurbeln. Nicht Alte an sich sind ein Problem für die Volkswirtschaft, sondern nur Alte ohne Geld.

Sollte diese Rechnung nicht aufgehen, hat China noch einen konventionellen Plan B, der immer funktioniert, einen Joker gewissermaßen. Es könnte – wie die USA – zum Einwanderungsland werden und junge, billige Arbeitskräfte aus Südostasien ins Land lassen. Eine gemeinsame Freihandelszone hat man ja schon. Doch bisher leistet sich Peking noch den Luxus, dies nicht zu tun.

41 KONSTRUKTIVE DOMINANZ

Die Kuka AG, Deutschlands größter Roboterhersteller, ist seit sechs Jahren in chinesischem Besitz.

Der Augsburger Roboterbauer Kuka AG steht wie kein anderes deutsches Unternehmen für die Angst der Deutschen vor dem Ausverkauf ihrer Top-Technologie nach China. Die Realität ist jedoch komplexer.

Die Firma wurde 1898 in Augsburg von Johann Josef Keller und Jakob Knappich gegründet. Ab 1927 firmierte sie unter dem Namen Kuka: »**K**eller **u**nd **K**nappich **A**ugsburg«. Eintönig war es seitdem nie: Beleuchtungskörper stellte man her, Müllwagen, Punktschweißgeräte, Rundstrickmaschinen, Reiseschreibmaschinen, aber auch 1800 Kanonentürme für den Marder-Panzer. 1973 baute Kuka mit dem »Famulus« den weltweit ersten sechsachsigen Industrieroboter, fünf Jahre später stiegen die Augsburger in die Roboterfertigung ein. Doch die Konkurrenz aus Japan war stets stärker, wendiger und schneller.

Bis heute sind die gelben japanischen Roboter von Fanuc Weltmarktführer, gefolgt von den weiß-blauen Robotern der Firma Yaskawa. Aber auch in Europa hat Kuka starke Wettbewerber. Die weißen Roboter mit rotem Logo des Konzerns ABB aus Zürich etwa und die weniger häufigen graublauen Roboter des italienischen Herstellers Comau – viel schöner, aber nicht ganz so verlässlich wie die deutschen Roboter.

Die jeweiligen Weltmarktanteile von Fanuc und ABB waren und sind für sich genommen knapp doppelt so hoch wie die von Kuka. Weil ein vierter oder fünfter Platz für Kuka undankbar ist, schien es 2016 sinnvoll, sich einen starken Partner zu suchen. Der europäische Platzhirsch ABB war nicht interessiert und auch sonst kein westliches Unternehmen. Gleichzeitig war klar: Nur mit hohem Wachstum im boomenden chinesischen Markt wird Kuka sich behaupten und Plätze gutmachen können.

Der private Haushaltsgerätehersteller Midea aus dem südchinesischen Foshan ist an einer Übernahme interessiert. Der Umsatz: 22 Milliarden Dollar. Der Gewinn: 2 Milliarden Dollar. Ein Fortune-Global-500-Unternehmen. Die Vorteile aus der Sicht von Kuka: Midea ist gut in China vernetzt und hat viel Geld. Der Nachteil: Midea ist branchenfremd – und chinesisch. Hightech-Roboter für einen Lowtech-Produkthersteller, kann das gut gehen?

Die Entscheidung für die Chinesen fällt aus Mangel an Alternativen: Deutschland, die EU und die USA stimmen zu. 2016 übernimmt Midea 95 Prozent von Kuka, für 4,6 Milliarden Euro. Ein hoher Preis.

Die nicht gleichberechtigte Ehe beginnt ohne Flitterwochen: Der Kuka-Aufsichtsratschef und Midea-Vizepräsident Andy Gu macht von Anfang an Druck. Er ist »definitiv nicht zufrieden« mit den Zahlen. Für CEO Till Reuter ist nach zwei Profitwarnungen Schluss. Das zeigt: Der Verkauf war für Kuka die letzte Ausfahrt. Dem neuen CEO Peter Mohnen steht nun CFO Alexander Tan zur Seite, ein Midea-Mann und Holländer chinesischer Herkunft.

Der Alltag ist nicht einfach, die andere Kultur schwierig, die Sorge vor Technologieklau groß. Viel wichtiger jedoch: Der neue Besitzer und Midea-Gründer He Jiangjian ist aus seiner Branche höhere Margen und Wachstumsszenarien gewohnt. Zwischen 2016 und 2021 hat sich der Midea-Umsatz auf über 53 Milliarden Dollar weit mehr als verdoppelt. Ähnlich entwickelt sich der Gewinn:

Zuletzt 5,4 Milliarden Dollar. Im Krebsgang läuft hingegen der Umsatz von Kuka. Er liegt 2021 mit 3,3 Milliarden Euro unter dem des bisherigen Rekordjahrs 2017 – obwohl das China-Geschäft von Kuka stark wächst: 48 Prozent Umsatzsteigerung 2021. 39 Prozent mehr Aufträge. Allerdings war 2020 ein Corona-Krisenjahr.

CEO Mohnen spricht zwar hinsichtlich des China-Geschäfts bereits von einem »Turnaround«, doch Midea reicht das nicht. Noch liegen Deutschland und die USA mit 28 und 27 Prozent beim Kuka-Konzernumsatz vorne. China folgt erst auf Platz drei mit 17 Prozent. Das will Midea ändern. Im Mai 2022 wird Kuka von der Börse genommen. Nun kann Midea ohne die lästigen Quartalszahlen entscheiden. Die IG Metall zieht mit.

Vom Technologieklau spricht kaum jemand mehr. Im Gegenteil: Bis 2025 will und muss Kuka 800 Millionen Euro in Forschung und Entwicklung stecken. So viel wie noch nie. »Ein Löwenanteil« soll in Augsburg investiert werden, betont Mohnen, »denn hier entwickeln wir Steuerungen, Software und Mechatronik.« Die Chinesen brauchen also (noch) das Know-how der Deutschen. Und die Deutschen brauchen das Geld und das Netzwerk der Chinesen. Mittelfristig ist die Marschroute von Midea klar: Kuka muss immer mehr in China entwickeln und produzieren. Beim Einstieg der Chinesen war eine Investorenvereinbarung geschlossen worden, die Kuka bis 2023 »weitgehende Unabhängigkeit« garantiert. Die Lebensversicherung für Augsburg lautet also: Bei Forschung und Entwicklung besser bleiben als die Chinesen. 2022 wurde ein gutes Jahr. Mit fast 4,5 Milliarden Euro hat Kuka so hohe Auftragseingänge verzeichnet wie noch nie in der fast 125-jährigen Unternehmensgeschichte. Neben diesem Rekord steigerte das Unternehmen den Umsatz um fast ein Fünftel und verdoppelte seinen Gewinn nahezu. Bereits ein Viertel des Umsatzes kam aus China.

Die Übernahme wird also langsam, aber sicher eine Erfolgsgeschichte, weil Kuka so einen optimalen Zugang zum chinesischen

Markt bekommt, dem wichtigsten Wachstumsmarkt der Welt. Bei der Roboterdichte – Maschinen pro 10 000 Arbeiter – liegt China mit 246 Einheiten weltweit auf Platz neun. 2017 war es noch Platz 25 mit 49 Robotern. Südkorea führt weltweit mit 942 Einheiten. Deutschland folgt mit 371 auf dem vierten Platz. Das bedeutet: In China ist noch jede Menge Entwicklungsspielraum bis zur Roboterdichte Südkoreas. Damit lohnt es sich, eine eigene Roboterindustrie aufzubauen. Bisher haben die Ausländer noch einen Marktanteil von 70 Prozent. Das will Peking ändern. Gut, dass Kuka inzwischen chinesisch ist. Genauer: ein chinesisches Unternehmen deutscher Herkunft und Qualität. Eine gute Mischung.

42 VIRTUELL VORAUS

Chinas Tech-Konzern Tencent als Innovationstreiber im Metaverse, der schönen neuen Welt

Kein anderes Unternehmen weltweit ist so gut fürs Metaverse gerüstet wie Chinas Tech-Gigant Tencent, sagen selbst US-Fachleute. Denn kein anderes Unternehmen weltweit verfügt zugleich über das Know-how und die Daten einer Super-App wie WeChat (1,2 Milliarden User) und die erfolgreichsten Games wie Fortnite und Roblox. Mit dem Messaging-Dienst Discord ist Tencent zudem mit einer der größten techaffinen Communitys im Gaming-Bereich vernetzt. Tencent gehört noch vor Mark Zuckerbergs Meta zu den zehn wertvollsten Unternehmen der Welt.

Im Oktober 2021 machte Mark Zuckerberg das Konzept des Metaverse schlagartig bekannt, indem er mit viel Tamtam sein Unternehmen von Facebook in Meta Platforms Inc. umbenannte. Seine Vision: Die User agieren nicht mehr über Bildschirme und Tastaturen, sondern in Form eines Avatars. In dessen Haut können sie virtuell schlüpfen und in einer digitalen Parallelwelt leben – an Konferenzen teilnehmen, lernen, gemeinsam tanzen, eine Maschine reparieren oder einen Arzt besuchen. Reale und virtuelle Welt sollen immer stärker miteinander verschmelzen und schließlich als eine Welt in unterschiedlichen Zuständen wahrgenommen werden.

Tencent-Chef Pony Ma hatte wenige Monate vor Zuckerberg die frappierend ähnliche Vision eines »Quan Zhen«-Internets verkündet, eines »umfassend realen« Internets. Im Westen wurde diese Idee übersehen, im technikbegeisterten China dagegen sofort aufgenommen. Innerhalb von drei Monaten verdreifachte sich die Zahl der Metaverse-Patente auf 8500. Play For Dream Inc. zum Beispiel, ein eSports-Technologie-Start-up aus Shanghai, feilt derzeit an den Virtual-Reality-Brillen (VR) der nächsten Generation, für wirklichkeitsnähere Erlebnisse.

»Tencent ist am besten positioniert, um ein First Mover im Metaverse zu werden, da es extrem stark bei digitalem Content ist, Games entwickelt und der zweitgrößte Cloudbesitzer in China ist«, räumt man selbst beim US-amerikanischen Finanzservice-Konzern Morningstar (1,7 Milliarden Dollar Umsatz) ein. Zudem hält Tencent die Mehrheit an den beiden größten Livestreaming-Plattformen Chinas, DouYu International Holdings Ltd. und HUYA Inc.

Vor allem die Gaming-Welt gilt als Sprungbrett ins Metaverse: Da ist Tencent mit rund 32 Milliarden Dollar Umsatz mit großem Abstand Weltmarktführer vor Sony (18 Milliarden), Apple (15 Milliarden), Microsoft (12 Milliarden) und Google (11 Milliarden). Mit Roblox und Fortnite gehören Tencent Spieleplattformen, die es den Nutzern schon heute ermöglichen, virtuelle Welten zu erschaffen und sich darin zu bewegen. Zudem hält Tencent 48 Prozent an Epic Games. Tim Sweeney, der Gründer des Fortnite-Studios Epic Games arbeitet bereits am Metaverse. Die Investition: eine Milliarde Dollar.

Im Frühjahr 2022 führte Tencent die Super-QQ-Show auf seiner QQ-Messaging-Plattform ein: ein interaktiver 3-D-Raum, wo die User Kontakte knüpfen, sich Shows ansehen und Spiele spielen können. Außerdem meldete das Unternehmen Patente für virtuelle Konzerte an. Das erste virtuelle Musikfestival Chinas erreichte in der Spitze 100 000 Zuschauer gleichzeitig.

Im Juli 2022 kündigte Tencent eine neue Abteilung für erweiterte Realität (»extended reality« – XR) an, die sich mit Fragen des Metaverse befasst. Sie wird von Li Shen geleitet, dem Chief Technology Officer von Tencent Games Global. Die Abteilung hat rund 300 Mitarbeiter. Das ist viel in Zeiten, in denen Tencent in anderen Sparten konsolidieren muss. Nach der Einführung von Antimonopol-Gesetzen hatte das Unternehmen allein zwischen Ende März und Ende Juni 2021 5500 seiner 110 000 Mitarbeiter entlassen müssen. Allerdings zeigte sich schon im Frühjahr 2022, dass es ein steiniger Weg ist, bei der Hardware ebenso stark zu werden wie bei Software. Der Plan wird schließlich fallen gelassen, Tencent konzentriert sich auf Letzteres.

Die chinesische Politik fördert derweil das Metaverse. Anders als in Europa sehen Chinas Politiker eher die Vorteile als die Nachteile dieses Innovationsschubs. Das Metaverse könnte zum Beispiel die Chancengleichheit der vielen Menschen im Land erhöhen, weil sie so virtuelle Räume wie etwa ein Krankenhaus oder eine Universität auch aus sehr abgelegenen Gegenden »besuchen« können.

Und selbst die Spitzenkader der KP setzen auf die Metawelt, weil sie hoffen, dass damit der Parteialltag attraktiver wird. Wie das KP-Metaverse aussehen könnte, zeigt das Virtual-Reality-Unternehmen Mengke VR: Patriotische 3-D-Avatare wandern hier durch Ausstellungen, die die Errungenschaften der Kommunistischen Partei beleuchten. Doch sehr wahrscheinlich wird das Metaverse keine Massenbewegung in Richtung der KP auslösen. Gegen Politikverdrossenheit wird auch diese Innovation eher nicht helfen.

43 FLEISCHLOSES FLEISCH

Würden die Chinesen so viel Fleisch pro Kopf essen wie die Amerikaner, wäre das der Kollaps für das Weltklima.

Chinas Regierung und die innovativen Industrien des Landes müssen handeln. Denn derzeit essen die Chinesen mit knapp fünfzig Kilo bereits halb so viel Fleisch pro Kopf und Jahr wie die Amerikaner, bei einem Pro-Kopf-Einkommen, das noch nicht einmal bei einem Drittel des US-amerikanischen liegt. In absoluten Zahlen ist China mit seinen 1,4 Milliarden Menschen mit deutlichem Abstand der größte Fleischkonsument der Welt. Auch deshalb hat Peking ein Gesetz verabschiedet, das Lebensmittelverschwendung mit hohen Geldstrafen ahndet. Wer zu viel bestellt oder irreführende Angaben macht, die zu übermäßigen Bestellungen führen könnten, soll mit umgerechnet bis zu 1275 Euro Strafe belegt werden. Das ist der Kern des neuen Lebensmittelverschwendungsgesetzes. Zudem verbietet das Gesetz Foodbloggern sogenannte Binge-Eating-Videos. Dort streamen sich Chinesen beim Essen großer Mengen von Lebensmitteln. Gerne auch um die Wette. Eine Unsitte, die aus Südkorea kommt. Peking sorgt sich dabei nicht nur um die Umwelt, sondern auch um die Abhängigkeit vom Westen. Trotz der politischen Spannungen bleibt China für die USA noch immer der größte Markt für ihre landwirtschaftlichen Produkte. 2022 wurde mit Exporten nach China im Wert von 42 Milliarden Dollar sogar der Allzeitrekord vom Vorjahr noch einmal gebrochen. Nur aus Brasilien importieren die Chinesen mehr (52 Milliarden). Auf Platz drei folgt – allerdings mit großem Abstand – die EU mit fast 19 Milliarden. Der größte Lieferant aus Asien ist Thailand (12 Milliarden). Ein erstaunlich hoher Wert für ein Land mit nur siebzig Millionen Einwohnern. Gegenwärtig produziert China bereits auf 10 Prozent des globalen Ackerlandes 25 Prozent des Getreides der Welt, um 20 Prozent der Weltbevölkerung zu versorgen. Das fleischlose Fleisch verbraucht viel weniger Getreide und Wasser. Deswegen wird es ohne fleischloses Fleisch nicht gehen.

Die UN zählt den Fleischkonsum zu den größten Problemen der Welt. Nun wirbt Gabrielle Guan, eine der bekanntesten Schauspielerinnen Chinas, für pflanzliches Fleisch. Der Begriff wurde daraufhin 600 Millionen Mal auf Weibo, dem chinesischen Twitter, gesucht. Dem neuen Trend folgend, entsteht gerade eine neue Industrie in China, die mindestens so wichtig ist wie die E-Autos. Allein der Markt für vegetarisches Essen erreicht 2023 bereits 12 Milliarden Dollar, haben Marktforscher von Euromonitor errechnet.

Die Hongkonger Green Monday Holdings hat 2022 in einer A-Runde bereits 70 Millionen Dollar einsammeln können, darunter von Swire Pacific, denen die Airline Cathay Pacific gehört, und von Susan Rockefeller aus der berühmten Familie. Start-ups wie Whole Perfect Food, Zhenmeat oder Zhiai Shenghuo schießen aus dem Boden. Starfield Food Science & Technology aus dem südchinesischen Shenzhen konnte in seiner B-Runde 100 Millionen Dollar einsammeln, die höchste Summe für ein Veggy-Start-up in China. Seit seiner Gründung 2019 ist Starfield mit seinen Produkten in 14 000 Restaurants in China vertreten, darunter in Ketten wie Luckin Coffee und Dicos. Auch ein Unternehmen mit deutschem Ursprung mischt mit: Bei Jooma ist der Deutsch-Pole Kamil Gajewski für die Geschäftsentwicklung verantwortlich. Das Start-up stellt Mandel- und Kokosnuss-Joghurts und andere Snacks her, basierend auf einer Technologie des Münchner Fraunhofer-Instituts. In China hat Jooma die erste Fabrik für rein pflanzliche Nahrung aufgebaut.

Etablierte Firmen springen auf den Trend auf. Yum China, Betreiber der amerikanischen Fast-Food-Ketten KFC, Pizza Hut und

Taco Bell in China, hat bereits einen fleischlosen Wrap im Angebot – in 2800 Filialen in 28 Städten. Hey Tea, eine der beliebtesten Milchtee-Marken Chinas, hat im Mai 2022 einen neuen »Fake Meat«-Burger aus heimischer Produktion auf seine Speisekarte gesetzt. Inzwischen gibt es mit 5000 Unternehmen so viele Firmen in diesem Bereich, dass die ersten schon wieder zumachen, wie zum Beispiel Heymeat in Shanghai. Auch die großen Player wie der amerikanische Hersteller Beyond Meat kommen bereits an die Grenzen des Spielraums, den der freie Markt hergibt. Auf der Online-Plattform Tmall kostet ein pflanzenbasierter Hamburger-Patty noch das Dreifache eines normalen Fleisch-Pattys.

Alle hoffen nun auf Rückenwind durch die Politik. Peking soll den Fleischkonsum gesetzlich begrenzen. Damit könnte die Produktion von fleischlosem Fleisch gesteigert werden, die Preise könnten sinken. Peking hat sich schon 2016 vorgenommen, den Fleischkonsum der Bevölkerung zu halbieren. Doch das ist gar nicht so einfach, denn Fleisch ist ein Statussymbol. 2017 hat China für 300 Millionen Dollar Technologie zur künstlichen Fleischzüchtung von Israel gekauft. Vier Jahre später hat das Chinese Institute of Food Science and Technology (CIFTS) den ersten Standardkatalog für fleischloses Fleisch aufgelegt, das es mittlerweile auch in den Fünfjahresplan der KP geschafft hat. Darin heißt es: »Bis 2025 wollen wir große Fortschritte machen durch eigenständige Innovationen in den verschiedensten Bereichen, die derzeit stark von ausländischer Technologie abhängen.« Derzeit sind in China nur 5 Prozent der Bevölkerung Veganer. In absoluten Zahlen sind das allerdings schon siebzig Millionen Menschen, mehr als die Bevölkerung Frankreichs.

Selbst Staats- und Parteichef Xi Jinping hat sich des Themas angenommen. In einer Rede sagte er Mitte 2022, es sei »notwendig«, sich in Richtung einer »Bio-Industrie zu entwickeln, die Energie und Proteine aus Pflanzen und Mikroorganismen gewinnt.« Die Chinesen sind offensichtlich bereit für den neuen Trend. Eine

Untersuchung des Credit Suisse Research Institute von 2022 zeigte ein erstaunliches Ergebnis: Zwei Drittel der Bevölkerung zwischen 16 und vierzig Jahren ist bereit, pflanzliches Fleisch zu essen, wenn es ähnlich wie das Original schmeckt. Das ist mit Abstand der höchste Wert unter den zehn untersuchten Ländern. In den USA waren es nur 26 Prozent, in Deutschland und Frankreich gar nur je 10 Prozent.

Just Eat, der amerikanische Hersteller von pflanzlichen Tierprodukten, hat im Herbst 2022 von C2 Capital Partners, einem von Alibaba mitfinanzierten chinesischen Investmenthaus, 25 Millionen Dollar bekommen. Das Ziel: den chinesischen Markt zu erschließen. Zunächst mit den Ei- und Hühner-Ersatzprodukten von Just Egg. Besonders spannend ist das Shenzhener Start-up Whole Perfect Foods. Das Unternehmen verfügt über eine Rezeptsammlung mit teils tausend Jahre alten buddhistischen Rezepten für pflanzliches Fleisch. Mittels moderner Lebensmitteltechnologie wird es zu hippen Massenprodukten weiterentwickelt.

Die Voraussetzungen sind perfekt für den neuen Trend: China hat eine der längsten Traditionen im Bereich Fleischimitation, der Klimawandel sorgt für Druck, und Peking hat die Macht, wie beim E-Auto diesen Trend anzuschieben. Zum Beispiel, indem die Regierung das fleischlose Fleisch subventioniert oder staatliche Kantinen zweimal die Woche nur vegetarische Gerichte anbieten lässt. Daraus könnte am Ende eine chinesische Bewegung stehen, die das Zeug zur globalen Softpower hat.

44 KRAFTVOLL, ABER NICHT EXPLOSIV

Chinas neue LFP-Batterien sind der neue Auto-Trend.

Die leistungsstarken, explosionssicheren und umweltfreundlichen LFP-Batterien für E-Autos setzen sich auch global immer mehr durch. Allein 2022 ist ihr Weltmarktanteil von einem auf knapp 17 Prozent gestiegen. Sie werden bislang zu fast 100 Prozent in China hergestellt; der dortige Markt umfasst die Hälfte des LFP-Marktes weltweit.

Die Abkürzung LFP steht für Lithium-Eisenphosphat. Die Akkus gehören zwar zur Familie der Lithium-Ionen-Akkus, doch werden darin die teuren Schwermetalle Nickel (N), Mangan (M), Kobalt (C) oder Aluminium (A) nicht verbaut. Sie sind für die Produktion von NMC-/NCA-Zellen entscheidend. Denn in den meisten Batterien von Handys, Notebooks oder Elektroautos besteht die positive Elektrode aus einem Lithium-Kobalt-Gemisch wie Nickel-Mangan-Cobalt (NMC) oder Nickel-Cobalt-Aluminium (NCA). LFP nutzt hier stattdessen Eisenphosphat.

Zunächst wurden die Batterien nur von chinesischen Herstellern genutzt. Inzwischen hat Tesla die LFPs von den Chinesen für sein Y-Modell bestellt, Ford, VW und Stellantis zogen nach. Gesetzt hat diesen Trend BYD, ein Batteriehersteller, der längst selbst Autos baut und bei den weltweiten E-Auto-Verkäufen 2022 mit 1,84 Millionen Fahrzeugen inzwischen Spitzenreiter ist. Tesla schaffte nur 1,3 Millionen; Volkswagen, der beste deutsche Hersteller, kam nur auf 433 000.

Dabei sind die chinesischen E-Autos bisher kaum international unterwegs. Das soll sich nun ändern. Bei Sixt ist das BYD-SUV bereits zu haben. Im Euro-NCAP-Crashtest hat das Auto neben dem Mercedes EQE die Bestnote von fünf Sternen erhalten. Bis 2028 sollen rund 100 000 BYD-Fahrzeuge für Sixt fahren. Spätestens dann wird der Hersteller auch in Deutschland bekannt sein, nicht nur wegen seiner Batterien. »E-Autos aus China sind längst wettbewerbsfähig«, schreibt denn auch die traditionell chinakritische *Auto Bild*: »Mit BYD ist zu rechnen.«

Die LFP-Batterien von BYD sind im Grunde eine innovative Kehrtwende. Denn eigentlich waren sie längst kalter Kaffee. Die Branche setzte auf die leistungsfähigeren NMC-/NCA-Batterien. Deren großer Nachteil: Sie explodieren leicht. Die Bilder brennender E-Autos gingen um die Welt. Deswegen müssen die Akkus aufwendig eingekoffert werden, damit den Passagieren im Explosionsfall genug Zeit bleibt, das Auto zu verlassen. Das macht die Batterien sehr schwer und teuer.

Die Idee der BYD-Entwickler war bestechend einfach: Mit mehr der schwächeren LFP-Zellen, die man nicht einkoffern muss, bekommt man bei gleichem Gewicht die gleiche Leistung, nur ohne Explosionsgefahr. Man kann sogar einen Nagel durch die Batterie schlagen, ohne dass sie explodiert. Damit laufe sie »sicherheitstechnisch außer Konkurrenz«, so eine unabhängige, durch das deutsche Wirtschaftsministerium geförderte Studie des Verbandes der Elektrotechnik, Elektronik und Informationstechnik (VDE).

So ist die Blade-Batterie entstanden, deren Name von der lamellenartigen Form stammt. Die Batterie lässt sich viel besser in Autos verbauen, ist mit 55 Euro pro kWh statt rund 100 Euro günstiger und zudem umweltfreundlicher, da sie auf giftige Schwermetalle wie Nickel, Kadmium und Kobalt verzichtet. Die Leistung der Blade-Batterie ist zwar nicht ganz so gut, für die obere Mittelklasse reicht sie jedoch allemal.

BYDs Wettbewerber und Weltmarktführer CATL zog sofort nach. Inzwischen hat BYD 38 Prozent Marktanteil, CATL 29 Prozent. Andere asiatische Hersteller sind nicht mehr von Bedeutung. Im Westen spielt nur Tesla eine Rolle, hat jedoch seinen

Vorsprung inzwischen eingebüßt. Mittlerweile liefert CATL auch an Tesla.

Die Beratungsfirma McKinsey schätzt: Die weltweite Nachfrage nach Batterien nur für Elektrofahrzeuge wird jährlich um 30 Prozent steigen. Der Entwicklungsdruck für China ist also groß. E-Mobilität ist gut gegen Klimawandel und damit gut für die Welt: »Chinas CO_2-Neutralität ist untrennbar mit der Entwicklung der neuen EVs verbunden«, sagt Xin Guobin, Vizeminister des Ministeriums für Industrie und Informationstechnologie. Über sechs Millionen E-Fahrzeuge fahren bereits in China. Der größte Markt der Welt. Rund 60 Prozent aller E-Autos weltweit wurden 2022 in China verkauft. Die USA kommen auf rund 10 Prozent. Europa liegt bei knapp 30 Prozent – leider ohne eigene Batterietechnologie. Nun setzt China zum ersten Mal einen globalen Trend, nach bitteren 200 Jahren. 1820 hatte China noch 30 Prozent Anteil an der Weltwirtschaft. 1980 lag er praktisch bei null. Wer hätte noch vor zehn Jahren gedacht, dass China so schnell zurückkommen würde?

Und China plant schon den nächsten Schritt: Man baut im großen Stil die Batteriewechselstationen für E-Autos auf. Auch ein Bereich, in dem die Deutschen einst führend waren. Schon 2007 hatte der ehemalige SAP-Manager Shai Agassi das erste Batteriewechsel-Start-up in Deutschland gegründet. Ein Trendsetter. Doch 2014 war Better Place bereits insolvent. Es gab nicht genug E-Autos. Nur rund 8000 wurden 2014 verkauft. Zwei Jahre später stellte der staatliche Pekinger Hersteller BAIC und Daimler-Partner die erste chinesische Batteriewechselstation vor. Auch das kam zu früh. Doch hat das Thema in China Konjunktur: Vor allem aus der Sicht des Staates haben die Batteriewechselsysteme einige Vorteile: Die Anschaffungskosten für ein E-Auto ohne Batterie würden stark sinken. Die Batterie macht etwa 50 Prozent der Kosten aus. Man könnte das Auto kaufen und die Batterie ganz nach Bedarf leasen.

Das Aufladen geht einfacher und schneller. Vollautomatisch dauert es inzwischen rund fünf Minuten. 2023 will allein der chinesische Hersteller NIO bereits 2300 Wechselstationen aufgebaut haben. Rund dreihundertmal Wechseln pro Tag ist in diesen Stationen möglich. Das ist vor allem für die vielen Menschen in Mehrfamilienhäusern wichtig, die keine Tiefgarage haben. Sie müssen auf den Straßen parken, dort ist die Ladeinfrastruktur knapp und teuer. Man kann zudem zu klimafreundlichen Stromzeiten laden. Die Wechselstationen können die Batterien antizyklisch und klimafreundlich nachts laden. Bei hoher Nachfrage können sie sogar Strom in die Netze zurückgeben. In Zeiten des autonomen Fahrens können Autos nachts selbstständig zum Aufladen fahren. Der Besitzer bekommt das gar nicht mehr mit. Über 5G-Netzwerke wird das automatisch gesteuert. Die Straßen werden so tagsüber entlastet.

Aus all diesen Gründen wird die Entwicklung vom chinesischen Staat subventioniert. Peking hat bereits 2020 das Battery Swapping zu einem zentralen Aspekt der E-Auto-Standardisierung erklärt. Der größte Nachteil des Wechselsystems: Alle Autos müssten eine ähnliche Batterie an ähnlicher Stelle haben. Die Hersteller müssten also ihre Autos neu konstruieren. Um das zu vereinheitlichen, braucht es einen langen politischen Hebel. Peking hat ihn. In der EU jedoch fehlt er. Doch wenn Batteriewechsel und der Aufbau von Wechselstationen Teil eines großen Trends in China werden, muss der Westen wohl oder übel wie bei den E-Autos nachziehen: Das wird man im Westen in Zukunft immer öfter erleben.

45 STRESSTEST AFGHANISTAN

Der Rückzug des Westens aus Afghanistan beerdigt den westlichen Postkolonialismus und ist der erste Stresstest für Chinas internationale Verantwortung.

China muss als Weltmacht erwachsen werden und selbst in seinem Nachbarland für Stabilität sorgen. Ein Novum, mit dem die zweite Phase moderner internationaler Machtgewinnung zu Ende geht. Nun beginnt die dritte.

Phase 1: Die Kolonialzeit. Eroberte Länder wurden eigenes Territorium der Kolonialmacht. Die Werte und Regierungssysteme der Eroberer wurden gewaltsam eingeführt. Die Europäer waren darin führend. Die Briten zum Beispiel kontrollierten vor hundert Jahren noch ein Viertel der Welt. Dann machte sich 1922 Ägypten als erstes Land des Empire unabhängig. Fast alle anderen Länder sollten folgen, 1997 wurde schließlich auch Hongkong an China zurückgegeben. Langfristig hat das koloniale Expansionsstreben nicht funktioniert. Heute hat Großbritannien kaum noch einen vergleichbaren internationalen Einfluss. Schon zu Lebzeiten von Queen Elizabeth II. wurde das britische Empire immer schwächer. Bei ihrem Tod im September 2022 hatte es nach dem Brexit nicht einmal mehr Einfluss in Europa.

Phase 2: Postkolonialer Regimewechsel. Nun führten die USA. Sie versuchten Länder militärisch zu erobern. Dabei ging es vordergründig um das »richtige« politische System, aber vor allem um wirtschaftliche Interessen und daraus entstehende geopolitische Vorteile. Die Länder durften zwar unabhängig bleiben, sollten aber folgsam sein: Westliche Werte, Wahlen und willfährige Politiker wurden installiert. Danach zogen sich die Truppen zurück.

Die Strategie, durchaus überzeugende westliche Werte mit der militärischen Brechstange zu etablieren, ohne Rücksicht auf den jeweiligen Entwicklungsstand und die Kultur eines Landes, ist jedoch ebenfalls gescheitert. Immerhin: Hitler wurde besiegt. In Korea gelang der Regimewechsel zur Hälfte. Im Süden des Landes entstand eine prosperierende Demokratie, ein strategisch wichtiger Standort für 30 000 US-Soldaten bis heute. In Vietnam haben die USA verloren. In Nicaragua gelang der Regimewechsel nicht, ebenso wenig wie in Irak – trotz zweier Invasionen. Und auch nicht nach zwanzig Jahren in Afghanistan. Seit August 2021 herrschen dort wieder die Taliban.

Nach vielen amerikanischen Toten und gigantischen Kosten ohne politische und wirtschaftliche Gewinne haben die Amerikaner nun keine Lust mehr, weltweit für »die Freiheit« zu kämpfen.

Nun beginnt die *dritte Phase*: Sie ist geprägt von wirtschaftlicher Abhängigkeit ohne Invasion. Diese Art des Machtgewinns wird zum ersten Mal nicht von einem westlichen Land geprägt, sondern von China, das sich anschickt, die USA als Weltmacht abzulösen.

Die »Neue Seidenstraße« hat das Ziel, Länder zu Chinas zufriedenen »Kunden« zu machen, ohne dass diese merken, wie abhängig sie sind. Hin und wieder verwandelt Peking die drückenden Schulden dann in politische Folgsamkeit. Aber das ist die Ausnahme. Meist ist es eine Win-win-Beziehung. Denn China erzeugt wirtschaftlichen Aufschwung in Afrika und Zentralasien. Pakistan zum Beispiel ist nun elektrifiziert. Doch mit dem Erfolg wächst auch der Widerstand im Land: Jüngst starben neun Chinesen bei einem Bombenanschlag in Pakistan.

Nach dem Rückzug der Amerikaner muss Peking nun auch allein mit dem Nachbarn Afghanistan klarkommen. Moskau hilft, hat sich jedoch dort schon die Finger verbrannt. Afghanistan ist Chinas großer internationaler Stresstest als neue Weltmacht. Diese neue Weltmacht wird auch daran gemessen werden, ob und wie es ihr gelingt, den Terrorismus auszutrocknen und die Frauen aus dem

Steinzeit-Weltbild der Taliban zu befreien und das Land wirtschaftlich zu stabilisieren.

Einen neuen Zugkorridor gibt es schon seit Mitte 2022, zum Warenaustausch. Doch das wird nicht reichen. Peking will von den Taliban die Zusicherung, dass sie das East Turkistan Islamic Movement (ETIM) nicht unterstützen, das durch Terrorakte versucht, die Provinz Xinjiang von China abzuspalten. »Wir werden niemandem erlauben, von afghanischem Boden gegen andere Länder vorzugehen«, sagt Suhail Shaheen, der Chef des politischen Büros der Taliban in Doha. China »hofft«, dass Kabul »seine Zusagen ernsthaft umsetzt«. Nun läuft die Wirtschaftskooperation an: Im Januar 2023 schließen die Taliban ihr erstes größeres internationales Geschäft seit ihrer Machtübernahme ab. Xinjiang Central Asia Petroleum and Gas Co. (CAPEIC) investiert 540 Millionen Dollar ins afghanische Ölgeschäft. Amerikanische Spezialisten gehen davon aus, dass in Afghanistan Bodenschätze im Wert von mindestens 1000 Milliarden Dollar liegen. Beide Seiten verhandeln bereits über den Abbau von Lithium, das man zur Herstellung von E-Auto-Batterien braucht. Und die Taliban hoffen, dass Peking einen Vertrag von 2008 über den Abbau von Kupfer in Mes Aynak, einem der größten Kupfervorkommen der Welt, umsetzt. Die Verhandlungen laufen.

Für Peking ist es ein Balanceakt zwischen Nichteinmischung und der Wahrung eigener Sicherheits- und Wirtschaftsinteressen, ohne die Regierungen der Länder zu stürzen oder gar dort einzumarschieren. Taiwan zählt aus Sicht Pekings nicht. Taiwan gilt als Innenpolitik.

Zu Beginn der zweiten Dekade des 21. Jahrhunderts ist China jedenfalls im unübersichtlichen geopolitischen Alltag der Weltmächte angekommen. Und der war noch nie einfach.

46 INNERE WERTE

Die Chinesen sollen mehr konsumieren und so China unabhängiger machen.

2021 trug der Binnenkonsum zwei Drittel zu Chinas BIP-Wachstum bei – für Peking ein Vertrauensbeweis des Volkes und der Beleg dafür, dass die Null-Covid-Strategie richtig war. Das ist politisch wichtig. Denn es schafft mehr Unabhängigkeit von den Exporten, vor allem in den Westen. Noch ist aber Luft nach oben. Während in den USA der Anteil des Binnenkonsums am BIP bei 67 Prozent liegt, beträgt er in China nur rund 40 Prozent. Selbst in Deutschland liegt er bei rund 50 Prozent. Chinas Exporte machten 2021 hingegen nur noch einen Anteil von 20 Prozent am BIP aus. Der wichtigste Grund dafür: Das Brutto-Einkommen der Chinesen hat sich pro Kopf seit dem Jahr 2000 mehr als verzehnfacht. Doch erst 25 Prozent der Chinesen gehören zur Mittelschicht. In den USA sind es 50, in Deutschland sogar 70 Prozent.

Traditionell sparen die Chinesen viel. Während die durchschnittliche Sparquote in den USA unter 10 Prozent liegt, ist sie in China mehr als dreimal so hoch. Je sicherer sich die Chinesen fühlen, desto weniger sparen sie. Deshalb ist steigender Konsum bei niedriger Inflation für Peking der beste Vertrauensbeweis. Die US-Investmentbank Morgan Stanley geht davon aus, dass sich die Konsumausgaben der Chinesen in den nächsten zehn Jahren mehr als verdoppeln werden. Davon profitieren auch deutsche Unternehmen, die ihre Produkte in China anbieten. 2021 wurden bereits mehr als 30 Prozent der weltweit abgesetzten Autos in China verkauft, obwohl der Anteil der Chinesen an der Weltbevölkerung nur 18 Prozent beträgt.

2022 ist der Konsum allerdings erst einmal dramatisch eingebrochen. China hatte wegen der Omikron-Variante viel mehr

Lockdowns als im Jahr zuvor. Peking hatte den Tech- und Immobiliensektor neu reguliert, und es war nicht klar, was bei der 20. Tagung der KP herauskommen würde. Die Konsumenten und Investoren waren verunsichert, sie warteten ab. Nicht, weil sie kein Geld mehr gehabt hätten – die Sparreserven der Chinesen sind 2022 um 40 Prozent angestiegen –, sondern weil sie mit der Politik der Partei nicht zufrieden waren. Das ungeschriebene Gesetz, dass die Partei Prosperität schafft und die Menschen im Gegenzug die Partei in Ruhe lassen, schien zu wanken.

Im Jahr 2022 wuchs das Misstrauen, ob die Partei noch liefern kann, so stark wie seit dreißig Jahren nicht mehr. Der stille, aber für Peking sehr schmerzhafte Protest gegen die Regierung: Konsumverzicht. Auch deshalb ist das Wachstum in China so stark eingebrochen wie seit Jahrzehnten nicht mehr, obwohl 2022 ein Rekord-Handelsbilanzüberschuss von erstmals über einer Billion Dollar erzielt wurde.

Nun zeigt sich eine Schattenseite von Pekings Politik. China ist zwar weniger abhängig vom Ausland, dafür aber viel abhängiger von den Stimmungen in der Bevölkerung. Mit dem Einbruch der Exporte im ersten Halbjahr 2023 verschärfte sich diese Abhängigkeit sogar noch. Der Protest der Bevölkerung hat Peking gezwungen, schneller einzulenken als geplant und im ersten Halbjahr 2023 wieder voll auf Prosperität zu setzen. Das ist also inzwischen der Alltag im autoritären System Chinas: Der einzige Weg, das Misstrauen der immer selbstbewussteren Bevölkerung zu überwinden, ist, das zu tun, was sie will.

47 TOD IN DER TIEFE

China hat eine umweltschonende Technologie entwickelt, um die Blaualgenplage loszuwerden.

Wuchernde Blaualgen – chinesische Wissenschaftler können sie nun in den Seen des Landes bekämpfen. Eine neue Technologie ohne Chemikalien schafft das wirkungsvoll: Ein Testversuch im Taihu-See, dem drittgrößten Süßwassersee Chinas, verlief bereits erfolgreich. Der Bestand an Blaualgen wurde um 80 Prozent reduziert. Nun kippt der See nicht mehr um.

Der Taihu-See ist gut viermal so groß wie der Bodensee. Die Algenpest dort wurde mit einem Spezialboot bekämpft, das von Cong Haibing, Professor für Umweltwissenschaften an der Universität Yangzhou, entwickelt wurde. Es wird von einer Drohne gesteuert. Die Methode ist umweltfreundlich, preiswert und vor allem genial einfach: Das Boot kann Algenkolonien gewissermaßen »sterilisieren«, sobald sie an der Seeoberfläche auftauchen.

Die Algen haben eine winzige Lufttasche in ihrem Körper, die für den Auftrieb sorgt. Denn nur an der Wasseroberfläche gibt es genug Licht für Wachstum und Fortpflanzung. Das Boot der Forscher verfügt wiederum über eine spezielle Technik, durch die diese Lufteinschlüsse zerdrückt werden. Das Seewasser wird in zwei Tanks im Boot gesaugt. Der Wasserdruck erhöht sich so stark, bis die Membranen der Algenblasen platzen. Die Algen sinken auf den Grund des Sees und sterben ab. Dadurch müssen sie auch nicht aufwendig entsorgt werden. Sie verrotten natürlich am Boden des Sees. Bis sie nach dem Verlust der Lufttaschen absterben, leben die Algen noch tagelang am Grund des Sees weiter. Sie vermehren sich dort aber sehr viel langsamer. Denn sie erhalten nicht genügend Sonnenenergie für die Fotosynthese.

Die Reinigung von einem Kubikmeter Wasser kostet nur

0,005 Kilowattstunden Strom. »Die Technologie ist energiesparend, umweltfreundlich und effizient. Sie steht im Einklang mit dem Trend der ökologischen Zivilisation«, fasst Professor Cong die Innovation zusammen. Die Methode soll nun auch in anderen großen Gewässern angewendet werden. Die Investitionen für die Boote sind überschaubar, der Schaden, den die Algen anrichten, ist viel größer.

Blaualgen sind eigentlich keine Algen und damit keine Pflanzen. Sie hören zu den Bakterien, genauer zu den Cyanobakterien. Blaualgen sind eine der ältesten Lebensformen auf der Erde. Sie sind bis zu 3,5 Milliarden Jahre alt. Sie können sich von fast allem ernähren, was Stickstoff und Phosphor enthält. Sie mögen damit auch städtische Abwässer, industrielle Schadstoffe und landwirtschaftliche Düngemittel. Die Algen verringern den Sauerstoffgehalt im Wasser, und sie produzieren große Mengen an Giftstoffen, die sowohl für Tiere als auch für Menschen schädlich sind.

Cyanobakterien nehmen auch aufgrund des Klimawandels weltweit überhand. Eine massenhafte Vermehrung von Blaualgen erkennt man an der blaugrünen Verfärbung eines Gewässers. Das ist auch in Deutschland ein großes Problem. Das rheinland-pfälzische Umweltministerium riet etwa im Sommer 2022 wegen einer Blaualgenplage im Niedrigwasser erstmals davon ab, Mosel-Fische zu essen. Die Mosel litt unter so vielen Blaualgen wie noch nie. An deutschen Badeseen sind Algenwarnungen inzwischen ebenfalls üblich, in der Ostsee sind die Blaualgen im Hochsommer eine regelmäßig wiederkehrende Plage. Schlucken die Badegäste Wasser, wird es gefährlich. Die Toxine der Cyanobakterien verursachen Übelkeit, Erbrechen, Durchfall oder Atemwegserkrankungen. Manchmal schon bei Hautkontakt.

Auch in Europa gibt es innovative Projekte gegen die Algenplage. Anfang 2023 hat in der Türkei die erste CO_2-negative Bioraffinerie Europas eröffnet. Sie wurde zu 85 Prozent von der EU gefördert.

Bei dem Projekt geht es darum, die Algen sinnvoll zu nutzen: Sie werden zu Bio-Jet-Treibstoff. Doch dazu müssen die Algen erst aufwendig manuell von der Wasseroberfläche entfernt werden. Das lohnt sich wiederum erst bei sehr großen Mengen.

Eine andere Methode ist die chemische Bekämpfung. Die ist jedoch teuer und kann die Umwelt dauerhaft schädigen. Mal sehen, wie lange es dauern wird, bis die Trendsetter-Technologie aus China auch in Europa zum Einsatz kommt. Und schon schade, dass wir nicht auf diese einfache und überzeugende Idee gekommen sind. Wir müssen uns darauf einstellen, dass die 1,4 Milliarden Chinesen immer besser in der Lage sind, global relevante Innovationen voranzutreiben.

48 DIE ZUNGE

Weil Peking viele Inseln im Südchinesischen Meer beansprucht, kommt es auch zu Muskelspielen mit der Weltmacht USA.

»Die Zunge« nennen US-Strategen das Gebiet wegen seiner Form. Es erstreckt sich über 2000 Kilometer und liegt im Süden des chinesischen Festlandes. Für Peking sind die in diesem Gebiet liegenden Inseln inklusive Taiwan ein Teil Chinas. Anrainerstaaten wie Japan, Südkorea, Vietnam, die Philippinen oder Indonesien beanspruchen die Inseln zwar ebenfalls für sich. Doch Peking bebaut ein unbewohntes Atoll nach dem anderen mit Stützpunkten und hisst die chinesische Flagge. Es geht Peking um eine strategische Pufferzone für das Festland, um die Kontrolle der Seewege, um Hochseefischerei und um Öl. Es herrscht das Recht des Stärkeren, denn die rechtliche Lage ist komplex. Die Philippinen haben vor dem

Ständigen Schiedshof in Den Haag geklagt und 2016 recht bekommen. China darf die Inseln nicht für sich beanspruchen. Das Problem: Das Seerechtsübereinkommen der Vereinten Nationen (UNCLOS), auf dem das Urteil basiert, wurde von 165 Ländern ratifiziert. Nicht aber von den USA und China. Hinzu kommt: Die Anrainerstaaten sind hin- und hergerissen zwischen Kooperation und Konfrontation mit China. Denn sie haben gemeinsam RCEP gegründet, die größte Freihandelszone der Welt.

Washington versucht gegenzuhalten. Es schickt immer bessere Flugzeugträger in die Region. Zum Beispiel die USS *Carl Vinson,* nach ihrer Überholung im Herbst 2020 einer der modernsten US-Carrier. An Bord die neuen Tarnkappenjets F-35C Lightning II. Die *Vinson* ist bislang der einzige Flugzeugträger mit den Supersonic-Jets. Seine Verlegung zeigt, wie ernst Washington der Konflikt dort ist. Die Nachbarstaaten schwanken jedoch, ob sie die Hilfe der Amerikaner annehmen sollen. Und die Amerikaner zögern, einen Krieg wegen der Inseln zu beginnen. Dafür gäbe es keinen Rückhalt in der eigenen Bevölkerung. Einstweilen bleibt ihnen nur, den Druck hochzuhalten, zumal die Chinesen sich nicht wegducken. Neuerdings halten sie sogar Übungen in der Celebessee ab, einem Randmeer des Pazifischen Ozeans östlich der Philippinen und Indonesiens.

Am 21. Dezember 2021 kam nach amerikanischen Meldungen ein chinesischer J-11-Jet einem amerikanischen RC-135-Flugzeug bis auf sechs Meter so nah, dass der US-Pilot ein riskantes Ausweichmanöver fliegen musste. Peking behauptete das Gegenteil: Die USA hätten »die Weltöffentlichkeit getäuscht«. Seitdem kommt es immer wieder zu solchen Konfrontationen. Erst im Juni 2023 flogen ein chinesischer J-16-Jet und ein amerikanisches RC-135-Aufklärungsflugzeug wieder so gefährlich nah aneinander vorbei, dass ein riskantes Ausweichmanöver nötig wurde. Die USA erklärten, der Vorfall habe sich im internationalen Luftraum ereignet, Peking sagte, er habe im chinesischen Luftraum stattgefunden. Die Amerikaner sprachen von »unnötig aggressiven Manövern«, die Chinesen von »gefährlichen Provokationen«.

Wie wird es weitergehen? Die punktuelle militärische Konfrontation im Südchinesischen Meer wird zunehmen. Die Inseln bleiben wahrscheinlich chinesisch. Einen Krieg wird es deswegen wohl nicht geben. Die USA wollen politisch Druck machen, haben aber eben kein Interesse an einem militärischen Konflikt. Und Peking einstweilen auch nicht. Das könnte sich ändern, sollte eine rote Linie überschritten werden. Für Peking wäre diese rote Linie ein Bruch der USA mit dem Ein-China-Prinzip und die Anerkennung Taiwans. Für Washington wäre diese rote Linie ein Einmarsch der Chinesen in Taiwan. Beides ist derzeit eher unwahrscheinlich. Die beiden wahrscheinlichsten Varianten: Alles bleibt so, wie es ist, oder Peking und Taipei einigen sich friedlich.

49 MIT BAUCHGEFÜHL

In Tests von ADAC und *Auto Bild* bestehen die ersten chinesischen E-Autos gegen deutsche Wettbewerber.

Überall Zeitenwenden. Diesmal in der deutschen Automobilgeschichte: Ausgerechnet der MG4, ein Auto des Shanghaier Staatskonzerns SAIC, wichtigster Joint-Venture-Partner von Volkswagen in China, tritt im unerbittlichen Vergleichstest gegen den ID.3 von VW an.

SAIC gehört zu den siebzig größten Konzernen der Global Fortune 500 und hat 200 000 Mitarbeiter. SAIC, seit 17 Jahren chinesischer Marktführer, verkaufte 2022 5,3 Millionen Autos. In der globalen Rangliste der E-Auto-Hersteller rangiert das Unternehmen hinter dem US-Hersteller Tesla und dem südchinesischen Konzern BYD auf Platz drei, mit 1,1 Millionen verkauften E-Autos.

»Wird das der neue Volkswagen?«, titelten die ADAC-Tester. Sie interessiert nicht, ob China als gut oder böse gilt. Sie wollen nur wissen, was der Kunde für sein Geld bekommt und ob die Kiste den Crashtest besteht.

Während die Tester das Außendesign des ID.3 für »glatt gelutscht« halten, wirke der MG4 voller »Angriffslust«. So »eigenständig, wie man es chinesischen Herstellern bisher nicht zugetraut hat«. Das Innere wirke »aufgeräumt«, sei bei den Bedienelementen aber noch »nicht optimal«. Das Fahrverhalten des MG4 empfinden die ADAC-Tester als »sehr angenehm«. Dennoch verschmähe der MG4 keine flotten Kurven. Assistenzsysteme seien zwar zahlreich vorhanden, doch »richtig ausgereift wirken sie noch nicht«, zumindest bei diesem Vorserienmodell.

Die Reichweite kann sich sehen lassen: 360 bis 380 Kilometer weit geht es mit der 64-kWh-Batterie, die sich in 35 Minuten von 10 auf 80 Prozent laden lässt. Dazu gibt es eine Garantie für sieben

Jahre oder 150 000 Kilometer. Der Preis für die Basisversion liege deutlich unter der des ID.3, bei mehr Ausstattung. »Würden nicht auch Image, Händlernetz und Restwert den Kauf mitbestimmen, gäbe es bei dem Preisvorteil der Chinesen nicht mehr viele gute Gründe für den VW ID.3«, fasst der ADAC nüchtern zusammen.

Noch positiver sind die Tester von *Auto Bild*. Sie wollen beide Autos »Bauchgefühl-Tests« unterziehen und nicht nur die nackten Daten vergleichen. Das könnte für den Chinesen hart werden.

»Der MG sieht dynamischer aus«, lautet der erste Eindruck. Er ist auch sieben Zentimeter länger als der ID.3. Dennoch haben die Fondpassagiere im ID mehr Platz, und der Kofferraum ist um 100 Liter größer, allerdings entsteht anders als beim MG eine lästige Stufe.

Innen das Urteil hart und klar: »Der Chinese fühlt sich besser an als der Deutsche. Seine Oberflächenmaterialien wirken hochwertiger, edler.« Das sitzt! Ein Facelift soll dieses Manko bei VW bald beheben. Nicht gut, dass VW nun bereits den Chinesen hinterherlaufen muss. Die warten nicht auf VW, sondern werden ihrerseits nachbessern.

Das Fazit von *Auto Bild*: »Haben die Chinesen bloß kopiert, was bei ihnen vom Band läuft? Nein, sie haben beim MG4 sogar einiges besser gemacht als VW beim ID.3.« Vor allem die »Materialanmutung gefällt«. Und der Preis: »Dieser MG4 ist 6000 Euro günstiger als der ID.3, in der Basis gibt's ihn ab 25 000 Euro. Klingt nach Volkswagen«, rechnen die Redakteure von *Auto Bild* und kommen damit auf eine höhere Summe als der ADAC.

Eine Zeitenwende, die man nicht unterschätzen sollte. Denn fast zwei Jahrzehnte war es anders: 2005 stellte *Auto Bild* dem Jiangling Landwind ein vernichtendes Zeugnis aus: »Das gefährlichste Auto der Welt«. Noch nie in zwanzig Jahren war bei einem ADAC-Crashtest ein Auto so zerschellt. Heute bestehen die chinesischen Autos den Crashtest selbstverständlich.

Auch etwa zehn Jahre später, getestet wurde noch in China, lautet das Urteil über die folgende Generation der chinesischen Autos: »Wir sind entsetzt.« Der Titel: »So schlecht sind Chinas Autos«. Wiederum vier Jahre später ist das Urteil schon differenzierter: Die meisten der getesteten Fahrzeuge »überzeugten diesmal mit modernem Design, guter Verarbeitung und zeitgemäßer Technik«. Allerdings seien die Mängel nicht zu übersehen: Darunter die »unharmonische Abstimmung von Fahrwerk, Lenkung und Antriebskomponenten«. Hier fehle es »schlichtweg an Erfahrung«. Auch in dieser Hinsicht sind die Chinesen inzwischen spitze: Beim Euro-NCAP-Test der sichersten Autos, dem wichtigsten Test in Europa, lagen der WEY 01 und 02 auf Platz fünf und Platz sechs zwischen dem EQE und der C-Klasse von Daimler. Besser waren nur Tesla (Plätze eins und zwei) und der japanische Lexus. Der chinesische NIO eT7 liegt vor dem Mercedes Benz T-Klasse. Und der chinesische Ora Funky Cat vor dem Volvo V40. Der chinesische BYD Atto 3 vor dem VW Tiago. Der Shanghaier Maxus MIFA 9 vor dem VW Multivan. Der chinesische MG 4e vor dem BMW i4. Alle diese Autos haben fünf Sterne bekommen.

Eine weitere Testüberraschung: Der österreichische Automobilclub ÖAMTC und sein norwegisches Pendant NAF haben in Norwegen 29 E-Autos bei bis zu minus 19 Grad Celsius getestet: Das SUV Maxus Euniq6, ebenfalls von SAIC, schnitt mit einem kältebedingten Minus von nur 10 Prozent bei der Reichweite am besten ab. Auf Platz zwei Tesla (minus 16 Prozent). Auf den Plätzen Platz drei und vier wiederum ein MG (minus 17 Prozent). Abgeschlagen der BMW i7 xDrive60 (minus 28 Prozent), der Mercedes EQE 300 (minus 33,4 Prozent) und der Skoda Enyaq Coupé RS (minus 33 Prozent) von VW.

Auch BYD, NIO, Ora, Link & Co. oder Polestar drängen derzeit auf den deutschen Markt, zum Teil mit mehreren Modellen gleichzeitig. Nun werden sich die Tests häufen, in denen die Welt sich andersherum dreht. Chinas Autos werden in Europa Alltag werden. Schneller, als wir heute glauben. Im ersten Quartal 2023 stammen 28 Prozent der nach Deutschland importierten Autos bereits aus China. Dreimal so viele wie im Vorjahreszeitraum.

50 ZWISCHEN TRANSPARENZ UND ÜBERWACHUNG

Chinas Sozialkreditsystem wird nur schleppend umgesetzt, obwohl die Zustimmung im Land dafür hoch ist. Unterschätzen die Chinesen den Spielraum für Datenmissbrauch?

Westliche Studien belegen: Bei Chinas Sozialkreditsystem geht es größtenteils um die Bewertung der Transparenz von Firmen (70 Prozent), nicht um die politische Kontrolle von Individuen (10 Prozent). Das kann sich aber schnell ändern. »Der Westen hat das Sozialpunktesystem falsch verstanden«, konstatiert selbst die *MIT Technology Revue*, eine der führenden wissenschaftlich basierten US-Tech-Zeitschriften. »Das entsetzliche System existiert nicht, und die Zentralregierung scheint auch kein großes Interesse zu haben, es einzuführen.«

Das Sozialpunktesystem befindet sich immer noch im Versuchsstadium. Es soll die Datenspuren, die Menschen und Firmen hinterlassen, daraufhin untersuchen, ob sie verlässlich sind und sich an die Gesetze halten. Auf diese Weise will die chinesische Regierung den Raubtierkapitalismus zähmen. Unternehmen, Banken und Bürgern soll damit ein Instrument an die Hand gegeben werden, das Gegenüber zu beurteilen. Wenn ich zum Beispiel eine Reise buche, kann ich überprüfen, ob die

Reiseplattform verlässlich ist. Das ist der Vorteil. Die Nachteile liegen aber auch auf der Hand. Das System, das Transparenz schaffen soll, kann benutzt werden, um herauszufinden, ob jemand politisch konform ist oder nicht. Ein negatives Ranking kann Einschränkungen in allen möglichen Bereichen nach sich ziehen, ein positives die Karriere fördern oder für eine schnellere Kreditvergabe sorgen.

Über siebzig Kleinversuche gab es bisher, bestimmte Aspekte eines solchen Punktesystems im Alltag zu testen, die teils im Sande verlaufen sind. Das Sesame-Credit-System von Ant Financial, einer Tochterfirma des Online-Konzerns Alibaba, ist das bekannteste. Dort wird allerdings – ähnlich wie bei der deutschen Schufa – vor allem die Kreditwürdigkeit bewertet. Ein ähnliches System nutzt Tencent Credit, wobei das Unternehmen dabei auch auf Daten von WeChat zurückgreift, das neben der Chatfunktion auch um Bezahldienste erweitert wurde.

Weil der Staat diese Form der Kontrolle jedoch nicht der Privatwirtschaft überlassen möchte und die KP selbst über diese Daten verfügen will, soll bis 2025 ein zentralisiertes System aufgebaut werden. Doch zunächst passierte wenig. Das lag nicht nur am politischen Willen, sondern auch an technischen Hürden.

Die Covid-Apps haben gezeigt, wie schwierig die Umsetzung eines zentralen Überwachungssystems ist. Die Datenmengen sind einfach zu groß. Es wimmelte in China nur so von regionalen Apps. Die meisten davon hielten Belastungen nicht stand. Und die Apps schaffen es nicht, sich zu koordinieren. Das heillose Durcheinander führte dazu, dass man immer wieder auch grundlegende Daten wie Passnummer oder Telefonnummer neu eingeben musste.

Der Gesetzentwurf zum Sozialkreditsystem kam im November 2022. Doch darin geht es nur um Maßnahmen zur Förderung des Konsums und der wirtschaftlichen Aktivität. Je mehr die Marktteilnehmer sich gegenseitig trauen könnten, desto aktiver wären sie, so die zentrale These. »Es hat sich nicht viel geändert«, so Jeremy

Daum, der an der Yale University chinesisches Recht lehrt. Es gehe vor allem um Kreditwürdigkeit und Sozialverhalten, um Umweltschutz, Antikorruption, irreführende Werbung, Produktpiraterie oder um Krankenhäuser, die die Versicherung betrogen haben. Davon betroffen seien also vornehmlich Institutionen und Unternehmen. »Es gibt kein zentrales Kreditpunktesystem für Individuen«, fasst die *MIT Technology Revue* den Gesetzentwurf zusammen. »Und die chinesische Regierung hat nie davon gesprochen, dass sie ein solches System anstrebt.« Das Ergebnis der sonstigen Datenerfassung ist im Übrigen für jeden Chinesen transparent auf der Plattform Credit China einzusehen.

Dabei wäre die Bevölkerung offen für weiter gehende Schritte, wie eine repräsentative Studie der Freien Universität Berlin zeigt: 80 Prozent von 2000 überregional befragten Chinesen sind bereit, ihre privaten Daten preiszugeben, damit das soziale und wirtschaftliche Leben stabiler, verlässlicher und risikoärmer wird. Je gebildeter, desto größer die Zustimmung. Die Nachteile sind ihnen nicht so wichtig.

Woran liegt das? Die Älteren haben noch das Chaos der Kulturrevolution erlebt, die Jüngeren die Korruption und die Intransparenz während des historisch einmaligen Wirtschaftsbooms. Stabilität ist ihnen jetzt wichtiger als Datenschutz. Aber das muss nicht immer so bleiben. Das Datenschutzbewusstsein wächst, Peking muss sich also mit der Umsetzung beeilen. Gerade weil der Schritt von einer zentralisierten KI-basierten Schufa zum Orwell'schen Konsumenten ohne politischen Spielraum nur ein kleiner ist, wird die Toleranz der Bevölkerung dafür mit den Jahren sicherlich nicht größer.

51 KRIEGSMÜDE

Die meisten amerikanischen Militärinvasionen der letzten Dekaden waren erfolglos. Die USA ziehen sich zurück. Ein Krieg um Taiwan wird damit unwahrscheinlicher.

Der amerikanische Präsident Joe Biden ist Realist: Die Wähler im Land wollen, dass er sich auf das heimische Wachstum konzentriert, anstatt für viel Geld, unter großen Opfern, aber ohne Ergebnis Weltpolizei zu spielen. Und auch die Welt sieht die USA in dieser Rolle zunehmend kritisch. Viele aufstrebende Länder, nicht nur in Asien, sind von Chinas Wachstum abhängig. Sie neigen im Zweifel zu Peking.

Zudem wäre ein Krieg mit China um Taiwan ein logistischer Kraftakt. Während China quasi von zu Hause aus agieren kann, müssten die US-Militärs große Distanzen überwinden. Hinzu kämen die Folgekosten: Biden müsste im Falle eines Sieges die Insel jahrzehntelang subventionieren. Denn Taiwans Wirtschaft produziert und verkauft das meiste auf dem Festland. Ein Angriff der Chinesen birgt das Risiko, dass Infrastruktur und Industrien auf der Insel zerstört werden. Allein bei den Exporten macht China einen Anteil von 42 Prozent aus, was auf dem Festland für das Festland hergestellt wird, ist dabei noch nicht berücksichtigt. Da hier das Weltzentrum der Chipindustrie liegt und auch für die USA produziert wird, wird Washington eine Eskalation zu vermeiden versuchen. Kein Land der Welt möchte, dass die Chipproduktion auf Taiwan zum Großteil oder völlig zum Erliegen kommt. Das würde die Weltwirtschaft komplett und für Jahre lahmlegen.

Die Globalisierung spricht ebenfalls gegen einen Krieg. Die großen Probleme der Welt wie der Klimawandel lassen sich nur mit China lösen. Es macht deshalb mehr Sinn, mit China zu kooperieren als es zu isolieren. Bidens Realpolitik sieht so aus: verbale Abschreckung, Manöver und vor allem Waffenverkäufe an Taiwan. Allein im September 2022 hat Biden die Ausfuhr von Waffen im Wert von einer 1,1 Milliarden Dollar genehmigt, im März 2023 war es noch einmal Gerät für 619 Millionen. Das freut Bidens Wähler, denn das hilft der Wirtschaft.

Dass Biden sich keinen Krieg leisten kann und will, könnte jedoch die Verlockung für Peking größer werden lassen, sich Taiwan zu holen, so wie Putin die Krim. Für Peking ist Taiwan ein nationaler Makel, und es ist sicherlich Präsident Xi Jinpings Traum, als derjenige in die Geschichte einzugehen, der Chinas Einheit vollendet hat. Doch Xi ist kein Hasardeur. China wäre nach einer Taiwan-Invasion global isoliert, mit 18 Prozent Anteil an der Weltwirtschaft. Chinas Hightech-Unternehmen sollen aber Global Player werden. Wachstum ist im Zweifel wichtiger für Xis Machterhalt.

Zudem braucht Xi keinen außenpolitischen Befreiungsschlag. International schwindet der Rückhalt für Taiwan weiter, und die Abhängigkeit der taiwanesischen Wirtschaft vom Festland steigt. Deshalb hat Xi in seiner Rede zur 20. Parteitagung im Herbst 2022 zwar betont, die Wiedervereinigung sei zwingend, aber offengelassen, wann und wie das passieren soll. Der taiwanesische »Außenminister« Joseph Wu geht denn auch davon aus, dass die Lage erstmal friedlich bleibt: »Ich glaube nicht, dass die Chinesen in den nächsten Jahren militärische Gewalt gegen Taiwan anwenden werden.«

52 MEGA-MUSIK-MONOPOLIST

Peking hat das Monopol von Tencent Music im zweitgrößten Streaming-Markt der Welt gebrochen.

Pekings Wettbewerbshüter haben den Kampf gegen Chinas Mega-Musik-Monopolisten Tencent Music gewonnen. Aber sie haben das Unternehmen nicht zerstört, sondern es mit neuen Gesetzen gezähmt. Wettbewerber haben jetzt mehr Chancen. Tencent ist mit einem blauen Auge davongekommen und kann weiterwachsen.

Jahrelang war Chinas Musik-Streaming-Markt berüchtigt für seine Raubkopien. Die hat Peking vor sieben Jahren verboten. Gleichzeitig hat es jedoch auch den Markt für westliche Anbieter geschlossen. So konnten chinesische Unternehmen, gemessen am Umsatz, den zweitgrößten Streaming-Markt der Welt nach den USA aufbauen. Allerdings liegt China beim Abonnentenanteil pro Kopf erst bei 30 Prozent des Volumens der USA.

Marktführer ist Tencent Music aus Shenzhen. Es hat mit 13 Prozent Abonnenten-Weltmarktanteil bereits die Größe von Amazon Music oder Apple Music. Aber erst die Hälfte von Spotify. In China jedoch ist es Tencent Music mit über 70 Prozent Marktanteil gelungen, ein Quasi-Monopol aufzubauen. Musiklizenzen wurden zu Knebelpreisen eingekauft und zu Wucherpreisen an Wettbewerber weitergedealt. So handeln Monopolisten, wenn kein Staat sie diszipliniert.

Dieses Monopol hat Peking 2021 gebrochen. Einseitige Musiklizenzverträge mussten innerhalb von dreißig Tagen beendet werden. Damit verloren die Tencent-Kanäle zum Beispiel die Erlaubnis, Musik des taiwanesischen Sängers und Rappers Jay Chou exklusiv in China anzubieten. Er gilt als der erfolgreichste Popstar Asiens. Chou hat in den vergangenen gut zwanzig Jahren über dreißig Millionen Tonträger verkauft. Für Asien spitze, aber eben nur 20 Prozent dessen, was Kanye West im gleichen Zeitraum weltweit umgesetzt hat.

Wer 2004 beim Tencent Music IPO eingestiegen ist, fuhr bis Februar 2021 gut damit. Trotz der ein oder anderen Achterbahnfahrt gab es eine Steigerung um fast 100 Prozent. Dann ging es in der Neuregulierungsphase steil bergab. Seit Oktober zieht die Aktie wieder rasant an. Denn nach ersten Schocks und Verunsicherung zeigte sich: Pekings Wettbewerbshüter haben mit dem Holzhammer gehandelt, aber im Sinne von mehr Marktwirtschaft. Die Wettbewerber können sich viel besser entfalten, und Tencent Music kann dennoch weiterwachsen. Die Einnahmen sind auch 2021 um 7,2 Prozent auf umgerechnet 4,9 Milliarden Dollar gestiegen. Die des bisher geknebelten wichtigsten Wettbewerbers Netease stiegen um 43 Prozent auf 1,1 Milliarden Dollar. Auch die anderen 14 Audio-Streaming-Dienste mit täglich mindestens einer Million aktiven Nutzern, die sich bisher einen Marktanteil von 30 Prozent teilen mussten, atmeten auf.

Für Tencent begann 2022 mit einem Umsatzrückgang von einem Prozent und einem Gewinnrückgang von 14 Prozent. Doch das letzte Quartal des Jahres zeigte schon wieder ein Wachstum des Nettogewinns um 19 Prozent. Im ersten Halbjahr 2023 hat die Aktie um über 7 Prozent zugelegt. Auch deshalb, weil Peking die Internationalisierung von Tencent Music, entgegen vielen Befürchtungen, nicht ausgebremst hat: Tencent und die schwedische Streaming-Plattform Spotify halten weiterhin jeweils 9 Prozent aneinander. Zudem ist Tencent Music mit 10 Prozent an der Universal Music Group beteiligt und mit 5,2 Prozent an der Warner Music Group, den beiden führenden amerikanischen Musik- und Entertainment-Labels. Interessant ist, dass es trotz der politischen Probleme zwischen den beiden Weltmächten weder aus Washington noch aus Peking Druck gibt, diese Verflechtung zu entkoppeln. Auch dies war eine oft geäußerte Befürchtung. Allerdings mehr im Westen als in China.

Eine der größten Herausforderungen für Tencent ist es nun, den ersten chinesischen Superstar global zu etablieren. Langfristig soll auch ein Musikstrom aus China und Asien in den Westen fließen. Die vom Westen dominierte globale Softpower soll durch mehr Pop aus Asien vielfältiger werden.

Südkorea führt den Trend an: Die südkoreanische Boyband BTS hat bereits die Petshop Boys als erfolgreichste Boyband der Welt überholt. Seit den Beatles hat es niemand geschafft, drei Billboard-Nummer-eins-Alben in einem Jahr zu platzieren. Und BTS hat als erste nicht englischsprachige Band im ausverkauften britischen Wembley-Stadion und im Rose-Bowl-Stadion bei Los Angeles gespielt. Die gut gelaunten, züchtigen, unpolitischen, aber durchaus selbstironischen Milchbubis (bloß kein Bart) sind bereits global stilprägend. Seit dem Sommer 2022 machten sie allerdings Pause. Erst zum zehnjährigen Bühnenjubiläum im Juni 2023 kam der neue Song »Take Two« auf den Markt. Und die BTS-Jungs gaben ein Konzert vor über 400 000 Zuschauern.

In Peking ist man überzeugt: Eine chinesische Boyband könnte das auch hinbekommen. Mit Hilfe von Tencent Music & Co. ist das nicht mehr unvorstellbar. In der neuen multipolaren Weltordnung wird auch multipolare Softpower normal werden. Von Softpower spricht selbst die Kommunistische Partei in ihrem Report zur 20. Parteitagung im Herbst 2022. Doch sie versteht darunter bestimmt etwas anderes als Tencent Music. Mal sehen, wer sich am Ende durchsetzt. Der Markt mit seinen Konsumenten – oder die Partei.

53 SENDUNGSBEDÜRFNIS

Der schwedische Telko-Hersteller Ericsson darf in China 5G-Marktanteile hinzugewinnen, während Huawei in Schweden keine 5G-Netze mehr aufstellen darf.

Die schwedische Regierung hat Huawei bereits 2020 vom Ausbau des 5G-Netzes ausgeschlossen. Bis 2025 dürfen keine Produkte von Huawei und ZTE mehr in Schwedens 5G-Netz verbaut werden – wegen Sicherheitsbedenken, wie es heißt. Huawei hat in Stockholm gegen den Ausschluss geklagt und den Prozess im Juni 2022 verloren. Auch die Europäische Union rät ihren Mitgliedern im Sommer 2023, Huawei vom europäischen 5G-Netz auszuschließen. Die meisten Länder halten sich jedoch nicht daran. Darunter die vier wirtschaftlich größten EU-Länder Deutschland, Frankreich, Italien und Spanien.

Deutsche Politiker werben ebenfalls für den Ausschluss, darunter nicht nur Mitglieder der Grünen, sondern erstaunlicherweise auch der CDU-Vorsitzende Friedrich Merz. Er stützt seine Positionen auf Argumente, die schon 2020 falsch waren und nun noch falscher sind: »In der Huawei-Debatte ist untergegangen, dass kein europäisches Telekommunikationsunternehmen Marktzugang nach China hat«, so Merz. Gleiches hat auch Norbert Röttgen als Vorsitzender des Auswärtigen Ausschusses des Bundestages mehrfach behauptet: »Peking käme gar nicht auf die Idee, sein 5G-Netz für ausländische Anbieter zu öffnen.«

Mit der Realität hat das wenig zu tun. Der 5G-Markt ist für die Europäer nicht nur nicht geschlossen, Peking lässt sogar zu, dass er 2023 noch weiter geöffnet wird. Und zwar trotz des Verbotes von Huawei 5G in Schweden auch für den schwedischen Anbieter Ericsson.

Die staatliche Telefongesellschaft China Mobile hat im Juni 2023 in ihrer Ausschreibungsrunde 16 Prozent ihres 5G-RAN-Netzes im Frequenzbereich 2,5 GHz und 4,9 Ghz an Ericsson und den finnischen Wettbewerber Nokia vergeben. Dies bedeutet eine Verdopplung des Anteils für beide Unternehmen im chinesischen Markt. Peking hat also offensichtlich keine Sorge, dass sensible Daten aus China abfließen und die EU im Konfliktfall das chinesische Netz stören könnte.

Ericsson darf sich sogar auch auf die 5G-Netze privater Firmen konzentrieren. In den Netzen Mobile Core Networks (MCN) und Multi-Access Edge Computing (MEC) fließen ebenfalls sensible Daten. Allein der MCN-Markt in China hat sich seit 2020 verdoppelt und 2023 ein Volumen von umgerechnet 5,76 Milliarden Euro erreicht. Zwar hat Huawei auch hier einen starken Heimvorteil. Aber Fang Ying, Präsident von Ericssons China-Geschäft, nimmt die Herausforderung mit der neuen Abteilung Business Area Enterprise Wireless Solutions an. Zudem baut Ericsson zusammen mit China Mobile Zhejiang in zehn chinesischen Städten ein 5G-Frühwarnsystem für den Naturkatastrophenschutz auf – auch ein sicherheitsrelevanter Bereich.

Dennoch verliert Ericsson insgesamt im Vergleich zu Huawei immer mehr den Anschluss. Schon bei 5G lagen 60 Prozent des Weltmarktes überwiegend bei chinesischen Unternehmen. Es könnte also der Fall eintreten, dass China bei 6G seinen Markt zwar offen lässt, die Europäer aber nicht mehr wettbewerbsfähig sind und damit als Lieferanten nicht infrage kommen. Die internationale Telecommunications Union (ITU) wird bereits 2024 beginnen, die 6G-Standards zu setzen. Danach kann der Ausbau beginnen. China ist mit einem Anteil von über 40 Prozent schon heute weltführend bei den 6G-Patenten: mit über 20 000, so eine Studie des japanischen Medienkonzerns Nikkei.

Schon jetzt müssen Ericsson und Nokia den größten Teil ihrer Forschung und Entwicklung im südchinesischen Shenzhen durchführen. Denn nur dort finden sie die dafür benötigten Spezialisten. Produziert wird die Hardware aus Kostengründen sowieso längst in China – auch die für die EU.

Die Europäer stecken nun in einem Dilemma: Will man technologisch in Europa führend sein, ist es bereits zu spät, um auf Huawei verzichten zu können. Die Regierungen in Europa, die überlegen, aus Sicherheitsbedenken auf den Anbieter aus China zu verzichten, müssten ihren Wählern dann folgende Frage stellen: Wie viel Verlust an Wirtschaftskraft bei einer EU-weiten Inflation von 8 Prozent und nur einem Prozent Wachstum darf der Verzicht auf chinesisches 5G oder 6G ausmachen? Von dem Verlust an technologischer Innovationsfähigkeit ganz zu schweigen. Eine Studie von Oxford Economics kommt 2023 zum Ergebnis: Allein der Ausschluss von Huawei würde die Investitionskosten um mehrere 10 Milliarden Euro erhöhen. Der Schaden, der aus der niedrigen Innovationskraft resultieren würde, ist ungleich höher. Die Kosten müssten der Staat und damit der Steuerzahler und/oder die Telekommunikationskunden tragen.

Es könnte also bei 5G eine Entwicklung wie beim deutschen Atomausstieg drohen. Damals haben die Grünen und Bundeskanzlerin Angela Merkel das Wahlvolk im Unklaren über die realen Folgen gelassen.

Eine repräsentative Civey-Umfrage vom Frühjahr 2023 zeigt, wie unentschlossen die Deutschen sind: Auf die Frage: »Stellt China eine Bedrohung für Deutschlands Sicherheit dar?« antworteten 18 Prozent klar mit Nein und 23 Prozent mit einem klaren Ja.

Eines zeichnet sich in der 5G-Debatte ab: Obwohl die europäischen Telekomanbieter und nicht der Staat für die Sicherheit der Daten ihrer Kunden verantwortlich sind, wollen sie nicht auf Huawei verzichten. Ihre Risikoeinschätzung kommt ohne Wenn und Aber: »Ein Fernzugriff für Herstellerfirmen ist nicht möglich«, stellt zum Beispiel die Deutsche Telekom fest. Und Vodafone warnt bereits vor anhaltenden Netzproblemen beim Ausschluss chinesischer Hersteller.

Das nüchterne Urteil der Profis: Unsere alltägliche digitale Kommunikation wird ohne Huawei und Co. langsamer, weniger stabil und teurer, aber nicht wirklich sicherer. Eine Einschätzung, die im Übrigen auch das Bundesamt für Sicherheit in der Informationstechnik (BSI) teilt, das selbst LTE-Router von Huawei einsetzt.

54 LGBTQ CHINA-STYLE

Chinas LGBTQ-Bewegung kämpft gegen die Repressionen des Staates, aber auch gegen die Einseitigkeit der westlichen Regenbogen-Community.

Die KP lässt Organisationen verbieten, die sich für die Rechte der LGBTQ-Gemeinschaft einsetzen. Dabei waren Menschen, die sich abseits der traditionellen Familien- und Geschlechtervorstellungen bewegen, noch nie so sichtbar und so alltäglich wie heute. Mitte Mai 2023 erst wurde das Beijing LGBT Center geschlossen. Es war die wohl bekannteste Vereinigung für Menschen in China, die sich als lesbisch, schwul, bisexuell, transgeschlechtlich oder queer identifizieren. Das bereits 2008 gegründete Zentrum hatte sich für ihre Rechte eingesetzt, aber auch einfach nur Orientierungshilfe angeboten. Die Linie der Partei ist klar. Jede und jeder kann – unauffällig – leben, wie sie oder er will, aber die KP möchte nicht, dass sich Menschen mit gleichen Anliegen zusammenschließen und politisch aktiv werden. Das gilt nicht nur für die LGBTQ-, sondern auch für zahlreiche andere zivilgesellschaftliche Bewegungen.

Schon 2021 wurde die Gruppe LGBT Rights Advocacy China aufgelöst, die sich vor Gericht für Homosexuelle eingesetzt hatte. Im selben Jahr wurden fast zwanzig WeChat-Konten von LGBTQ- und Gender-Studiengruppen geschlossen. Besonders schwierig ist es, wenn die zivilgesellschaftlichen Gruppen internationale Kontakte haben oder gar Ableger internationaler NGOs sind. Für die gilt seit 2017: »Sie dürfen Chinas nationale Einheit, Sicherheit oder ethnische Einheit nicht gefährden. Sie dürfen Chinas nationalen Interessen und öffentlichen sozialen Interessen nicht schaden«, so der Gesetzestext. Was darunter zu verstehen ist, regelt die Partei. Das Beijing LGBT Center hatte beispielsweise eine Hotline für Selbstmordgefährdete eingerichtet. Hier meint die KP, dass die allgemeinen Hotlines für Gefährdete ausreichen würden, was nicht überzeugend ist, da LGBTQ spezielle Probleme haben. 2016 führte das Center etwa die bis dahin größte Umfrage zu Fragen der sexuellen und geschlechtlichen Vielfalt in China durch. Mehrmals waren chinesische Universitäten an den Forschungen des Zentrums beteiligt. Das war der Partei schon zu viel Politik oder genauer gesagt politischer Protest. Der Filmemacher Popo Fan, einer der Gründer, schreibt über die Schließung des Zentrums auf seiner Facebook-Seite: »Dies ist nicht nur ein großer Verlust für die LGBTQ-Kultur und die Zivilgesellschaft in China, sondern bedeutet auch, dass viele der Unterdrückten ihr Zuhause verloren haben.« Zwar ist Homosexualität seit 1997 in der Volksrepublik offiziell entkriminalisiert. Die offizielle gleichgeschlechtliche Ehe ist – anders als in Taiwan – jedoch nach wie vor verboten, sexuelle Orientierungen jenseits des Mainstreams sind im Alltag oft mit Tabus belegt, vor allem auf dem Land. Anders als im Westen, wo es inzwischen darum geht, dass Minderheiten die Chance auf eine größtmögliche Sichtbarkeit haben sollen, hat man in China den Eindruck, dass es der Partei wichtiger ist zu verhindern, dass die Mehrheit sich provoziert fühlten könnte. Hunderte Millionen von Chinesen leben noch viel traditioneller als die Deutschen in den 1950er-Jahren.

Um die Frage, wie viel politischen Aktivismus die Bewegung braucht und ob der Westen dabei ein Vorbild ist, gibt es eine rege Debatte in der LGBTQ-Bewegung. »Was ich im Alltag sehe, passt nicht zu den düsteren Bildern der westlichen Medien«, sagt Cyril Ip, ein Hongkonger Kolumnist bei der freien *South China Morning Post* und selbst schwul. »Die meisten queeren Chinesen wollen Liebe und Akzeptanz, aber keine Pride-Paraden.« Selbstverständlich kritisiert Ip auch die staatlichen Repressionen: »Der Bewegung werden Steine in den Weg gelegt, und sie muss Rückschläge einstecken.«

Doch nach ein paar Tagen in der LGBTQ-Hauptstadt Chengdu, einer 16-Millionen-Metropole in Zentralchina, stellt Ip fest, dass händchenhaltende Schwule oder Lesben viel mehr und selbstverständlicher zum Alltag der Stadt gehören als in Hongkong. Allerdings: »Chengdu ist nicht ganz China.« Aber auch Brighton oder San Francisco stünden nicht für ganz England oder die USA. Anders als zum Beispiel die britische Gay-Hauptstadt Brighton komme Chengdu ohne die allgegenwärtigen regenbogenfarbenen Symbole aus. Und dennoch gebe es viele Bars, in denen sich überwiegend queere Menschen treffen. Sie integrierten sich »wie selbstverständlich« in die chinesische Teehauskultur: »Für viele Chinesen ist ihre Sexualität eben nur ein Teil dessen, aber nicht alles, was sie sind«, sagt Ip und kritisiert: »Der Westen versucht die Art und Weise, wie man gay zu sein hat, zu monopolisieren, indem man zum Beispiel bestimmte Slogans benutzen soll.« Auch die Kommerzialisierung der Bewegung wie in den USA sei kein Vorbild für China. Firmen und Politiker schmückten sich dort mit den Regenbogenfarben, um zu zeigen, wie offen sie seien. »Das funktioniert so nicht in China und auch nicht in den meisten asiatischen Gesellschaften«, denn für die sei »die Gemeinschaft wichtiger als das Individuum«, erklärt Ip. Die chinesische queere Community möchte politisch aktiv sein dürfen und »frei sein von homophoben Anfeindungen, aber auch frei von westlichen Blickwinkeln und Verhaltensmustern, wie offen man als queerer Mensch zu leben hat«.

55 DER WIDERSPENSTIGEN ZÄHMUNG

Mit massiven staatlichen Eingriffen versucht Peking, Chinas Privatwirtschaft zu bändigen. Doch gelingt das?

In Präsident Xi Jinpings hartem Durchgreifen gegen die Privatwirtschaft sehen manche eine Rückkehr zu Mao. Eine jüngst veröffentlichte Studie des Washingtoner Peterson Institute for International Economics (PIIE), eines der renommiertesten US-Thinktanks, kommt jedoch zu einer anderen Einschätzung: Der Staat zähme zwar die Entwicklung der Privatunternehmen und stelle sich gegen Ausbeutung und Monopole. Aber er könne die Privatisierung nicht aufhalten. Im Gegenteil: Chinas größte Privatunternehmen würden schneller wachsen als ihre staatlichen Pendants.

Das Ergebnis überrascht, denn von außen könnte man meinen, dass Chinas Wirtschaft seit der Öffnung des Landes Anfang der 1980er-Jahre noch nie so unterdrückt wurde wie unter Xi. Der

Eindruck täuscht, sagen die Forscher Tianlei Huang und Nicolas Véron, und präsentieren entsprechende Zahlen: 2011 waren nur 3,8 Prozent der chinesischen Unternehmen auf der Fortune-Global-500-Rangliste privat. Deren Umsatz belief sich auf 104 Millionen Dollar. Zehn Jahre später waren es bereits 19 Prozent mit einem Umsatzvolumen von 1,7 Milliarden.

Betrachtet man den Marktwert der Unternehmen, fällt der Trend noch klarer aus. Der Privatanteil an den hundert größten börsennotierten chinesischen Firmen lag Ende 2010 nur bei 8 Prozent, 2020 bereits bei über 50 Prozent. Das darauffolgende Jahr war allerdings das der massiven Eingriffe. Der Staat knackte die Monopole der großen Tech-Konzerne wie Alibaba und Tencent. Und er stoppte die Maßlosigkeit der Immobilienindustrie. Beides durch neue moderne Antimonopol-Gesetze. Der Privatanteil sank, aber nur auf 48 Prozent. Davon profitierten zahlreiche kleinere Unternehmen, die noch nicht auf der Fortune-Global-500-Liste stehen. Sie haben nun mehr Luft zum Atmen und können leichter aufsteigen.

Dennoch ist der Unterschied zwischen China und den USA noch immer groß: Von 135 chinesischen Firmen auf der Liste sind rund neunzig Staatsunternehmen. Die USA sind zwar insgesamt nur noch mit 122 im Ranking vertreten – aber davon ist kein einziges in staatlicher Hand.

Die neuen harten Spielregeln unter Xi haben bisher also nicht dazu geführt, dass die Privatwirtschaft zurückgedrängt wird. Xi will nicht zu Mao zurück, sondern mehr fairen Wettbewerb auch für die kleinen Unternehmen. Eine Form der sozialen Marktwirtschaft: Es soll eine größere Vielfalt an Unternehmen geben. Deren Gewinne werden gleichmäßiger verteilt. Der Anteil der Privatunternehmen mit staatlicher Beteiligung ist im vergangenen Jahrzehnt stark gesunken. Inzwischen erwirtschaften die Privaten 60 Prozent von Chinas BIP, 70 Prozent der Innovationen werden hier generiert, ebenso hoch liegt der Anteil der Investments. 80 Prozent der städtischen Arbeitsplätze entfallen auf private Firmen, ebenso wie 90 Prozent der neuen Jobs und der Exporte.

Aus der 20. Parteitagung im Herbst 2022 geht Xi mächtiger denn je hervor. Seine erste Anweisung: mehr Spielraum für Privatunternehmen. »Privatunternehmen spielen eine wichtige Rolle bei der wirtschaftlichen Prosperität, bei der Schaffung von mehr Arbeitsplätzen und wenn es darum geht, die Innovationen voranzutreiben«, lässt Xi die staatliche *Global Times* schreiben. Chinas KP-Chef weiß: Nur wenn Chinas Wirtschaft prosperiert und die Menschen mehr verdienen, bleibt die KP an der Macht. Und Prosperität schafft man am besten über marktwirtschaftlichen Wettbewerb. Deshalb darf auch Jack Ma von Alibaba weitermachen. Sechs Börsengänge der verschiedenen Sparten stehen an. Für mehr Wettbewerb innerhalb des Unternehmens und noch mehr Gewinne. Ja sogar der angeschlagene Immobilienkonzern Evergrande, das Epizentrum der Immobilienkrise, existiert nach einer Sanierung weiter, aber nur unter den nun härteren Wettbewerbsbedingungen eines neuen Immobiliengesetzes.

Auch Unternehmen, die aus strategischen Gründen Staatsunternehmen bleiben müssen, dürfen sich nicht ausruhen. Sie müssen sich mehr und mehr im internationalen marktwirtschaftlichen Wettbewerb behaupten. Wenn sie das nicht schaffen, werden sie abgewickelt. Das wissen sie, strengen sich an und sind sehr erfolgreich. Zum Beispiel SAIC, im Jahr 2022 der drittgrößte E-Auto-Hersteller der Welt. Oder CRRC, der größte Schienenfahrzeughersteller der Welt, dessen Hochgeschwindigkeitszüge inzwischen besser sind als der deutsche ICE oder der japanische Shinkansen. Oder China Merchants Ports, einer der erfolgreichsten Hafenbetreiber der Welt. Aber auch die ICBC, die weltgrößte Bank, die zu den Top 20 der Fortune Global 500 gehört.

Das chinesische Staatsunternehmen mit der höchsten Marktkapitalisierung ist nach wie vor der Schnapshersteller Kweichow

Moutai. Sein Wert: 235 Milliarden Dollar. Damit gehört das Unternehmen zu den dreißig wertvollsten Firmen der Welt. Schnaps hat kein Problem, sich auf dem freien Markt zu behaupten, auch nicht in China. Und das, obwohl Xi Jinping schon vor Jahren den Schnapskonsum der staatlichen Kader auf Staatskosten stark eingeschränkt hat. Chinas neue Mittelschicht fängt das durch größeren Konsum nun auf.

56 MACHTVOLLE LÜGEN

Sri Lanka ist bankrott. Ist das Land in Chinas Schuldenfalle getappt?

Beim Stichwort Sri Lanka und Schulden denken viele an die chinesische Schuldenfalle. Daran, wie Peking schwächere Länder der Belt and Road Initiative (BRI), der Neuen Seidenstraße, anlockt und abhängig macht.

Als weltweites Paradebeispiel für Chinas Schuldenfalle gilt Hambantota. Der neue Tiefseehafen Sri Lankas liegt vor der Küste Indiens, an der Hauptschiffsroute zwischen Europa und China. Die Saga: Peking habe Sri Lanka gegen zu hohe Zinsen Geld für einen neuen Hafen geliehen. Peking wolle Sri Lanka so zwingen, China den Hafen für 99 Jahre zu überlassen. Der Hafen war die Garantie für den Kredit. Ein Hafen, der auch militärisch wichtig ist. China und Indien sind Rivalen.

Inzwischen hat Sri Lanka über 50 Milliarden Dollar Auslandsschulden, der Staat kann sie nicht mehr bedienen. Die Inflation liegt 2022 bei 60 Prozent, das Land steckt in der größten Wirtschaftskrise der Staatsgeschichte. Eine Mischung aus schlechter Innenpolitik, dreißig Jahren Bürgerkrieg (bis 2009), einem Tsunami (2004), einem Terrorakt mit über 200 Toten (2019) und schließlich Covid hat das Land in den Ruin getrieben. Die Saga vom bösen Kredithai China, der in Sri Lanka sein Unwesen treibt, hat also einen kleinen Fehler. Sie ist schlicht und einfach falsch. Das belegen Forschungen von Deborah Bräutigam und ihrem Team an der Johns Hopkins University, einer der zehn besten amerikanischen Universitäten: »Die Geschichte ist eine Lüge, eine machtvolle zudem«, sagt Bräutigam, Professorin für politische Ökonomie und eine der meistzitierten Politikwissenschaftlerinnen der amerikanischen Universitätslandschaft. Ein Lehrstück des westlichen China-Bashing, findet Bräutigam. Bashing bedeutet, man macht jemanden schlechter, als er ist, um selbst besser dazustehen.

Es geht schon mit der Machbarkeitsstudie für den Hafen los. Sie kommt nicht etwa aus Peking, sondern wurde von SNC-Lavalin erstellt, einem der größten kanadischen Bauunternehmen. Der kanadische Staat hat sie finanziert, Kosten 1,5 Millionen Dollar. Das Ergebnis: Der Hafen mache wirtschaftlich Sinn. Aber nur wenn ein internationales Joint Venture ihn baue, betreibe und später übergebe: Built-Operate-Transfer (BOT) nennt man das. Die geschätzten Kosten liegen bei rund 1,7 Milliarden Dollar.

Eine zweite europäische Studie kommt zum gleichen Ergebnis. Die renommierte dänische Beratungsfirma Ramboll, die viele EU-Projekte umsetzt, hat sie erstellt.

Mit diesen beiden Studien warb Colombo daraufhin in Kanada, den USA und Indien für das Projekt. Kein Interesse, auch nicht aus der EU. Das Geschäft galt als zu riskant. Die Chinesen scheuten das Risiko jedoch nicht. Die China Exim Bank bot Colombo einen 307-Millionen-Dollar-Kredit auf 15 Jahre an. Die Zinsen sind mit 6,3 Prozent angemessen. Auf dem freien internationalen Markt hätte Sri Lanka 8,3 Prozent Zinsen zahlen müssen, um Geld zu bekommen, hat Bräutigam eruiert.

Colombo managt den neuen Hafen bis 2010 zunächst allein,

doch das klappt nicht, wie die Kanadier und Dänen befürchtet haben. Also darf seit 2016 die chinesische Merchants Group den Hafen betreiben, für 35 Jahre. Aber bereits 2017 ist Sri Lanka international überschuldet. Colombo kann 4,3 Milliarden Dollar nicht zurückzahlen. Die Chinesen halten an der Auslandsverschuldung allerdings nur knapp 10 Prozent. »Sri Lanka hat höhere Schulden bei Japan, der Weltbank oder der Asian Development Bank«, stellt Bräutigam fest. Die meisten Schulden habe Sri Lanka jedoch bei privaten westlichen Banken. In dieser Situation tut Sri Lanka das, was der Internationale Währungsfonds (IWF) in einem solchen Fall rät: Staatsbetriebe versilbern. Wenn Sri Lanka noch weitere Kredite vom internationalen Kapitalmarkt aufnehmen will, bleibt Colombo nichts anderes übrig, als diesem Rat zu folgen. Beim IWF haben die USA das Sagen.

Doch wieder hat niemand im Westen Interesse. Und so gehen 70 Prozent des Hafens für 99 Jahre an China Merchants. Colombo bekommt dafür 1,12 Milliarden Dollar. Das Geld nutzt die Regierung 2017 nicht etwa, um den Kredit der Chinesen zurückzuzahlen. Sie stockt damit die geschmolzenen Devisenreserven auf, das Sparbuch Sri Lankas. Nun hat das Land wieder ein wenig Luft. Doch dann kommt die Covid-Pandemie und gibt Sri Lanka den Rest. Der Tourismus kollabiert. »Unsere Wirtschaft ist völlig zusammengebrochen«, muss Ministerpräsident Ranil Wickremesinghe einräumen. Dann wird er aus dem Amt gejagt. »Sri Lankas Schuldenfalle ist nicht durch China entstanden«, resümiert Deborah Bräutigam. »Es waren vor allen innenpolitische Fehlentscheidungen und internationale private Gläubiger.«

Im Juni 2022 haben die Chinesen noch zwei Hafenkräne geliefert, 10 000 Tonnen Reis und Medizin. Kredite gibt Peking jedoch keine mehr. Die Lage sei zu instabil. Mit dem Rücken zur Wand behauptet Colombo nun, es sei erst von China ausgenommen und dann im Stich gelassen worden. Peking bleibt hart, dafür engagieren sich die Inder stärker. Sie steigen 2022 zum größten Kreditgeber Sri Lankas auf.

Der Hafen ist weiterhin fest in chinesischer Hand: Das Staatsunternehmen China Merchants Ports gehört zu den fünf größten Hafenbetreibern der Welt, und es ist eines der erfolgreichsten. Es betreibt 30 Prozent der Häfen in China und weitere 68 in 27 Ländern, darunter den größten Hafen Brasiliens. Der größte Hafen Afrikas wird gerade in Tansania gebaut, für 10 Milliarden Dollar. Der von Dschibuti am Horn von Afrika, der ebenfalls von China Merchants Ports betrieben wird, ist Chinas wichtigster militärischer Außenposten. Über eine 49-Prozent-Beteiligung am französischen Hafenbetreiber Terminal Link hält das Unternehmen Anteile an den US-Häfen Houston und Miami und an den Häfen im französischen Le Havre und in Marseille. Wenn also ein Unternehmen den Hafen in Sri Lanka erfolgreich zugunsten der Wirtschaft in Sri Lanka betreiben kann, dann China Merchants Ports. Die Wirtschaft bricht 2022 um 7,8 Prozent ein. Das ist die schlimmste Krise seit der Unabhängigkeit von den britischen Kolonialherren 1949. Im Januar 2023 genehmigt Peking Sri Lanka ein Kreditmoratorium. China verzichtet für zwei Jahre auf Zinsen. Die Inder ziehen nach.

Dies sind zwei wichtige Voraussetzungen dafür, dass der von den USA dominierte IWF im März 2023 einen Rettungsfonds für die neue Regierung in Colombo genehmigt: 2,9 Milliarden Dollar bis 2027. Zu diesem Zeitpunkt liegt die Inflation schon bei über 50 Prozent. Eine Auflage lautet nun wieder: mehr privatisieren. Also unterschreibt Sri Lanka im April mit einem chinesischen Konsortium unter der Führung der China Merchants Port Holdings einen Vertrag zum Bau des größten Logistik-Hubs in Südostasien im Wert von 392 Millionen Dollar. Weil Sri Lanka kein Geld hat und die Privatisierungsforderungen des IWF erfüllen muss, gehören den Chinesen 70 Prozent des Projektes. Sie werden es bauen und betreiben und erst nach fünfzig Jahren an Sri Lanka übergeben.

Auch das S-Bahn-Projekt in der Hauptstadt Colombo soll wiederbelebt werden. Es musste 2020 wegen der Wirtschaftskrise gestoppt werden. Japan hatte bereits 2019 einen Kredit über 1,9 Milliarden Dollar genehmigt. Allerdings mit der Auflage, dass 30 Prozent der verwendeten Technologie aus Japan kommen müssen. Käme die S-Bahn aus China, wäre sie deutlich günstiger. Sri Lanka will die S-Bahn unbedingt, um das Verkehrschaos zu entschärfen, und verspricht 20 Prozent Gewinn am Investment. Das überzeugt die Japaner schließlich, weiterzumachen. Sie gelten als die engsten Alliierten der USA in Asien. Damit eignen sie sich gut, die chinesischen Investitionen auszutarieren.

57 WIE WECHAT

Elon Musk hat im Oktober 2022 Twitter übernommen. Er will X, wie Twitter nun heißt, zu einer Super-App wie WeChat ausbauen.

»WeChat is kickass«, sagt Elon Musk. Kickass mit »toll« zu übersetzen, wäre zu kurz gegriffen. Denn darin steckt auch, dass WeChat einen in den Hintern tritt, also herausfordert, es besser zu machen. Das will Musk schaffen. Er will Twitter, das er 2022 gekauft hat, zu einem westlichen WeChat werden lassen. »Das ist eine wirklich herausragende App. Wir haben außerhalb Chinas nichts dergleichen.« Musk versucht dabei, von der westlichen politischen Skepsis gegenüber dem chinesischen Original zu profitieren. Sie rührt daher, dass der chinesische Staat auf die WeChat-Daten zugreifen kann. Und das sind viele. In China kann man ohne WeChat den Alltag nicht mehr bewältigen.

Deshalb ist WeChat weltweit die erfolgreichste Universal-App. China ist es mit WeChat zum Beispiel als erstem Land weltweit gelungen, Bargeld fast vollständig aus dem täglichen Leben verschwinden zu lassen. Tausend Jahre nachdem dort das Papiergeld erfunden wurde. Kreditkarten sind nun überflüssig. Sogar Senioren zahlen beim Gemüsekauf auf dem Markt inzwischen mehrheitlich mit WeChat, und Kinder gehen mit ihrem Smartphone zum Bäcker. Ausländische Reisende merken schnell: Ohne WeChat sind sie aufgeschmissen, können sich im Land nicht bewegen.

WeChat konnte entstehen, weil der Staat Chinas Markt gegen die westlichen Tech-Plattformen geschützt hat. Nun wird WeChat international ausgebremst. Denn der Staat nutzt die App zur politisch-sozialen Kontrolle. Für den Westen ist der Zugriff auf alle Daten ein Orwell'sches Horrorszenario. Aber selbst in Schwellenländern wie Indonesien oder Brasilien mit einem noch weniger entwickelten Datenschutz-Bewusstsein ist die Skepsis groß. In Indien ist die WeChat-App seit 2020 sogar verboten. Dabei könnte schon sichergestellt werden, dass die Daten die Länder nicht verlassen. Doch das mulmige Gefühl bleibt. Daran hat selbst ein Werbevertrag mit dem Fußballspieler Lionel Messi nichts geändert, den WeChat vor zehn Jahren geschlossen hat. Der Slogan damals: »We Love, We Share, WeChat.«

International hat WeChat nur siebzig Millionen monatliche User. In China sind es täglich 1,3 Milliarden zu Beginn des Jahres 2023. Zum Vergleich: X, ehemals Twitter, hat nur 217 Millionen User, Facebook hingegen sogar 2,93 Milliarden. WeChat und der chinesische Alltag lassen sich kaum noch trennen. Die Idee, die die Entwickler des Digital-Konzerns Tencent 2011 im südchinesischen Shenzhen hatten, war einfach: Statt ein Smartphone voller Apps entwickelt man eine App, die alles kann, weil sie voller Miniprogramme steckt; man kann mit der App Taxis rufen, Arzttermine vereinbaren, Kredite aufnehmen, Immobilien kaufen und Essen bestellen. Aber auch kostenlos telefonieren, Texte posten, Videos und Sticker versenden oder etwas übersetzen lassen. Allein zum chinesischen Neujahr wurden vier Milliarden sogenannte rote Umschläge mit Geldgeschenken verschickt. Nach nur einer Dekade im Markt ist der Erfolg spektakulär: 78 Prozent aller Chinesen zwischen 16 und 64 nutzen den Dienst auf Android, iPhone oder dem Desktop. Selbst für PCR-Tests konnte man sich über die App in zwei, drei Sekunden per QR-Code registrieren. Die Ergebnisse tauchten dann automatisch in der Covid-App auf, deren grüner Pfeil einem Zugang zu Läden, Restaurants und öffentlichen Verkehrsmitteln gab. Viele Unternehmen nutzen WeChat für die interne Kommunikation. Und das neueste Feature von WeChat im Sommer 2023 macht sogar das Smartphone überflüssig. Mit dem Palm-Pay-Miniprogramm braucht niemand mehr das Smartphone umständlich aus der Tasche zu holen, um zu bezahlen oder ins Fitnesscenter zu kommen. Man braucht es nicht einmal mehr dabeizuhaben. Es reicht, dass man mit der Handfläche über einen Scanner winkt, um sich eindeutig zu identifizieren. Marktforschungen haben ergeben, dass dies den Menschen angenehmer ist, als in einen Gesichtserkennungsscanner zu schauen.

Shenzhen in Südchina hat damit das kalifornische Silicon Valley als globaler Trendsetter bei den Universal-Apps abgelöst. Die Innovationskraft dafür kommt aus dem Tech-Unternehmen Tencent. Es wurde vor 24 Jahren gegründet und hat heute rund 85 000 Mitarbeiter. Mit einem Marktwert von 444 Milliarden Dollar (Juni 2023) ist es unter den Top 10 der wertvollsten Tech-Unternehmen der Welt. Zum Vergleich: Der Marktwert des Facebook-Konzerns Meta liegt bei 562 Milliarden Dollar. In Asien ist nur noch der Chiphersteller Taiwan Semiconductor Manufacturing Company (TSMC) größer.

Elon Musk möchte der »herausragenden chinesischen Super-App« etwas entgegensetzen, das gleichwertig oder sogar besser ist. Musk hat die Schattenseiten der App durchaus im Blick. Seine Super-App soll eine »maximal vertrauenswürdige und integrative« Plattform sein, mit transparenten Algorithmen. Twitter soll die Menschen vernetzen, aber nicht steuern. »Der Twitter-Vogel wird frei«, sagte Musk in Anspielung auf das Logo. »Wir wollen etwas, das unglaublich nützlich ist und das die Leute gerne benutzen. Das muss jetzt passieren.«

Musk verbeißt sich nicht in Kritik an WeChat. Er macht WeChat nicht schlecht, um selbst besser dazustehen. Im Gegenteil: Ihn fasziniert, wie alltagstauglich und innovativ WeChat ist. Er lobt die Besten und lernt von ihnen. Und er sieht seine Chance in der Schwäche der anderen. Er kopiert die Chinesen, wo sie gut sind, und macht es besser, wo sie schlechter sind. Darin ist er ein Vorbild. Auch für die Politik.

Allerdings hat er nach der Übernahme in mehreren Wellen Tausende Mitarbeiter entlassen, andere haben gekündigt. Nun arbeiten bei Twitter nur noch etwa 1500 Leute, vorher waren es knapp 8000. Musk ist zufrieden: Twitter schreibe wieder schwarze Zahlen. Zentrales Element im neuen Twitter soll eine Video-App für Smart-TVs werden, kündigt Musk im Sommer 2023 an. Er nennt das Projekt X.

Musk muss sich allerdings immer noch mit dem nicht unberechtigten Vorwurf herumschlagen, dass er sich als einer der führenden amerikanischen Unternehmer nun Medienmacht kaufe. Musk sieht das anders: Er hofft, dass in seinem Twitter »die Öffentlichkeit die Narrative prägt und einen Gegenpol bildet zu den Narrativen derer, die die Medien kreieren«.

58 VOLVOS WENDE

Das deutsche Vertriebsnetz der schwedisch-chinesischen Premiummarke Volvo wird drastisch verkleinert: 65 Volvo-Partner verlieren ihren Vertriebsvertrag. Was ist los mit Chinas Volvo?

Die erfolgreichen chinesischen Wettbewerber, die nun auch auf den europäischen Markt drängen, könnten ironischerweise Volvos größtes Problem werden. Sie setzen viel mehr auf Online-Handel und Pop-up-Stores, streichen die Margen der Händler ein oder geben sie an die Kunden weiter. Auch deswegen will Volvo, das seit 2010 dem chinesischen Autokonzern Geely gehört, einen schlankeren Vertrieb. Und so kam im Frühjahr 2023 die Hiobsbotschaft: Das deutsche Händlernetz der Premiummarke Volvo wird massiv ausgedünnt, die Zahl der Vertriebsstandorte schrumpft gar von 230 auf 150.

Der Einschnitt kommt zu einer Zeit, da Volvos Wiederaufstieg von Licht und Schatten geprägt ist. 2022 war ein schwieriges Jahr für Volvo: Der operative Gewinn (EBIT) brach im Vergleich zum Vorjahr um 16 Prozent ein, auf 1,7 Milliarden Dollar. Die Autoverkäufe lagen bei 615 000 Stück, 12 Prozent weniger als 2021. Auch in China, nach Europa der zweitgrößte Markt, gingen die Verkäufe um

5,4 Prozent zurück. Ebenfalls nicht erfreulich: Volvos Aktienkurs liegt immer noch rund 20 Prozent unter dem Ausgabekurs beim Börsengang im Oktober 2021.

Schaut man sich den Gesamtzeitraum nach der Übernahme durch Geely an, dann sieht es schon besser aus: Volvo verkauft nun doppelt so viele Autos als zum Zeitpunkt der Übernahme durch Geely. Der Börsenwert des Unternehmens beträgt gut 13 Milliarden Euro, das ist achtmal mehr als der Kaufpreis. Der operative Jahresgewinn 2022 lag bereits über der Summe, die Geely hingeblättert hat.

Die Volvo-Plattformen werden für andere Geely-Marken wie Link & Co, den jungen Volvo, genutzt. »Das erste Modell 01 ist in Europa bereits ein Erfolg«, urteilt die Fachzeitschrift *Auto Motor und Sport*. Es wird bereits seit 2020 in Europa verkauft. Der Polestar 4, jüngstes Produkt der Schwestermarke von Link & Co, war einer »der großen Stars auf der Auto China 2023 in Shanghai«, so das Nachrichtenmagazin *Focus*. Besonders innovativ: Das SUV-Coupé hat keine Heckscheibe mehr, den Blick nach hinten übernimmt eine Kamera. Dafür gewinnt man mehr Platz im Fond. Ab Anfang 2024 gibt es das E-Fahrzeug in Europa.

Am wichtigsten jedoch: Volvo konnte 2022 bei den E-Autos, dem neuen Goldstandard der Autoindustrie, in Europa mit 43 856 Einheiten ein Wachstum von 200 Prozent verzeichnen – der stärkste Anstieg aller Marken. Gleichwohl ist es einer von einem niedrigen Niveau. Zum Vergleich: BMW verkaufte 90 821 E-Mobile (plus 105 Prozent), Mercedes 68 733 (plus 85 Prozent). Volvo holt auf, ist aber noch nicht auf Augenhöhe mit BMW, Mercedes oder Audi (81 070 E-Autos).

Die Zeiten, in denen niemand mehr auf Volvo setzte, sind allerdings Geschichte. 2009 hatte die schwedische Regierung sogar zu 90 Prozent bürgen müssen, damit Volvo noch einen Kredit über 445 Millionen Euro von der Europäischen Investitionsbank (EIB) bekommen konnte. Dem US-Konzern Ford war es in zehn Jahren nicht gelungen, Volvo zu sanieren. 2010 gab es nur einen Kaufinteressenten: den chinesischen Privatunternehmer Li Shufu von der Geely Holding Group. Li zahlte 1,8 Milliarden Dollar, Ford hatte noch 6,47 Milliarden Dollar auf den Tisch gelegt.

Die meisten Beobachter werden skeptisch. Es war die erste große Übernahme eines europäischen Konzerns durch einen chinesischen Wettbewerber. Und das erste Mal, dass eine führende europäische Marke nun den Chinesen gehörte. Volvo baut immerhin seit 1927 Autos. 2017 übernahm Geely dann 51 Prozent des Sportwagenherstellers Lotus und wurde größter Anteilseigner bei Volvo Trucks. Ein Jahr später wurde Geely mit 9,7 Prozent größter Einzelaktionär bei der Mercedes-Benz Group AG. Noch 2013 hatte das *Handelsblatt* geschrieben: »Die Hoffnung, dass die Chinesen ein Erfolgsbaustein für eine sichere Zukunft sind, hat sich zerschlagen.« Heute muss man sagen: Volvo ist trotz aller Probleme eine Erfolgsgeschichte chinesisch-europäischer Zusammenarbeit. Die Strategie von Geely-Chef Li ist weitgehend aufgegangen. Es wurden mehr Jobs in Europa geschaffen als gestrichen. Das Know-how wird Hand in Hand zwischen Europa und China entwickelt. »Ich sehe Volvo als Tiger, der nicht in einem Käfig gehalten werden darf. Wir wollen den Tiger freilassen und Volvo aus den Fesseln mangelnder Mittel befreien«, so Geely-Gründer Li. Volvo hat aber noch einen langen Weg vor sich: 2030 wollen die Schweden zu 100 Prozent E-Autos herstellen, derzeit sind es nur 19. Ein »Computer auf Rädern« solle der Volvo außerdem werden, erklärt CEO Jim Rowan.

Um bei diesem Vorhaben voranzukommen, hat Volvo kürzlich die Eröffnung eines Software-Entwicklungszentrums in Krakau, der zweitgrößten Stadt Polens, angekündigt. Zwischen 500 und 600 neue Arbeitsplätze sollen hier bis 2025 entstehen. Es lässt sich eben doch nicht alles von China aus machen. Ein weiterer Tech-Hub liegt im indischen Bangalore. Die Hauptentwicklungsstandorte bleiben allerdings Shanghai und Göteborg in Schweden.

Die amerikanische Investmentbank Morgan Stanley stützt die Strategie von CEO Rowan und hat im Frühjahr 2023 die Einstufung für Volvo-Aktien auf »Kaufen« belassen. Die Schweden hätten ihre Ambitionen hinsichtlich dynamischeren Wachstums bei stabilen Margen bestätigt. »Wir haben die heftigen Turbulenzen des Jahres 2022 überstanden«, sagt Volvo-Chef Rowan erleichtert. Und tatsächlich: Zwischen Januar und Mai 2023 verkauft Volvo 14 Prozent mehr Autos. Im Mai selbst gab es sogar ein Plus von 30 Prozent. Der größte Wachstumsmarkt ist China. Dort hat Volvo im Mai um 49 Prozent im Vergleich zum Vorjahr zugelegt.

59 NACHHALTIG IN DEN HIMMEL

China ist weltführend, was »grüne« Wolkenkratzer betrifft.

Der Washingtoner Green Building Council (USGBC) hat China 2021 erstmals auf Platz eins derjenigen Länder gewählt, die weltweit am fortschrittlichsten sind, was nachhaltiges Gebäudedesign, Konstruktion und Management betrifft. 14 Millionen Quadratmeter wurden von der USGBC als »vorbildlich« zertifiziert. Auf den folgenden Plätzen lagen Kanada, Indien, Südkorea und Spanien.

Diese Entwicklung hat sich seit längerem angebahnt. Gensler China, die Architekten des Shanghai Tower, haben vom USGBC bereits 2018 den Leadership Award bekommen. Das Gebäude gilt als eines der nachhaltigsten der Welt. Der Shanghai Tower ist mit seinen 623 Metern nach dem Burj Khalifa in Dubai das zweithöchste Gebäude der Welt. Der Bauherr: die Shanghaier Stadtverwaltung. Das Gebäude hat rund 2 Milliarden Dollar gekostet. Jeden Tag kommen durchschnittlich 16 000 Menschen in das Gebäude. Sie werden mit den schnellsten Aufzügen der Welt und einer Geschwindigkeit von 74 km/h im Gebäude verteilt. Die Fassade ist in sich um 120 Grad gedreht: Sie bietet damit nicht nur weniger Windangriffsfläche, auch 25 Prozent weniger Stahl wurden so verbaut und die Kosten um 58 Millionen Dollar gesenkt. 270 vertikale Windturbinen in der Fassade generieren 350 000 kWh Strom pro Jahr, das sind 10 Prozent des Strombedarfs. Das Gebäude hat den LEED Platin Standard des USGBC. Mehr geht nicht. Die doppelte Glasfassade schützt vor subtropischer Hitze. Gekühlt wird mit Geothermie, Regenwasser wird gesammelt, das Abwasser recycelt.

Ähnlich nachhaltig ist der Jinmao Tower direkt daneben. Designt wurde er von Adrian Smith von Skidmore Owings & Merrill (SOM) aus Chicago. Seit 1998 ist der Wolkenkratzer bereits in Betrieb. Er erinnert ebenso an eine Pagode wie an einen Bambus und ist eine der Hochhaus-Ikonen Chinas. Smith gilt als der weltführende Architekt für Superhochhäuser. Er hat den Burj Khalifa designt und auch das Gebäude, das ihn einmal überragen soll: den Jeddah Tower. In China hat Smith bereits Ikonen wie den Zifeng Tower in Nanjing oder den Pearl River Tower in Guangzhou geschaffen. Zwei weitere seiner Gebäude sind derzeit noch im Bau. Das mit 550 Meter höchste Gebäude, das weltweit 2023 fertiggestellt wird, ist wieder von Smith, und es steht in China, in der zentralchinesischen Stadt Wuhan: das Greenland Center. Die Nachhaltigkeit spiegelt sich schon im Namen wider. Früher hießen solche Gebäude Fortune Center. Auch das zweithöchste Gebäude, das 2023 fertig wird, steht in China, Greenland Shandong International Financial Center, ebenfalls von Smith. Das dritthöchste steht in Ägypten. Das vierthöchste kommt wieder aus China. Und auf Platz fünf rangiert ein Gebäude in Dubai.

Ebenfalls höchste Umweltstandards erfüllt das KK 100 in Shenzhen von Terry Farrell. Es ist mit 441 Metern das höchste Gebäude, das ein britischer Architekt weltweit je errichtet hat. Beim KK 100 ist der Bauherr nicht wie in Shanghai der Staat, sondern Chen Hua, ein Immobilien-Tycoon aus Shenzhen. Peking setzt inzwischen strengere Umweltstandards bei Wolkenkratzern durch – egal, ob die Bauherren privat oder staatlich sind. Nachhaltigkeit ist nun wichtiger als Höhe. Im Oktober 2021 hat die chinesische Regierung sogar Gebäude über 500 Meter verboten, weil dann der Konstruktionsaufwand nicht mehr nachhaltig ist. »Nachdem China Spitzenreiter bei den Superhochhäusern ist, was die bestehende Anzahl wie die Neubauten betrifft, wird es nun wichtiger, auf Kosten, Energieverbrauch, Sicherheit, Umweltverträglichkeit zu schauen«, erklärt Yan Huang, der Vizeminister für Wohnen und Stadtentwicklung.

Der neue Schwerpunkt auf qualitativem Wachstum in China kreiert auch in der Architektur völlig neue Entwicklungen, das zeigen die Gebäude des Büros von Zaha Hadid. Mit dem Turm C in der Bay-Super-Headquarters-Zone der südchinesischen 25-Millionen-Metropole Shenzhen wird die eigenwillige nachhaltige Formensprache der inzwischen verstorbenen Stararchitektin Zaha Hadid weitergeführt, einer der ganz wenigen Frauen in der Branche.

Aus der Not des schnellen Städtewachstums geboren, suchen Chinas Metropolen nun bei Wolkenkratzern eine neue Synthese aus grauem Stahl und grünen Parks. Hochhäuser gelten als die umweltfreundlichste Art, viele Menschen unterzubringen und mit Wasser und Strom zu versorgen, da die Versorgungsstränge sehr kompakt sind und man weniger Stahl und Beton pro Person braucht. Am ungünstigsten in der Umweltbilanz sind weit verstreute Dörfer mit individuellen Gebäuden im Umland einer Großstadt, mit langen vereinzelten Versorgungsstrecken wie Kanal, Strom und Glasfaserwegen, aber auch langen Pendlerstrecken. Die UN schätzt, dass bereits 2050 zwei Drittel der Menschheit in Städten leben wird, meist in Hochhäusern. In China leben inzwischen sogar Schweine in Hochhäusern. In der Provinz Hubei gibt es seit Ende 2022 eine Zuchtanlage, die sich über 28 Stockwerke erstreckt. 1,2 Millionen

Schweine sind dort untergebracht. Doch selbst das Schweine-Hochhaus hat einen nachhaltigen Aspekt: Der Kot der Tiere wird zu Biogas verarbeitet.

60 ORKANWELLEN

In Deutschland ist 5G noch nicht die Regel, da schafft China schon einen technischen Durchbruch bei 6G.

Am 1. Mai 2022 wurde an der Pekinger Tsinghua University zum ersten Mal ein Terabyte Daten in einer Sekunde über einen Kilometer geschickt. Das ist, als ob man 10 000 HD-Live-Übertragungen gleichzeitig streamt. Das schnellste 5G der Welt im südkoreanischen Jeonyu schafft nur rund 420 HD-Live-Übertragungen (41,5 Gigabyte). China ist damit weltführend. Die zweitbesten sind die Japaner von Nippon Telegraph. Sie schafften es 2020, über 200 Gigabytes über eine Entfernung von gut hundert Metern zu senden.

Die Chinesen haben den Durchbruch mit hochfrequenten Radiowellen geschafft. Die sogenannten Vortex-Millimeterwellen sind nicht nur zwei-, sondern dreidimensional und vergleichbar mit den Wirbelbewegungen eines Orkans. Außerdem hat das Tsinghua-Forscherteam einen einzigartigen Sender entwickelt, dem es gelingt, die Wellen in drei verschiedenen Modi zu drehen, um zusätzliche Daten zu übertragen. »Das Aufregendste ist nicht nur die Geschwindigkeit. Es geht vielmehr um eine neue physikalische Dimension. Es ist eine neue Welt mit nahezu unbegrenzten Möglichkeiten«, so die Forscher. Und weil man so auch die Kommunikation unter Wasser und im Weltraum verbessern kann, interessiert sich auch das chinesische Militär dafür.

Die USA versuchen aufzuholen und kündigten im April 2022 eine Partnerschaft mit Japan an, um an der 6G-Technologie zu arbeiten. Investitionsvolumen: 4,5 Milliarden Dollar. Trotzdem ist es sehr unwahrscheinlich, dass die beiden Länder gemeinsam den Vorsprung Chinas noch wettmachen können. Zumal Peking plant, 6G spätestens 2030 im Alltagsbetrieb einzuführen.

Zwar haben Japan (10 Prozent) und die USA (35 Prozent) zusammen mehr 5G-Patente als China (40 Prozent). Doch selbst, wenn sie sich mit Europa (9 Prozent) und Südkorea (4 Prozent) zusammentäten, wird es kaum gelingen aufzuschließen. Denn es fehlen die großen Firmen. Nicht einmal Samsung kann Huawei beim Preis-Leistungs-Verhältnis das Wasser reichen. Außerdem fehlt ein Staat mit tiefen Taschen, der die Technologie unbedingt will und sie so fördert, wie Peking dies tut.

Selbst die europäischen 5G-Spezialisten Ericsson und Nokia müssen inzwischen in Shenzhen forschen und entwickeln, weil es nur dort die dafür benötigten Spezialisten gibt. Sie haben keine Lust, in Europa zu arbeiten. In Shenzhen, wo auch Huawei sitzt, befindet sich das Know-how-Cluster. Allerdings gibt Huawei mit über 22 Milliarden Dollar mehr als viermal so viel für Forschung und Entwicklung aus wie Ericsson. Der Abstand wird also immer größer. Produziert werden muss sowieso in Südchina. Das ist anderswo zu diesem Preis-Qualitäts-Verhältnis nicht möglich.

Ein weiterer entscheidender Vorteil: Huawei kann beim Erreichen seines 6G-Ziels auf die Alltagserfahrungen des 5G-Massenbetriebs in China zurückgreifen: Bereits 2021 gab es dort 570 Millionen User, so viele wie nirgendwo sonst auf der Welt. 2022 waren es bereits 900 Millionen und Mitte 2023 sind es über 1,2 Milliarden, also 85 Prozent. Zum Vergleich: In den USA gibt es 2022 150 Millionen 5G-Abonnenten (45 Prozent), in Europa achtzig Millionen (17 Prozent) und in Deutschland fünf Millionen – also nicht einmal 6 Prozent.

Im Alltag bedeutet 5G in China bereits, dass man eigentlich kein WLAN mehr braucht und während der Autofahrt ruckelfrei einen Film streamen kann. Das sind wichtige Erfahrungen, um 6G zu kommerzialisieren. 2024 wird die Internationale Fernmeldeunion (ITU), eine Sonderorganisation der Vereinten Nationen, die sich mit den technischen Aspekten der weltweiten Telekommunikation beschäftigt, die Standards für 6G festlegen. Dabei wird China aufgrund seiner Erfahrungen und Marktanteile so prägend sein wie nie zuvor. Auch ein Bereich, in dem die globalen Regeln nicht mehr vom Westen bestimmt werden.

61 REINE HAUT UND REINES GEWISSEN

In China gibt es keine Tierversuchspflicht mehr für Kosmetik. Und gleichzeitig liefert China Europa keine Affen mehr für die Medikamentenforschung, weil es sie selbst braucht.

Mit wachsendem Umweltbewusstsein entwickelt sich auch der Tierschutz in China. Seit 2021 verzichtet man dort nun auf die Tierversuchspflicht bei importierten Kosmetikprodukten. Wegen dieser Pflicht wollten und konnten viele westliche Hersteller ihre Produkte bislang nicht direkt in China anbieten. Stattdessen gab es viele Fakes.

Die Entscheidung ist ungewöhnlich und weitreichend: Tierschutzorganisationen wie PETA sind »zufrieden«, den europäischen Firmen eröffnen sich neue, große wirtschaftliche Chancen im chinesischen Markt. Es geht um Shampoos, Feuchtigkeitscremes, Duschgel, Lippenstift, Lotion oder Make-up für das chinesische Schönheitsideal. Ein 85 Milliarden Dollar schwerer Online- und Offline-Markt im

Jahr 2022. Das Volumen dürfte bis 2025 auf 153 Milliarden steigen, schätzt die US-Investmentbank Goldman Sachs.

China hat die Tierversuchspflicht nicht aus mangelnder Tierliebe zugelassen. Der wichtigste Grund ist die Sorge vor Kundenprotesten wegen Produktpfuscherei. Bilder von heftigen Hautausschlägen bei Kosmetik sorgten in den sozialen Medien regelmäßig für Entrüstungsstürme. Doch gleichzeitig wurden auch immer mehr Fälle von Tierquälerei gepostet. Und diese Balance verschiebt sich: In der Bevölkerung ist der Wunsch nach Tierschutz inzwischen größer als die Sorge vor schlechten Cremes. So ist auch das Essen von Hunden längst offiziell verboten. In den Megastädten ist es bereits verpönt, auf dem Land werden hingegen immer noch Hunde gegessen. Peking hat auch bei der Kosmetik reagiert und plant bereits den nächsten Schritt: Tierversuche bei Kosmetikprodukten sollen ganz verboten werden. Denn bisher gibt es noch Ausnahmen, die davon zeugen, dass Peking die unterschiedlichen Stimmungslagen austarieren muss: Eine Pflicht für Tierversuche gilt weiterhin bei Produkten für Säuglinge und Kinder, Produkten mit neuen Zutaten und Produkten von Unternehmen, die wegen Verfehlungen bereits unter Beobachtung der Behörden stehen. Aber auch bei Spezialprodukten wie Sonnenschutzcremes, Haarfärbemittel und Tinkturen gegen Haarausfall. Ist es erstaunlich, dass der Gesetzgeber so hin- und hergerissen ist? Keineswegs. In der EU gilt ein Tiertestverbot für Kosmetik auch erst seit zehn Jahren, genauer: seit dem 1. März 2013. Indien hat sich diesem Verbot 2020 angeschlossen. In den USA hingegen sind Tierversuche für Kosmetika erlaubt. China ist also in dieser Hinsicht weiter als die USA, aber weniger weit als Indien und die EU. Anders ist das bei Medikamenten. Weltweit, auch in Europa, werden Medikamente an Affen getestet. Die kommen aus China. Doch China braucht die Affen nun für seine eigene Pharmaindustrie. Durch einen von China verhängten Exportstopp hat die Pharmaindustrie nicht mehr genug Tiere für die Forschung.

Gleichzeitig hat die EU noch die Regelungen verschärft. Denn die Tierschützer machen Druck. Ein großes Dilemma für die Gesundheitsversorgung ist entstanden.

Allein Deutschland benötigt zwischen 2000 und 3000 Versuchsaffen pro Jahr, zum allergrößten Teil für gesetzlich vorgeschriebene Medikamententests pharmazeutischer Firmen. In ganz Europa liegt der Bedarf bei rund 10 000.

Erschwerend kommt hinzu, dass europäische Firmen und Forscher seit November 2022 nur noch Tiere der sogenannten F2-Generation einsetzen dürfen, also Tiere, die in der zweiten Generation in Gefangenschaft geboren wurden. Die in guter Tierschutzabsicht eingeführte Regelung verschärft das Problem. Der Pharmafortschritt der EU wird damit abgewürgt.

Ein Ausweg: Chinas Nachbarn. Thailand oder Kambodscha züchten zwar auch, kommen aber nicht annähernd an die Zahl der Affen heran, die bisher von China exportiert wurden. Und so schnell wird sich das nicht ändern lassen.

Ein anderer Ausweg: Die Forschungen nach China verlagern. Das würde die Chinesen freuen, die EU jedoch noch abhängiger von China machen und den Standort Europa schwächen.

Wieder hat China eine langfristige Strategie, die Europa kalt erwischt, weil es sich nicht früh genug mit dem Thema beschäftigt hat und seine Wettbewerber immer wieder unterschätzt. Bereits 2015 habe Peking massive Finanzmittel in den Bereich gesteckt, erläutert Kirk Leech. Der britische Wissenschaftler ist Direktor des Verbands European Animal Research Association. Es sei abzusehen gewesen, dass ein solches Ausfuhrverbot seitens China kommt, um diesen Forschungsbereich langfristig zu dominieren. Covid habe die Entwicklung noch beschleunigt.

Eine langfristige Lösung für Europa sei nur eine Lokalisierung der Züchtung. Dafür müsse sich die EU-Kommission nun schnellstens einsetzen. Doch Brüssel zögert. »Wenn Europa das Thema

Resilienz ernst nehmen möchte, dann geht es nicht nur um Masken oder medizinische Schutzanzüge«, so Verbandschef Leech kurz und knapp.

Dieser Affenzirkus zeigt, in wie vielen Bereichen sich die EU geradezu autistisch gegenüber globalen Entwicklungen verhält – und auch in diesem Bereich die Augen vor der Realität verschließt. Das führt dazu, dass Brüssel die falschen Strategien entwickelt.

62 SEPARATE DATENWELTEN

Mit der Aufspaltung von WeChat in eine chinesische Version (Weixin) und eine englische (WeChat) teilt sich die Welt der User nun in zwei globale Sphären.

In beiden Sphären – in China und dem Westen – gelten unterschiedliche Datenschutzregeln. Beiden gemein ist, dass Daten die jeweilige Sphäre nicht mehr verlassen dürfen.

Chinas beliebtester Messenger-Dienst mit über 1,3 Milliarden Usern heißt nun Weixin oder WeChat – je nachdem ob der Dienst mit einer chinesischen oder mit einer westlichen Mobilnummer gekoppelt ist. Damit reagiert der Mutterkonzern Tencent auf Pekings neue Vorschriften zum Schutz personenbezogener Daten bei der Speicherung persönlicher Informationen von Nutzern durch Tech-Unternehmen. Der Staat nimmt sich von diesen Regelungen allerdings aus. Er darf überwachen, wie er will.

Für Tencent und andere Firmen hingegen gilt: Die Daten dürfen China nicht verlassen. In der neuesten App muss nun auch erstmals transparent sein, welche Daten WeChat an Dritte weitergegeben hat. Bisher ist dies allerdings noch eine App in der Beta-Testversion für Android.

Gleichzeitig musste der Mutterkonzern von WeChat auf die neuen US-Regelungen reagieren. Die hatte Präsident Donald Trump eingeführt, nachdem er zunächst WeChat in den USA verbieten wollte. Ein kalifornisches Gericht hatte die Verordnung jedoch gekippt. Nun muss immerhin garantiert sein, dass amerikanische Daten auch in den USA bleiben, was sehr sinnvoll ist.

Nutzer der internationalen Version WeChat und der chinesischen Version Weixin können weiterhin problemlos miteinander chatten. Die amerikanischen User jedoch haben keinen Zugriff mehr auf Kurzvideos, Gesundheitscodes oder Live-Streaming. Umgekehrt werden die Informationen der chinesischen Weixin-User auch im Ausland zensiert. Dort haben sie zwar freien Zugang zu anderen Medien, doch über Weixin reicht der lange Arm Pekings auch ins Ausland.

Das ist der Beginn von mindestens zwei globalen Datenblöcken. Ein dritter, Europa, kommt hinzu. Dies gilt für immer mehr Daten. Zum Beispiel auch für die des autonomen Fahrens. Interessant wird sein, wie die asiatischen Länder das untereinander regeln werden. Es steht zu befürchten, dass sie pragmatischer sind als der Westen und sich damit einen Wettbewerbsvorteil sichern.

63 AUTONOME FLUGTAXIS

Eine autonom fliegende Passagierdrohne steht zum ersten Mal auf der größten Automesse der Welt, der Auto Shanghai.

Es hat lange gedauert, doch jetzt geht es los: Nach dem autonomen Fahren kommt nun das autonome Fliegen. Die Genehmigungsprozesse der Luftfahrtbehörden in China und Europa laufen bereits. Wir werden uns also an den Anblick von AAVs, die »Autonomous

Aerial Vehicles«, das heißt Luftfahrzeuge, die ohne Piloten fliegen, auf Automessen gewönnen müssen.

Das Flugtaxi steht auf dem Stand von Geely, Mutterfirma von Volvo und größter Einzelanteilseigner von Daimler. Immerhin: Hinter dem AAV steckt ein deutsches Start-up. Volocopter aus Bruchsal, einer Stadt mit 45 000 Einwohnern zwischen Karlsruhe und Heidelberg. Geely hat die letzte Finanzierungsrunde mit 50 Millionen Euro angeführt. Nun hält das Unternehmen 10 Prozent an Volocopter.

Geely und Volocopter arbeiten an einem »Urban Air Mobility Concept«, einem deutsch-chinesischen Technologieprojekt. Davon brauchen wir mehr – und tatsächlich haben wir schon mehr. Der WeChat-Konzern Tencent ist an Lilium beteiligt, einem Wettbewerber von Volocopter aus München. Es ist ein Projekt des Serieninvestors Frank Thelen. Seit November 2020 ist Lilium an der Nasdaq in New York gelistet. Im Oktober 2022 kaufte die saudische Airline Saudea hundert Airtaxis von dem deutsch-chinesischen Gemeinschaftsprojekt. Man rechnet mit einer Zulassung der Kleinjets für 2024.

Am ausgereiftesten sind jedoch die senkrecht startenden und landenden EHang-Luftfahrzeuge aus dem südchinesischen Guangzhou. Sie haben inzwischen auf 19 Kurzstrecken in 17 chinesischen Städten insgesamt 8800 Testflüge durchführen können. Insgesamt sind es 30 000 Flüge. Die autonom fliegende Passagierdrohne EH216-S steht Mitte 2023 kurz vor der Alltagszulassung. Im Frühjahr durften die Chinesen ihre autonom fliegende Passagierdrohne erstmals in Japan starten lassen.

Mitte dieses Jahrzehnts sollen fliegende Autos Alltag sein, zum Beispiel als Shuttle von einem Flughafen zu einem Hotel oder für Rundflüge an touristischen Orten. Wahrscheinlich eher in China als in Europa oder in den USA. Der Druck, die Megastädte zu entlasten, ist in China größer. Und auch die Offenheit für neue Technologien. Der große Vorteil der unbemannten Passagierdrohnen: Sie sind kleiner und leichter als Hubschrauber und brauchen viel weniger Platz zum Starten und Landen. Vor allem aber sind die Kosten pro Flugstunde deutlich geringer.

64 DEN AFFEN TÖTEN

Alibaba und Tencent im Zangengriff des Staates

Ein unverschämter Eingriff der Diktatur in die freie Wirtschaft? Das ist zu einfach. Der Staat hat diese Konzerne erst groß werden lassen. Peking hat sie vor Facebook, Amazon und WhatsApp geschützt, indem es diesen Unternehmen unmöglich gemacht hat, in China zu wachsen. Alibaba, Tencent & Co. haben dann den Spielraum genutzt und eigene Varianten von Social-Media- und Handelsplattformen entwickelt. Es gab einen Boom. In vielen Bereichen wurden sie innovativer als ihre westlichen Wettbewerber. Trendsetter, Gelddruckmaschinen. Aber eben auch fette Monopolisten in China mit allen hässlichen Eigenschaften, die sich Monopolisten nun mal erlauben können: Knebelverträge für Musiker bei Tencent zum Beispiel, bei Alibaba Geschäftsmodelle, die Chinas Finanzsystem gefährden, weil sie bei Ant Financial mit Mikrokrediten Geschäfte machen, ohne sich an Bankenregeln halten zu müssen. Am Ende waren diese Unternehmen Weltklasse, ihre chinesischen Wettbewerber jedoch ohne Chance gegen diese großen Spieler.

Dann hat der Staat wieder eingegriffen. Diesmal, um die privaten Unternehmen, die er hat entstehen lassen, in die Schranken zu weisen. Spät, ungeschickt und ohne Vorwarnung, aber fest entschlossen. Das Huhn töten, um die Affen zu erschrecken, getreu einem alten chinesischen Sprichwort. So nicht, rief Peking und machte klar, dass die Unternehmen mit ihrem kapitalistischen Egoismus und ihrer Tendenz zur Monopolbildung nunmehr den Interessen Chinas widersprächen. Neue Gesetze entstanden, die modernsten und fortschrittlichsten ihrer Art weltweit, sagen selbst internationale Spezialisten. Die Regionen und Provinzen durften Vorschläge für das neue Gesetz machen, ebenso wie internationale Experten.

Nun gibt es deutlich mehr Wettbewerb. Mehr Transparenz. Weniger Risiko. Mehr Rechte für die Schwächeren und mehr Chancen für die kleinen Player, sich im Wettbewerb mit alternativen Geschäftsmodellen zu bewähren. Die großen Spieler wurden nicht etwas verstaatlicht oder zerschlagen, wie im Westen viele befürchtet hatten, sondern bekamen nur neue Benimmregeln.

Die Strafe für Alibaba lag bei 2,8 Milliarden Dollar. Die höchste, die je verhängt wurde. Aber: Das Unternehmen konnte dies mit Rücklagen von 70 Milliarden Dollar Cash und kurzfristigen Anleihen abfedern. 2022 brachen die Gewinne zwar ein, waren aber immer noch da. Nur die Kurse haben sich noch nicht erholt. Wer beim Börsengang 2019 von Alibaba eingestiegen ist, liegt immer noch mit über 50 Prozent im Minus.

Gleichzeitig steigen neue Spieler in China auf. Mehr Vielfalt ist entstanden. JD.com, Pinduoduo und andere sind im Aufwind. Pinduoduo legt seit Mai 2023 einen steilen Aufstieg hin. Und Europa? Wo sind die europäischen Alibabas und Tencents? Hätte die EU auch ihren Markt gegenüber den amerikanischen Playern reguliert, gäbe es heute wahrscheinlich auch annähernd so große Firmen wie Alibaba und Tencent. Unternehmen wie Tencent gibt es in Europa nicht, und im Alibaba-Segment ist die Otto Gruppe die größte Online-Handelsplattform, mit einem Umsatz von 16 Milliarden Euro im Jahr 2022. Zum Vergleich: Alibaba verzeichnet einen Umsatz von rund 130 Milliarden Dollar, Amazon sogar 513 Milliarden Dollar. Der staatliche Eingriff in China war also durchaus sinnvoll. Das Laisser-faire der Europäer dagegen erweist sich nun als nicht vorteilhaft für europäische Unternehmen. Airbus ist in den 1980er-Jahren nur entstanden und kann sich bis heute gegen Boeing behaupten, weil Europa damals günstige Rahmenbedingungen geschaffen hat. Nur auf marktwirtschaftlicher Basis hätte Airbus seine heutige Position im Weltmarkt nie erreicht. Also: Staatliche Eingriffe sind auch in China nicht immer schlecht. Und freie Marktwirtschaft ist nicht immer gut.

65 TAUWETTER FÜR EISENERZ

Peking weiß: Ohne Eisenerz kein Stahl. Und ohne Stahl kein Wachstum. Das zwingt Peking zur Zusammenarbeit mit Australien. Und so kam nach langer politischer Eiszeit das Tauwetter.

Der Westen und China giften sich an, über Kontinente hinweg. Und die Wirtschaft verflicht sich enger – Alltag in Zeiten der Globalisierung.

Besonders grotesk ist dabei das Verhältnis zwischen Peking und Canberra. Mit kaum einem anderen großen Land ist Peking so lange verkracht wie mit Australien. Der konservative Politiker Scott Morrison, bis 2022 australischer Premierminister, hatte diesen Streit befeuert und das Land näher an die USA gerückt. 2018 hatte die Regierung in Canberra die Beteiligung des chinesischen Mobilfunkkonzerns Huawei am 5G-Netz blockiert. Und als erstes Land überhaupt hatte Australien 2020 bei der Weltgesundheitsorganisation eine offizielle Untersuchung über den Ursprung von SARS-CoV-2 gefordert. Für Peking ein Affront.

2020 wurde das schlimmste Jahr in den politischen Beziehungen zwischen Canberra und Peking. Man sprach übereinander, aber nicht mehr miteinander. Die Importe aus Australien wurden von Peking heruntergefahren. China kaufte zum Beispiel 85 Prozent weniger Kohle. Umgekehrt empfahl noch zu Beginn des Jahres 2022 der damalige australische Verteidigungsminister Peter Dutton, sich auf einen Krieg mit China vorzubereiten: »Das ist die Realität.«

Im Mai 2022 jedoch wurde Morrison abgewählt. Auch weil die Wähler sich mehr Pragmatismus im Umgang mit China wünschen, der ihre Arbeitsplätze sichert. Denn China ist der wichtigste Absatzmarkt für australische Produkte. Traditionell gehen etwa 25 Prozent der Exporte Australiens nach China. Eines der wichtigsten Güter dabei ist Eisenerz, der Rohstoff der Stahlindustrie. China importiert über eine Milliarde Tonnen pro Jahr. Nach einem schwachen Jahr 2022 steigt der Bedarf 2023 wieder stark an.

Eisenerz ist das wichtigste australischen Exportgut auf den chinesischen Markt. Insgesamt gehen 40 Prozent des australischen Erzes nach China. Über 60 Prozent von Chinas Eisenerzimporten wiederum kommen aus Australien, Brasilien, der zweitgrößte Lieferant, kommt nur auf einen Anteil von 20 Prozent. Für China ist diese Abhängigkeit eine Achillesferse. Zumal es zu Australien kurz- und mittelfristig kaum Alternativen gibt. Kein anderes Land als China wiederum kann Australien solche Mengen an Eisenerz abnehmen. Die USA nicht, Japan nicht, Indien nicht.

Gut 1000 Milliarden metrische Tonnen Stahl wurden 2022 in China hergestellt. 1,5 Tonnen Eisenerz braucht man für eine Tonne Stahl. Welche Alternativen gibt es zu Australien als Lieferant, fragten sich die Strategen in Peking, als die Beziehungen mit Australien auf dem Nullpunkt waren. Das ernüchternde Ergebnis: Neue Vorkommen gibt es kaum, vor allem nicht kurzfristig. Mittelfristig könnte China 200 Millionen Tonnen Eisenerz im Jahr aus dem westafrikanischen Guinea beziehen. Peking geht bereits auf Kuschelkurs: Infrastruktur, Impfstoffe, Kredite. Doch dort müssen erst 650 Kilometer Eisenbahntrassen und ein Hafen gebaut werden. Frühestens 2025 könnten die ersten Lieferungen kommen, die allerdings erst einmal nur 10 Prozent des Volumens der australischen China-Exporte ausmachen würden.

Kann sich Australien umgekehrt vom übermächtigen Kunden China befreien? Nein. Unerbittlich zwingen die Verflechtungen der Globalisierung sowie das Verhältnis von Angebot und Nachfrage die Streithähne zur Mäßigung. Morrisons Nachfolger als australischer Premierminister, der Sozialdemokrat Anthony Albanese, schlägt denn auch einen anderen Kurs ein. Er bittet um ein Gespräch mit Präsident Xi Jinping beim G20-Gipfel in Bali im Herbst 2022. Und er bekommt es. 32 Minuten nur, aber immerhin. Mitte Dezember reist Australiens Außenministerin Penny Wong, eine Australierin chinesischer Herkunft, nach China und trifft ihren chinesischen Amtskollegen Wang Yi – zum 50. Jahrestag der diplomatischen Beziehungen beider Länder. Im Februar 2023 schließlich spricht Handelsminister Don Ferrell mit seinem Counterpart in Peking. Der wichtigste Punkt: Abbau der Zölle für australische Produkte. Sie waren ein Grund dafür, dass 2022 Chinas Importe aus Australien um 13 Prozent sanken.

Im Vorfeld der Treffen war Albanese von den USA abgerückt,

um den Handelseinbruch zu bremsen. Der amerikanische Präsident Joe Biden hatte von »roten Linien« in den Beziehungen zwischen den USA und China gesprochen – also Bereichen, in denen keines der beiden Länder in seinem Machtkampf nachgeben würde. Der neue australische Premierminister hatte sich mit dieser Rhetorik nicht anfreunden wollen. »Ich benutze meine eigene Sprache und nicht die eines anderen«, so Albanese. »Was ich gesagt habe, ist, dass wir mit China zusammenarbeiten müssen, wo wir können, dass wir anderer Meinung sind, wo wir müssen, aber dass wir handeln und einen Dialog in unserem nationalen Interesse führen werden. Ein Dialog ist immer konstruktiv.« Er habe deutlich gemacht, »dass es im Interesse Australiens ist, unsere wunderbaren Produkte, unser Fleisch, unsere Gerste, unsere Meeresfrüchte, unseren Wein und unsere jüngsten Bodenschätze nach China zu exportieren, aber es ist auch im Interesse Chinas, diese Waren zu erhalten.«

Zuvor hatten sich die Chinesen bewegt. Schon im September 2022 hatte Baowu, Chinas größtes Stahlunternehmen, angekündigt, über 700 Millionen Dollar in eine neue Eisenerzmine in Pilbara in Westaustralien zu investieren. Im Februar 2023 kommt dann das Okay der australischen Regierung. Baowu hält 46 Prozent der Anteile, das australische Unternehmen Rio Tinto 54 Prozent. Die Mine soll pro Jahr 25 Millionen Tonnen Eisenerz produzieren. Voraussichtlich 2024 soll es losgehen.

Die Investition des Stahlunternehmens, das bereits seit zwanzig Jahren mit Australien zusammenarbeitet, ist höher als die gesamten chinesischen Investitionen des Jahres 2021. Damals waren sie auf den niedrigsten Stand seit 2007 gefallen, ein Einbruch von fast 70 Prozent auf ein Volumen von nur 585 Millionen Dollar. Baowu ist übrigens nicht nur Investor, sondern auch der größte Kunde von Rio Tinto. China und Australien haben offenbar inzwischen verstanden, dass es für sie besser ist zusammenzuarbeiten, anstatt auf Konfrontation zu gehen. Damit sind sie durchaus ein Vorbild für Europa.

66 RENITENTE INTRANSPARENZ

In aufgeheizter Stimmung versuchen die Vereinten Nationen, die Lage der Muslime in Xinjiang zu evaluieren.

Der Xinjiang-Bericht des Büros der Hohen Kommissarin für Menschenrechte der Vereinten Nationen (OHCHR), Michelle Bachelet, zeigt vor allem, wie intransparent die Lage der Menschenrechte dort ist. Der Bericht vom August 2022 beruht auf nur rund vierzig Interviews mit Menschen, die die Lage vor Ort aus erster Hand kennen. Und er basiert auf Daten, die aus dem Jahr 2018 oder früher stammen.

Die Konfliktlinien um Xinjiang sind hingegen offensichtlich. Der chinesische Staat verurteilt und inhaftiert Uiguren wegen »religiösem Extremismus« oder gar der »Förderung des Terrorismus und Extremismus durch die Verbreitung von Büchern, Audio- und Video-Materialien«. Zehntausende wurden in sogenannte Umerziehungslager gesteckt. Die Betroffenen pochen dagegen auf ihre Religionsfreiheit und auf die Autonomie der Region.

Ein heißes Eisen ist das Thema für Peking auch deshalb, weil religiöse, sektenartige Bewegungen im 19. Jahrhundert in der Lage waren, den chinesischen Staat aus den Angeln zu heben. Während des Taiping-Aufstandes (1851–1864) starben in nur fünf Jahren zwanzig bis dreißig Millionen Menschen. Damit war der Aufstand der opferreichste Bürgerkrieg der Menschheitsgeschichte. Angesichts dessen reicht die Angst Pekings vor religiös motivierten politischen Bewegungen tief. Das ist das, was man in Bezug auf Xinjiang nachvollziehen kann. Zumal in den Nachbarländern Afghanistan oder Pakistan religiöser Terrorismus Alltag ist. Die Besetzung Afghanistans durch westliche Truppen unter Führung der USA hat dazu geführt, dass mehr Taliban sich in Richtung Osten nach China aufgemacht haben. Die Gefährdungslage ist also nicht erfunden und durch zahlreiche Attentate in Xinjiang belegt. Peking will mit aller Kraft verhindern, dass dieser Terrorismus nach China überschwappt.

Nicht nachzuvollziehen sind hingegen die Maßnahmen gegen ethnische Minderheiten und vor allem die fehlende Transparenz. Es gibt keine freien Medien, die über die Lage in Xinjiang berichten könnten. Es gibt keine Bürgerinitiativen. Die Verteidiger der Angeklagten – wenn sie überhaupt welche haben – dürfen nicht öffentlich sprechen. Gerichtsakten sind nicht einsehbar, Beweise nicht überprüfbar, Zeugenaussagen werden nicht öffentlich gemacht.

Die Stärke des UN-Berichts besteht darin, dass er die Schwächen der Informationsbeschaffung nicht verdeckt, sondern offen sagt, dass es zum Beispiel nicht möglich ist herauszufinden, wie viele Menschen interniert sind und ob sie zu ihrem Aufenthalt gezwungen wurden oder freiwillig eine Berufsausbildung in den sogenannten Vocational Educational and Training Centers (VETCs) machen. Menschenrechtsaktivisten wie der in den USA arbeitende deutsche

Wissenschaftler Adrian Zenz glauben, über eine Million inhaftierte Uiguren belegen zu können. Gay McDougall, Mitglied des Ausschusses gegen rassistische Diskriminierung der UN, schätzte die Zahl der Inhaftierten 2018 sogar auf zwei Millionen. Die amerikanische Regierung, die über die besten Aufklärungssatelliten verfügt, hat die beiden Zahlen weder bestätigt noch dementiert.

Die Schwäche des Berichts besteht darin, dass seine Einschätzung auf einzelnen Zahlen offizieller Regierungsstatistiken beruht. Eine dieser Zahlen: Im Jahr 2017 wurden 86 655 Menschen zu Gefängnisstrafen von fünf Jahren und mehr verurteilt – zehnmal so viel wie im Jahr zuvor. Nur bei der Veröffentlichung des Berichts liegt das schon wieder fünf Jahre zurück. Tatsächlich mehren sich seit 2022 die Hinweise, dass die Lage in Xinjiang sich entspannt, wenn auch noch lange nicht normalisiert.

Das Fazit: »Das Hochkommissariat für Menschenrechte ist nicht in der Lage, die Schätzungen zu bestätigen, wie viele Individuen vom VETC-System betroffen sind«, spricht aber dennoch von »ernsten Menschenrechtsverletzungen«. Die »willkürlichen Verhaftungen« und der »Entzug von fundamentalen Rechten« könnten internationale Verbrechen, im Besonderen »Verbrechen gegen die Menschlichkeit begründen«.

Dem Bericht von Michelle Bachelet ist – wie bei den Vereinten Nationen üblich – eine 131 Seiten lange Entgegnung Pekings eingefügt. Darin heißt es, der Xinjiang-Bericht »verleumdet China mutwillig und mischt sich in Chinas innere Angelegenheiten ein«. In Xinjiang würden Uigurinnen und Uiguren sowie Angehörige aller anderen ethnischen Minderheiten »ein glückliches Leben in Frieden und Behaglichkeit« führen. Der »Kampf gegen Terrorismus und Extremismus« in Xinjiang sei »notwendig und gerecht« und folge rechtsstaatlichen Prinzipien.

Aus dem Blickwinkel des OHCHR ist es die Pflicht der chinesischen Regierung, dafür zu sorgen, dass alle Gesetze und politischen Entscheidungen mit den internationalen Menschrechtsregeln übereinstimmen. Zudem müsse China umgehend alle »Vorwürfe von Menschenrechtsverstößen untersuchen, ihre Verursacher dafür haftbar machen und die Opfer entschädigen«.

Die UN spricht allerdings nicht von einem Genozid. Der China-Experte Zenz hatte 2019 als Erster von einem »kulturellen Genozid« gesprochen. Die Parlamente, wenn auch nicht die Regierungen, von Kanada, den Niederlanden und Frankreich haben sich in Resolutionen dieser Formulierung angeschlossen. Weder die EU noch die USA mochten dieser Einschätzung allerdings folgen.

Auch Vorwürfe, dass deutsche Autohersteller und andere internationale Firmen Zulieferteile aus Zwangsarbeit in ihre Autos verbauen würden, stehen im Raum. Studien konnte zwar nachweisen, dass die entsprechenden Zulieferfirmen in Xinjiang produzieren. Da die Firmen jedoch viele verschiedene Standorte haben, ließ sich nicht nachweisen, ob die Teile auch tatsächlich in Xinjiang hergestellt wurden und, wenn ja, von Zwangsarbeitern. Der Volkswagenkonzern hat seit 2012 mit seinem Joint Venture Partner SAIC eine Produktionsstätte in der Provinzhauptstadt Ürümqi. Allerdings werden dort nur Autos, die aus anderen Fabriken zugeliefert werden, technisch in Betrieb genommen. Jörg Hofmann, der Chef der IG Metall und gleichzeitig stellvertretender Vorsitzender des Aufsichtsrats von VW betonte zwar, es gebe keinen Hinweis darauf, dass es bei VW selbst zu Menschenrechtsverletzungen gekommen sei. »Dennoch ist insgesamt die Frage zu stellen, was es für das Renommee des Unternehmens bedeutet, dort weiter investiert zu sein.« Er konnte sich allerdings mit seiner Einschätzung im Aufsichtsrat nicht durchsetzen. Immerhin kündigt Volkswagen im Juni 2023 an, sein umstrittenes Werk in der chinesischen Provinz Xinjiang von unabhängigen Prüfern durchleuchten zu lassen. »Wir planen ein transparentes, unabhängiges externes Audit, um der Öffentlichkeit volle Transparenz zu geben«, sagte Konzernchef Oliver Blume.

Der Fall Xinjiang zeigt deutlich: Es gibt im Westen Tendenzen, Menschenrechtsverletzungen in China zu überzeichnen. Die UN, in der andere die Mehrheit haben, lässt sich davon nicht anstecken. Gleichzeitig hat Peking aber einiges in Xinjiang zu verbergen, was nicht den Menschenrechtsstandards der UN entspricht. Anders lässt sich die mangelnde Transparenz nicht erklären.

67 XI SCHRUMPFT PUTIN

Bei seinem ersten Besuch in Moskau seit Beginn des Ukrainekriegs hat Chinas Staatschef Xi Jinping die Machtverhältnisse neu austariert.

Auf dem bilateralen Gipfel zwischen dem russischen Präsidenten Wladimir Putin und dem chinesischen Präsidenten Xi Jinping wurden die globalen Machtverhältnisse neu sortiert. Xi signalisierte Putin deutlich, dass das Maß nun voll ist. Allerdings anders, als der Westen sich das wünschte. Die gemeinsame Erklärung von Xis Besuch in Moskau erzählt davon.

Eine gemeinsame Erklärung in der Politik ist immer das Ergebnis eines Machtkampfes. Jede Seite versucht, möglichst viele ihrer Positionen durchzubringen. Wie ist dieser Machtkampf zwischen Xi und Putin ausgegangen? Der Wunsch des Westens ist es, dass Xi sich von Putin distanziert und dessen Angriffskrieg öffentlich kritisiert, ja vielleicht sogar mit Moskau bricht. Der Westen verlangt mit erhobenem Zeigefinger den erhobenen Zeigefinger von Peking gegenüber Moskau. Die chinesische Art der Kritik ist hingegen indirekter. Mit einem Lächeln zwingt Xi den offensichtlich zerknirschten Putin, Positionen zu beziehen, die er eigentlich nicht beziehen will. Dabei geht er gerade so weit, dass Putin nicht von sich aus die

Scheidung einreicht. Xi will den Russen zum Einlenken bringen, ohne die Partnerschaft zum Nachbarn, mit dem sich China eine 4200 Kilometer lange Grenze teilt, zu gefährden. Denn Xi braucht das Gas von Putin, um die Klimaziele zu erreichen.

Peking hat ein klares Ziel: Der Krieg soll möglichst rasch enden und die Ukraine, zu der China enge Beziehungen hat, weder von Putin unterjocht noch Nato-Mitglied werden. China war vor dem Krieg der größte Handelspartner der Ukraine.

Schon vor seinem Besuch hatte Xi unter seinem Namen einen Artikel in russischen Zeitungen veröffentlichen lassen. Darin machte er klar, dass er Putin nicht schonen werde. Nicht als »tiefe Freundschaft« wie Putin, sondern nur als »enge Arbeitsbeziehung« beschreibt Xi sein Verhältnis zu Putin. Es sei daher »wichtig, dass wir unser gegenseitiges Vertrauen vergrößern«, so Xi. Und: »Die Länder der Welt sind tief beunruhigt.« Kurz: Peking hält Putins Krieg nicht für richtig. Damit spricht Peking nicht für sich allein, sondern für die Mehrheit der Welt. Das gegenseitige Vertrauen ist gestört.

Die gemeinsame Erklärung am Ende des Besuches manifestiert diese Position: »Der Zweck und die Prinzipien der Charta der Vereinten Nationen müssen beachtet werden«, so Xi. In Artikel 2.4 heißt es: »Alle Mitglieder unterlassen in ihren internationalen Beziehungen jede gegen die territoriale Unversehrtheit oder die politische Unabhängigkeit eines Staates gerichtete oder sonst mit den Zielen der Vereinten Nationen unvereinbare Androhung oder Anwendung von Gewalt.« Daran hat sich Putin offensichtlich nicht gehalten und wird von Peking gemahnt einzulenken: »Die russische Seite spricht positiv über Chinas objektive und unparteiische Position im Ukrainekrieg«, heißt es in der Erklärung. Mit anderen Worten: Was China sagt, ist richtig. Und China will Frieden: »Kein Land darf militärische und politische Vorteile suchen, die schädlich für die legitimen Interessen eines Landes sind.« China zielt hier auf Russland *und* die USA mit der Nato ab, wohingegen Putin hier nur

Letztere in der Verantwortung gesehen und im Westen die Taiwan-Frage mitgeklungen haben dürfte. Doch würde die Welt diese Regel akzeptieren, wäre das ein großer Fortschritt gegen hegemoniale Alleingänge aller großen Mächte.

»Russland wiederholt seine Verpflichtung, so schnell wie möglich Friedensverhandlungen aufzunehmen, was China begrüßt«, ist in der gemeinsamen Erklärung ebenfalls zu lesen. Russland wiederum »begrüßt die konstruktiven Vorschläge in Chinas Position zur friedlichen Lösung der Ukrainekrise«. Damit sagen beide aber auch: An uns liegt es nicht, dass es keine Friedensverhandlungen gibt. Moskau und Peking wollen Kiew, Washington und der Nato den Schwarzen Peter zuschieben.

Auch in einer weiteren Formulierung der Erklärung wird klar, wer hier das Sagen hat. So muss Putin, der den Angriffskrieg begonnen hat, in der Erklärung einräumen: »Verantwortungsvoller Dialog ist der beste Weg, angemessene Lösungen zu finden.« An anderer Stelle heißt es: »Beide Seiten lehnen jegliche unilateralen Sanktionen ab, die nicht vom UN-Sicherheitsrat beschlossen wurden.« Das ist ein Zugeständnis an Putin, liegt aber auch im Interesse Pekings. Ein solcher Schulterschluss gegen den Westen würde die globale Machtbalance zugunsten Chinas verschieben.

Friedensverhandlungen will der Westen zwar auch, allerdings derzeit nicht um den Preis, den Peking anbietet: Waffenstillstand und Gespräche, ohne dass Putin sich aus den besetzten ukrainischen Gebieten zurückziehen muss. Das ist auch die Position der Mehrheit der G20-Länder, die wiederum auf dem Zwölf-Punkte-Plan der Chinesen basiert. Auch im Ukrainekrieg werden die politischen Unterschiede zwischen den Aufsteigerländern im Kreis der G20 und dem Westen immer klarer.

68 GUTE MINE

Mit 5G können Roboter die gefährliche Arbeit der Bergwerksarbeiter unter Tage übernehmen.

Minenarbeiter in China ist einer der gefährlichsten Jobs der Welt. Die Kumpel graben nicht nur nach Kohle, wie einst in Deutschland, sondern auch nach Seltenen Erden. Die brauchen wir für Smartphones ebenso wie für E-Autos oder Satelliten. In China malochen noch knapp zwei Millionen Kumpel. Sie riskieren täglich ihr Leben für unsere Gadgets und vor allem für Chinas Energie. Denn noch 60 Prozent des chinesischen Stroms kommen aus der Kohle. Und sie gewinnen auch das Eisenerz für den Stahl des chinesischen Aufschwungs.

Die Kumpel könnten bald Geschichte sein. Mit 5G sind automatisierte Minen möglich. In der Kohle-Provinz Shanxi haben der Netzwerkausrüster Huawei und die Shaanxi Coal and Chemical Industry Group Co., Ltd. ein Intelligent Mining Innovation Lab eröffnet, das Mitte 2023 bereits über ein Jahr im Alltagsbetrieb läuft. 2700 Teile des Minen-Equipments sind miteinander vernetzt. Inzwischen arbeiten in der Xiaobaodang-Mine 42 Prozent weniger Kohlekumpel unter Tage. Rund 200 Spezialisten forschen dort. Es geht um automatisierte Fahrzeuge, selbstreinigende Kameras, Gas-Warnsysteme und GPS-Sensoren für den Unter-Tage-Transport. Am Ende sollen nur noch Roboter unter Tage arbeiten. Unbemannter Bergbau, rund um die Uhr. Nicht nur für China. Auch in den arktischen Regionen Kanadas und Russlands sei ein Einsatz denkbar, meint Huawei-Gründer Ren Zhengfei.

Ren ist mit dieser Idee nicht allein. Auch die EU ließ zum Thema Bergbau und 5G bereits forschen. Für 12 Millionen Euro. Koordiniert wurde das Projekt durch die schwedische Firma Epiroc Rock Drills. Würde man mit Huawei zusammenarbeiten, würde das weniger Zeit, Geld und Menschenleben kosten. Doch jeder spielt für sich, aus politischen Gründen. Dabei ist der Markt lukrativ. Er wird bis Ende des Jahrzehnts um über 30 Prozent im Jahr wachsen, schätzt die Fachzeitschrift *Mining Technology*. Der Grund liegt auf der Hand. Mit der 5G-Technologie lassen sich nach Untersuchungen des Wirtschaftsprüfungs- und Beratungskonzerns Deloitte 20 Prozent Energie sparen und die Produktivität um 25 Prozent steigern.

Die anderen Anbieter sind das US-Unternehmen Cisco und Hitachi Energy aus Japan, aber auch das finnische Unternehmen Nokia, in Südamerika allerdings vor allem noch im 4G-Bereich. Am weitesten ist wieder einmal Huawei. Im März 2023 kündigte Huawei mit seinem Partner Debswana, einem der führenden Minenunternehmen in Afrika, den Bau der ersten 5G Smart Diamond Mine der Welt im südafrikanischen Botswana an.

Auch die in Hongkong an der Börse gelistete Zijin Mining Group wendet die neuen Huawei-Technologien inzwischen bereits international an. In einer Platinmine in Südafrika, dem größten Platinhersteller der Welt. Die südafrikanische Regierung steht dieser Entwicklung sehr aufgeschlossen gegenüber. Die Zijin Mining Group betreibt aber auch Kupfer- und Goldminen in Serbien. Vielleicht kommt die neue Technologie so nach Europa. Wenn die Europäer offen genug dafür sind.

69 PAN-ASIEN-ZÜGE

Chinas erste Hochgeschwindigkeitszugstrecke, die über die Grenzen des Landes hinausreicht

Mit der nun fertiggebauten Zugstrecke durch Laos bis nach Thailand will sich China stärker mit Asien vernetzen. Das Ziel am Ende ist 3900 Kilometer entfernt: der Stadtstaat Singapur. Für Laos und

Thailand ist es die erste Hochgeschwindigkeitsstrecke überhaupt. Und auch für China ist es ein historisches Ereignis: Noch nie in seiner langen Geschichte hat der chinesische Staat Verkehrsinfrastruktur gebaut, um sich mit seinen südostasiatischen Nachbarn zu vernetzen. Dazu war das kaiserliche China zu sehr Reich der Mitte und an seinen Nachbarn zu wenig interessiert.

Im Februar 2022 fuhr der erste Frachtzug mit 280 Tonnen frischem Gemüse vom chinesischen Kunming nach Bangkok. In nur 55 Stunden, einen ganzen Tag schneller als bisher. Die Logistikkosten verringern sich dadurch um 20 Prozent. Dazwischen liegt ein besonders wichtiger Streckenabschnitt: Nach sechs Jahren Bauzeit waren 2022 die rund tausend Kilometer zwischen Kunming, der Hauptstadt der chinesischen Provinz Yunnan, und Vientiane, der Hauptstadt von Laos, fertig geworden. Für das 6-Milliarden-Dollar-Projekt mussten zahlreiche Brücken und 167 Tunnel mit einer Länge von 590 Kilometern durch das gebirgige Terrain gebohrt werden. Die Strecke hat 55 Bahnhöfe.

Für die gut sieben Millionen Einwohner von Laos, einem Land ohne Zugang zum Meer, ist die Zugstrecke einer der größten Wendepunkte in seiner Geschichte seit dem 14. Jahrhundert. Seit jener Zeit also, da das »Reich der Millionen Elefanten unter einem weißen Schirm« 1353 von Lan Yang Hom Khao gegründet wurde. »Die Bahn gibt Laos Zugang zu den globalen Lieferketten«, urteilt die Weltbank. Allerdings wird damit auch die Abhängigkeit des kleinen Landes von der großen chinesischen Wirtschaft größer.

Im ersten Jahr wurden bereits 8,5 Millionen Passagiere und über elf Millionen Tonnen Güter über die Strecke transportiert, die Teil des Pan-Asian Railway Network ist. Weitere Strecken sollen über Myanmar nach Bangkok führen sowie über Vietnam und Kambodscha, ebenfalls mit dem Ziel Bangkok. Die Strecken sind zentral für die größte Freihandelszone der Welt, die Regional Comprehensive Economic Partnership (RCEP), zu der sich 15 Länder Asiens zusammengeschlossen haben. Die Vertragsunterzeichnung fand 2020 in Hanoi statt. Bereits im Dezember jenes Jahres bekam die China Railway Construction Corp (CRCC) einen Vertrag über 415 Millionen Dollar, um das erste Segment zu einer Hochgeschwindigkeitsstrecke China–Thailand auszubauen. Die 609 Kilometer lange Strecke soll von Vientiane in Laos nach Süden bis nach Bangkok verlaufen. Schon 2016 hatten sich China und Thailand darauf geeinigt, die Strecke zu bauen. Doch weil man sich lange unter anderem über die Zinshöhe der chinesischen Kredite stritt, war bis Mitte 2023 nur ein kleiner Teil der Strecke gebaut. Doch es gab einen wichtigen Fortschritt für Bangkok, denn inzwischen ist Thailand das Gleiche gelungen, was die Chinesen mit dem Westen gemacht haben: Sie zwingen sie, ihnen Technologie zu übertragen, damit sie eines Tages ihr eigenes Hochgeschwindigkeitsnetz bauen können. Das wurde im Mai 2023 vereinbart. China hat in nur 15 Jahren das mit 40 000 Kilometern Strecke größte Hochgeschwindigkeitszugnetz der Welt aufgebaut. Doch der Deal ist auch für China gut. Damit ist es in jedem Fall im Spiel. In dem ersten, 250 Kilometer langen Bauabschnitt zwischen Bangkok und Nakhon Ratchasima werden die Chinesen noch eine zentrale Rolle bei der Entwicklung und Konstruktion spielen. Im zweiten Abschnitt mit 355 Kilometern Länge zwischen Nakhon Ratchasima und Nong Khai, der Grenzstadt nach Laos, werden Thai-Firmen dann mehr Verantwortung übernehmen.

Nach dem Willen der thailändischen Regierung soll die Strecke nunmehr bis 2028 fertiggestellt sein. Die Züge können hier dann mit einer Geschwindigkeit von 250 Kilometern pro Stunde fahren. Insgesamt kostet die Verbindung mindestens 11 Milliarden Dollar. Sie gilt als wichtiges Projekt der chinesischen Belt and Road Initiative (BRI). Eine zweite Strecke, die über 7,2 Milliarden Dollar kosten soll, wird Bangkok mit Ostthailand über Pattaya bis zum U-Tapao Airport in der Provinz Rayong an der kambodschanischen

Grenze verbinden. Für diese Strecke sind die Aufträge zwar noch nicht vergeben, aber es ist davon auszugehen, dass Peking mitbietet. Innerhalb der thailändischen Regierung ist man hin- und hergerissen, was das chinesische Engagement betrifft. Denn Thailand, wo eingewanderte Chinesen schon seit einigen Generationen eine zentrale Rolle spielen, will nicht zu abhängig von China werden.

Der steigende Druck, den Klimawandel zu bekämpfen, macht solche Investitionen immer attraktiver. Die Internationale Energieagentur (IEA) hält Züge für »die effizientesten Transportmittel«. Der Transportsektor ist für knapp ein Drittel des globalen Energieverbrauchs verantwortlich. Wenn nun auch in den Schwellenländern die Urbanisierung weitergeht, wird dieser Energieverbrauch steigen. Um hier gegenzusteuern, ist der Ausbau des Schienenverkehrs enorm wichtig. Denn gerade bei Langstrecken können mit nur 3 Prozent der Transportenergie 9 Prozent der Passagiere und 7 Prozent der Güter transportiert werden. Das erste asiatische Hochgeschwindigkeitsnetz bedeutet auch: Die technischen Standards werden nun von den Chinesen in Asien gesetzt und nicht etwa vom japanischen Shinkansen, dem deutschen ICE oder dem französischen TGV. Dabei war es dem Westen immer sehr wichtig, die technischen Standards für die Welt festzulegen. Doch bei den Hochgeschwindigkeitszügen sind sie in Asien nicht mehr im Spiel.

70 CHINAS GEISTIGES ERBE

KI liest und digitalisiert Chinas alte Schriften.

Noch nie in Chinas Geschichte war altes Wissen so präsent: Chinesische und amerikanische Forscher haben gemeinsam mittels künstlicher Intelligenz antike chinesische Texte erschlossen. Die

Universität von Sichuan, Chinas Nationalbibliothek, die Zhejiang-Bibliothek, die kalifornische Universität Berkeley und das DAMO-Forschungszentrum von Alibaba, dem chinesischen Amazon, haben hierfür zusammengearbeitet.

Innerhalb von zwei Jahren wurden rund 200 000 Seiten antiker Bücher und 30 000 Zeichen erfasst und für die Online-Suche verknüpft; sie sind nun in der Nationalbibliothek zugänglich. So kehrte auch das Werk »Die erhaltenen Gedichte von 100 Song-Dynastie Dichtern« des um 1700 geborenen Dichters Cao Tingdong aus Berkeley digital nach China zurück. Mehr als 400 000 antike chinesische Schriften befinden sich außer Landes. Sie wurden in den Wirren der Kolonialisierung, während des Bürgerkrieges und der Mao-Zeit gestohlen oder von Dieben ins Ausland verkauft.

Bei Caos Buch wurden mit Hilfe optischer Zeichenerkennung (OCR) erstmals antike chinesische Schriftzeichen digitalisiert. Zeichen, die heute nicht mehr benutzt werden. »Die Technologie kann eine entscheidende Rolle bei der Bewahrung unseres wertvollen kulturellen Erbes spielen«, sagt Jeff Zhang, Leiter der Alibaba DAMO Academy. Die neue Software kann bisher 30 000 alte chinesische Schriftzeichen mit einer Sicherheit von fast 100 Prozent erkennen. Sie ist dabei dreißigmal schneller als ein menschlicher Experte.

Bereits 2006 hat China auf Anweisung des Staatsrates der Kommunistischen Partei mit der Digitalisierung alter Schriften begonnen. Inzwischen sind über drei Millionen alte Bücher aus 13 Provinzen digitalisiert. Auch eine weitere Software gibt es inzwischen, sie wurde von einem Forschungsteam bei DeepMind in Zusammenarbeit mit Universitäten in Venedig, Oxford und Athen entwickelt. Sie kann fehlende Textstellen auf Stein, Metallen oder Keramik ersetzen. Die Forscher haben ihre Ergebnisse in *Nature* veröffentlicht, einer der führenden Wissenschaftszeitschriften der Welt. Die Software namens Ithaca lernt aus anderen vollständigen Texten, was in den fehlenden Passagen stehen könnte.

Trainiert haben die Forscher die Software zunächst mit 60 000 griechischen Texten aus der Zeit zwischen 700 v. Chr. und 500 n. Chr. Dann testeten sie die Software an Texten, in denen sie absichtlich Lücken gelassen hatten. Das Ergebnis war beeindruckend. Die Software schaffte es, 62 Prozent der Leerstellen richtig auszufüllen. Damit ist sie deutlich besser als die besten menschlichen Spezialisten. Allerdings: Wenn Mensch und Maschine Hand in Hand arbeiten, erreichen sie sogar eine Trefferquote von 72 Prozent. Die Software ist dann auch in der Lage, die Texte sogar ziemlich akkurat zu datieren – ohne die Hilfe von Menschen. Ein solches Projekt ist wichtig für die Politik in Peking. So kann man noch deutlicher machen, in welchem Maß Chinas Aufstieg ein Wiederaufstieg ist. Es wird klarer, dass die vergangenen 200 schwierigen Jahre eine Ausnahme waren. In dieser Zeit ist Chinas Anteil an der Weltwirtschaft von 30 Prozent auf fast null Mitte des 20. Jahrhunderts gefallen.

Die Schriften machen deutlich: China ist einmalig, was die Vielfalt der Kultur und das Alter der Nation betrifft. Das ist ein wichtiger Unterschied zu den USA. China ist die älteste Weltmacht in der Geschichte. Die Vereinigten Staaten sind die jüngste.

71 APPLES CHINA-INNOVATION

In der neuen VR-Brille von Apple dominieren chinesische Zulieferer. Und zum ersten Mal benutzt Apple sogar einen Lieferanten aus der Volksrepublik für die erste Generation eines neuen Produktes.

Innovation ist heute keine Frage von nationalen Alleingängen mehr. Deshalb tendieren die Forschungs- und Entwicklungsabteilungen von Konzernen dazu, geopolitische Spannungen zu ignorieren. Die

Beschaffungsspezialisten hingegen wollen und sollen Risiken minimieren. In diesem Spannungsverhältnis macht Apple offensichtlich beides.

Es setzt mehr auf China, versucht innerhalb Chinas zu diversifizieren und gleichzeitig Alternativen bei Chinas Nachbarn aufzubauen.

Wie das funktioniert, sieht man an Apples neuestem Produkt, dem Mixed-Reality-Headset »Vision Pro«. Es wurde im Juni 2023 vorgestellt. Das »Spatial Computing«-Endgerät soll die Art und Weise der Kommunikation zwischen Mensch und Maschine revolutionieren.

Die amerikanische Brille wird nicht nur maßgeblich von chinesischen Unternehmen zusammengebaut, sondern es steckt auch jede Menge chinesisches Know-how in den Entwicklungsprozessen. Mehr als die Hälfte der Zulieferer sind chinesische oder taiwanesische Unternehmen, die überwiegend in China produzieren. Und zum ersten Mal überhaupt benutzt Apple nun sogar einen China-Lieferanten für die erste Generation eines Produkts. Bisher war diese Rolle stets dem Taiwan-Unternehmen Foxconn zugefallen. Doch Apple ist die Abhängigkeit von Foxconn zu groß geworden. Offensichtlich war nur ein chinesisches Unternehmen in der Lage, diese Herausforderung zu meistern. Das taiwanesische Unternehmen Foxconn wiederum, noch immer weltgrößter Hersteller von Apples iPhones, setzt nicht länger nur auf Hightech-Gadgets mit kleinen Margen, sondern auf große Autos mit großen Margen. Daran sieht man, wie dramatisch sich die Autoindustrie verändert: E-Autos sind inzwischen rollende Smartphones und werden es noch mehr, wenn das autonome Fahren sich bald durchsetzt.

Anders als bei Tim Cooks iPhones hat Foxconn die Autos für die Auftragsproduktion selbst entwickelt. Seit 2022 werden in Thailand zusammen mit dem Energiekonzern PTT zwischen 150 000 und 200 000 Elektroautos für den südostasiatischen Markt gefertigt.

Seit Herbst jenes Jahres stellt Foxconn E-Pick-ups in Lordstown, Ohio, her. Die Produktionsstätte war von General Motors für die Herstellung von Kleinwagen aufgebaut und später für 200 Millionen Dollar an Foxconn verkauft worden, als die Nachfrage nach GM-Autos nachgelassen hatte. Foxconn stellt hier auch die Autos für amerikanische E-Auto-Start-ups wie Fisker und Indi-EV her. In der Fabrik in Lordstown können 500 000 Fahrzeuge pro Jahr vom Band rollen. 300 000 sind erst einmal geplant.

Währenddessen rückt das Shenzhener Unternehmen Luxshare immer mehr in die Position von Foxconn. Luxshare hat bereits iPods gebaut, in der Eine-Million-Menschen-Stadt Kunshan in der Küstenprovinz Jiangsu, südlich von Shanghai. Luxshare hat Anfang des Jahres auch bereits einen Auftrag für das iPhone 15 bekommen. Neben Luxshare aus Shenzhen gehören zu den Lieferanten aus China: der Kameramodulhersteller Cowell E Holdings aus Dongguan, der nördlichen Nachbarstadt Shenzhens, sowie Desay Battery Technology aus Shenzhen. Weitere Lieferanten sind die Shenzhen Zhaowei Machinery & Electronics Co. Sie bauen das VR-orientierte elektrische Fokus-Antriebssystem für den Vision Pro. Und auch die Shenzhen Everwin Precision Technology sowie Lingyi iTech Guangdong Co gehören zu den Firmen, denen Apple vertraut. Letztere stellt die Strukturkomponenten wie Mittelrahmen und Gehäuse für das Vision-Pro-Headset her. Die Liste zeigt: Die meisten dieser Zulieferer kommen aus Shenzhen, der 25-Millionen-Megametropole, dem neuen Silicon Valley.

Das mit Abstand größte Unternehmen in dieser Gruppe ist jedoch Luxshare, deren Wachstum 2022 und 2023 fast ausschließlich auf Apple-Aufträgen basierte. Wang Laichun, die Gründerin und Präsidentin des Unternehmens, stieg in der US-Forbes-Liste vom März 2023 zur wichtigsten Geschäftsfrau in China auf. Noch vor Dong Mingzhu, der Präsidentin von Gree Electric Appliances, und vor Meng Wanzhou, einer der rotierenden CEOs und CFOs von Huawei. Sie ist die Tochter des Gründers Ren Zhengfei.

Luxshare-Chefin Wang hat sich zehn Jahre bei dem taiwanesischen Wettbewerber Foxconn hochgearbeitet, bevor sie sich mit ihrem Mann selbstständig gemacht hat. Sie gilt als eine der reichsten Frauen Chinas. Angefangen hat sie bei Foxconn am Band. Im vergangenen Jahr hat ihr Unternehmen 31 Milliarden Dollar Umsatz gemacht. Ein Wachstum von fast 40 Prozent. Der Profit lag bei 1,2 Milliarden Dollar. 2022 hat Luxshare zwanzig Millionen iPhones gebaut. 2023 könnten es bis zu fünfzig Millionen werden. Voraussichtlich wird das Unternehmen 15 Prozent der neuen iPhones 15 herstellen.

Damit ist Luxshare neben Foxconn und Pegatron zum dritten Megazulieferer aufgestiegen. Die Aktie ist in den vergangenen fünf Jahren um 235 Prozent gestiegen.

Dass die Aufgabe mit Apples Brille nicht ganz einfach ist, zeigt sich im Sommer 2023: Die *Financial Times* berichtet, Luxshare werde 2024 voraussichtlich weniger als 400 000 Einheiten der »Vision Pro« herstellen. Eigentlich waren angeblich eine Million Exemplare innerhalb der ersten zwölf Monate nach Markteinführung angepeilt. Die hohe Komplexität des Produktes erschwere die Massenproduktion, heißt es. Andere Branchenkenner spekulieren, dass der hohe Preis zu einer niedrigeren Vorabnachfrage geführt habe und Apple die Schuld auf seine Zulieferer abwälzt. Das Headset kostet 2499 Dollar.

Die Probleme des chinesischen Unternehmens belegen die großen technischen Herausforderungen, vor der die Zulieferer stehen. Das macht es so schwierig, in die Nachbarländer zu diversifizieren. Stand März 2023 hat Apple 276 Produktionsstätten in China. Aber nur 14 in Indien, 27 in Vietnam, 36 in Südkorea und 41 auf Taiwan. Apple will dennoch versuchen, den Anteil Indiens an der globalen Produktion von derzeit 5 auf 25 Prozent zu erhöhen.

Dass Luxshare bei Apple eine solch zentrale Rolle spielt, passt der amerikanischen Regierung nicht. Nur wenige Tage nachdem im Januar bekannt wurde, dass Luxshare eine stärkere Rolle in der Apple-Welt spielen sollte und einen großen Produktionsanteil am iPhone 15 bekommen soll, startete die United States International Trade Commission (USITC) eine Patentverletzungsuntersuchung bei Luxshare. Daraufhin brach die Aktie an einem Tag um bis zu 9 Prozent ein. Bisher ist die Untersuchung zu keinem abschließenden Ergebnis gekommen. Sie hängt wie ein Damoklesschwert über dem Unternehmen. Apple scheint das nicht zu stören, sonst hätten die Amerikaner den Chinesen nicht danach auch noch den »Vision Pro«-Auftrag zugeschanzt.

72 GRÜNER WASSERSTOFF

China produziert und konsumiert als Weltmarktführer 30 Prozent des weltweiten Wasserstoffs, rund 33 Millionen Tonnen. Doch nur 3 Prozent werden aus erneuerbaren Energien gewonnen. Das soll sich nun ändern.

Ausgerechnet in der Inneren Mongolei, Chinas zweitgrößter Kohleabbauregion, entsteht eine der beiden weltweit größten Anlagen für grünen Wasserstoff. Sie geht 2023 in Betrieb und soll 680 Millionen Liter Benzin pro Jahr ersetzen. Die größte Anlage der Welt wird in der muslimisch geprägten Region Xinjiang im Westen des Landes entstehen. Allein diese Anlage mit einer Kapazität von 20 000 Tonnen Wasserstoff pro Jahr soll die CO_2-Emissionen Chinas um 500 000 Tonnen pro Jahr senken. Der Wasserstoff soll mit Hilfe von Solar- und Windenergie herstellt werden. Die Solaranlage wird so groß sein wie 900 Fußballfelder. Der hier produzierte Wasserstoff soll als Flüssiggas über Pipelines in andere Landesteile transportiert werden. Die Kosten sind beeindruckend niedrig: Rund 2,70 Dollar pro Kilo.

Damit fährt China eine andere Strategie als zum Beispiel Deutschland: Dort will man sich aus politischen Gründen nur auf den Ausbau von grünem Wasserstoff konzentrieren. Deshalb geht es langsamer voran, weil es länger dauert, große Volumen an grüner Wasserstoffproduktion aufzubauen. China hingegen möchte zunächst einmal möglichst schnell möglichst viel Know-how bei der Wasserstoffproduktion allgemein gewinnen. Also egal, ob der Wasserstoff aus grünen Quellen wie Wind, Wasser und Solar kommt oder ob er mit Kohlestrom hergestellt wird. Die Produktion soll billiger und effizienter werden. Deshalb wird sie in großem Stil ausgerollt, auch wenn sie zunächst und auf den ersten Blick widersinnig oft noch auf Kohle basiert. Erst ein kleiner Teil des chinesischen Wasserstoffs ist wirklich grün, und daher ist die neue Solaranlage ein wichtiger Schritt in Richtung mehr grünem Wasserstoff.

Wenn die Technologie dann ausgereifter und billiger ist, so die Überlegung, lässt sich die Energiequelle in einem zweiten Schritt leicht von Kohle auf Solar, Wasser oder Wind umstellen. Diese unterschiedlichen Strategien sind eine der Herausforderungen der Absichtserklärungen zur Green Transition bei den deutsch-chinesischen Regierungskonsultationen im Juni 2023 in Berlin.

Das Ziel der Chinesen: Wenn das Land 2060 klimaneutral sein soll, müssten zwischen hundert und 130 Millionen Tonnen Wasserstoff jährlich hergestellt werden; davon müssten achtzig bis hundert Millionen Tonnen grüner Wasserstoff sein. Das Electric Power Planning Design General Institute geht davon aus, dass Wasserstoff aus Wasserkraft den größten Anteil an der Wasserstoffproduktion halten wird. Insgesamt soll Wasserstoff einen Anteil von 20 Prozent der Stromversorgung in China erreichen.

Im Dezember 2022 hat Peking beschlossen, in diesem Bereich eng mit Saudi-Arabien zusammenzuarbeiten.

Auch in der Forschung kommt man voran: Einem Team der Nanjing Tech University unter der Leitung von Professor Zongping

Shao ist es gelungen, Meerwasser mittels eines entsprechenden membranbasierten Elektrolyseurs in Wasserstoff zu verwandeln. Die Forschungsergebnisse wurden bereits in *Nature* veröffentlicht. Alle Artikel, die dort erscheinen, werden von internationalen Kollegen gegengelesen und für haltbar befunden. Die Anlage sei bereits 3200 Stunden ohne Probleme gelaufen, betonen die Forscher.

Solche Fortschritte werden dringend gebraucht. Denn auch die Zwischenziele auf Chinas Weg sind ehrgeizig: Bereits im Jahr 2030 sollen eine Million Wasserstofffahrzeuge in China unterwegs sein, plant das Ministerium für Industrie und Informationstechnologie (MIIT). 2021 waren es erst knapp 9000, darunter rund 5300 Busse. 94 Prozent der H_2-Busse weltweit fahren in China. Die meisten anderen Fahrzeuge sind Lastwagen. 2050 sollen 30 Prozent der chinesischen Trucks mit H_2 laufen, schätzt die US-amerikanische Investmentbank JP Morgan. Derzeit sind es 5 Prozent. Great Wall Motors hat 2022 hundert H_2-Trucks ausgeliefert. Sie sind 30 Prozent billiger als die Diesel-Version.

Und auch die nächste chinesische Entwicklungswelle rollt bereits: Im Sommer 2022 hat die erste Massenproduktion von Wasserstoffautos begonnen: Der Changan Shenlan SL03 ist ein Gemeinschaftsprojekt. Beteiligt sind Changan New Energy, ein staatlicher Autohersteller aus der zentralchinesischen Metropole Chongqing, CATL, der weltweit führende E-Auto-Batteriehersteller, und Huawei, einer der führenden Anbieter von Vernetzungstechnologie für Autos. Der Verbrauch liegt bei nur 0,65 kg/100 km.

Auch Züge sollen bald schon mit Wasserstoff fahren: Im Frühjahr 2023 hat China den schnellsten Wasserstoffzug, der bisher konstruiert wurde, der Öffentlichkeit vorgestellt. Er fährt 160 Kilometer pro Stunde und kommt mit seiner Batterie 600 Kilometer weit. Die Technologie stammt vom Fuxing-Hochgeschwindigkeitszug, der zu den besten der Welt gehört. Entwickelt wurde der Zug in einem Joint Venture zwischen der Changchun Railway Company

(CRRC) und Chengdu Rail Transit. Der große Vorteil des Zuges: Er kann auch noch nicht elektrifizierte Strecken umweltfreundlich nutzen, ohne dass dafür große Umbauten an der Strecke nötig wären. Nur wenige Monate später geht im Juni der stärkste Wasserstoffzug in den Regelbetrieb. Er hat mit 800 kW die größte Brennstoffzelle an Bord, die je in eine Lokomotive verbaut wurde. Hersteller ist China Railway Rolling Stock Corporation (CRRC). Mit 270 Kilogramm Wasserstoff kann die Lok 190 Stunden fahren. Das Ziel ist jedenfalls klar: 90 Prozent der 7800 Dieselloks in mit Wasserstoff betriebene Loks umbauen. Bei der National Energy Administration geht man davon aus, dass ein Kilo Wasserstoff so viel Energie liefert wie vier Liter Benzin, wobei der Preis von Wasserstoff noch weiter sinken wird.

Allerdings gibt es einen Engpass bei der Produktion von Wasserstoff: Die PEM-Elektrolyseure (Proton Exchange Membrane) spalten destilliertes Wasser mit Hilfe von Strom in Sauerstoff und Wasserstoff. China stellt derzeit weltweit die meisten und billigsten Elektrolyseure her, für 200 Dollar pro Kilowatt und ist damit 80 Prozent billiger als die Europäer mit der norwegischen NEL, der Münchner Linde AG oder der französischen Air Liquide, die führend sind bei innovativen Technologien für grünen Wasserstoff. Nur mit Hilfe staatlicher Subventionen wird es ihnen gelingen, aus dieser Defensive herauszukommen und ein ebenso günstiges Preis-Leistungs-Verhältnis anzubieten wie die Chinesen. Dabei rollen auch schon Wasserstoffzüge in Deutschland. In Niedersachsen fahren seit 2022 14 Wasserstoff-S-Bahnen. Die Züge mit dem Namen Coradia iLint werden vom französischen Verkehrskonzern Alstom hergestellt.

Es ist tragisch: Die Konzentration auf grünen Wasserstoff sowie die mangelnde Koordination in Brüssel lassen Europa in der allgemeinen Wasserstoffforschung immer weiter zurückfallen. Besonders Deutschland. Und die Chinesen warten nicht auf uns.

73 IM ZWEIFEL BRITISCH

Trotz oder gerade wegen des größeren Selbstbewusstseins der Chinesen haben westliche Schulen in China Konjunktur.

Bei 1,4 Milliarden Wettbewerbern ist Bildung alles! Dafür geben chinesische Eltern viel Geld aus. Sehr viel Geld. Und sie investieren viel Zeit. Sie kaufen sogar Wohnungen in der Nähe einer guten Schule, um dort einen der begehrten Plätze für den Nachwuchs zu bekommen. Chinas Schulsystem wird zwar immer besser, aber noch ist internationale Bildung sehr wichtig, ein Statussymbol: Das Angebot an Privatschulen wie Harrow, Dulwich und Wellington hat sich in den vergangenen fünf Jahren verdreifacht. Die meisten sind britisch. Deutschland spielt hier leider keine Rolle.

Für die Anbieter ist es ein gutes Geschäft. Über 30 Prozent Rendite sind nicht selten bei solchen Schulen. Deshalb kaufen chinesische Investoren gleich die ganze Schule: Mindestens 17 britische Privatschulen sind bereits chinesisch. Im Süden, in der Greater Bay Area rund um Hongkong und Shenzhen, entstehen die meisten neuen Schulen. Zwölf der insgesamt 53 im Jahr 2020 in China neu eröffneten internationalen Schulen wurden dort gegründet. Daran sieht man: Die innovative Zukunft Chinas liegt im Süden. Weil es wegen der Null-Covid-Politik zwischen 2020 und 2023 schwierig war, im Ausland zu studieren, erhöhte sich das Wachstumstempo noch. Allerdings wurde es aus dem gleichen Grund immer schwieriger, westliche Lehrer für China zu finden. Die Lage dürfte sich 2023 entspannen. Laut Schätzungen werden bis 2025 rund zwanzig britische Schulmarken an rund 31 Standorten allein in der Greater Bay Area aktiv sein. Allerdings wird der Markt von der chinesischen Regierung beschränkt. Einem neuen Gesetz aus dem Jahr 2022 zufolge dürfen Privatschulen nicht mehr als 5 Prozent des gesamten Schulangebotes für die Sechs- bis 15-Jährigen ausmachen. Auch in Großbritannien gibt es eine solche Regelung. Dort sind es 7 Prozent.

Aber auch auf andere Weise versucht die Regierung, den Boom in den Griff zu kriegen. Die chinesischen Schulen dürfen inzwischen keine ausländischen Namen mehr benutzen und auch keine Attribute mehr wie »global« oder »international«. Damit will die Regierung dem Eindruck entgegenwirken, chinesische Schulen seien schlechter als westliche – was ja oft, wenngleich nicht immer, nach wie vor der Fall ist. Das betrifft auch Harrow, die 450 Jahre alte Internatsschule, die sieben Premierminister, darunter Winston Churchill, aber auch Kolonialherren hervorgebracht hat. Zum British Empire gehörte vor hundert Jahren noch ein Viertel der Welt, auch wichtige Teile Chinas. Die Mischung aus historischer Schmach und neuem Selbstbewusstsein hat eine seltsame Lösung hervorgebracht: Die zweisprachige Harrow International School in Peking, mit Schülern, die einen chinesischen Pass haben, nennt sich nun Beijing Chaoyang District Lide School, während die Schule für Kinder mit ausländischem Pass weiter Harrow heißt. Der Staat versucht den Spielraum dieser Schulen einzuschränken, damit nicht zu viele westliche Schulen das chinesische Schulsystem »untergraben«, wie es in der zuständigen Behörde heißt. Eine dieser Regelungen: Die Schulen können nicht mehr mehrheitlich von Ausländern kontrolliert werden, und bis zur 9. Klasse dürfen die Lehrer keine westlichen Bücher und Lehrmethoden verwenden. Deshalb hat sich zum Beispiel das Royal College of St. Peter in Westminster – auch bekannt als Westminster School, eine der bedeutendsten britischen privaten Internats- und Tagesschulen – dazu entschlossen, sechs neue zweisprachige Schulen in China erst einmal nicht zu eröffnen. Dennoch ist der Markt der ausländischen Schulen in den Jahren 2021 und 2022 um 3,4 Prozent gewachsen.

74 DEHNBARER GEHEIMNISVERRAT

Chinas neues Anti-Spionage-Gesetz führt im Westen zu großer Sorge. Ist nun noch mehr Willkür in China möglich? Denn was genau Staatsgeheimnisse sind, bleibt schwammig.

Die überwiegende Einschätzung im Westen: Es wird nun noch riskanter für Journalisten und Firmenvertreter, in China zu arbeiten. Führende westliche Juristen, die das chinesische Rechtssystem schon länger analysieren, sehen die Sache allerdings differenzierter und nüchterner. »Das Gesetz ist schlimm, aber es war immer schlimm«, fasst Jeremy Daum, Jurist und Forscher am Paul Tsai Law Center der amerikanischen Yale University die Lage zusammen.

Denn schon 2001 hat der Oberste Volksgerichtshof Chinas die Richtung festgelegt, eine schwammige: Demnach sei nicht nur die Weitergabe von Materialien oder Informationen, die eine Sicherheitsklassifizierung haben, strafbar, sondern die Weitergebe all dessen, von dem der Delinquent wusste oder »hätte wissen können«, dass es von »nationalem Interesse« ist. Seit über zwanzig Jahren ist also einer fast grenzenlosen Auslegung dieses Gesetzes Tür und Tor geöffnet. Denn was von nationalem Interesse ist, bestimmt die Kommunistische Partei für den Staat.

Derartige Spielräume gibt es auch im westlichen Recht. So wurde Meng Wenzhou, die chinesische Huawei-Topmanagerin und Tochter des Gründers, fast drei Jahre auf Grund fadenscheiniger Auslegung von US-Gesetzen in Kanada festgehalten, bis sich herausstellte, dass nichts gegen sie vorliegt. Der wichtigste Unterschied zwischen China und den USA ist jedoch: In den Vereinigten Staaten gibt es verlässliche rechtsstaatliche Hebel, sich dagegen zu wehren.

»Die verhängnisvolle Realität ist, dass der Bereich der Spionage bereits so weit gefasst war, dass nun nicht unmittelbar deutlich wird, welche Folgen die weitreichendere Formulierung tatsächlich hat«, erläutert Jurist Jeremy Daum. Anmerkungen, die zum Teil schon seit Jahren bestünden, seien nun in die Novelle des Gesetzes eingebaut worden. Und dabei gehe es um mehr als nur um routinemäßige Gesetzespflege.

Das Gesetz wurde den zunehmenden geopolitischen Spannungen angepasst, die entstehen, wenn eine aufsteigende Weltmacht eine etablierte herausfordert, wie im Fall von China und den USA. Der Gesetzgeber betont noch stärker als bisher, dass er diesen Herausforderungen gewachsen ist. So wie es von der Partei unter Präsident Xi Jinping verlangt wird.

Es geht also weniger darum, sich stärker wirtschaftlich vom Ausland abzunabeln oder gar Ausländer zu vertreiben. Nach dem Ende der Covid-Pandemie hat eher die gegenteilige Politik Konjunktur: Chinas Politik öffnet die Türen wieder weit. Deutsche Unternehmen investieren allein 2022/2023 einige Milliarden Euro in China. Allerdings will sich China nicht mehr in seinem Aufstieg vom Ausland behindern lassen, besonders nicht vom Westen.

Das kann man – je nach Blickwinkel – für überzogenen Nationalismus oder für ein der neuen Machtposition angemessenes Selbstbewusstsein halten. Am Ende ist es beides.

Klar ist auch: Die, die den Westen darin unterstützen, China zu bremsen, gehen große Risiken ein, sagt das Gesetz indirekt. Diese Haltung entspricht der neuen Entwicklungsphase, die Präsident Xi Jinping eingeleitet hat. Unter dem großen Reformer Deng Xiaoping hieß es in den 1990er-Jahren noch: »Behalte einen kühlen Kopf und deine unauffällige Art. Ergreife niemals die Führung – aber strebe danach, etwas Großes zu erreichen.«

Xi findet hingegen, dass China inzwischen durchaus die Führung ergreifen sollte. Auf der 20. KP-Parteitagung im Herbst 2022 spricht er davon, dass Chinas Entwicklungsmodell des »Sozialismus chinesischer Prägung« ein »Vorbild für die Welt« sei.

Diese neue Politik wird denn auch gleich im ersten Paragrafen des neuen Anti-Spionage-Gesetzes deutlich. In der ursprünglichen Version hieß es dort bislang: »Das Gesetz wurde im Sinne der Verfassung formuliert, um Spionage zu verhindern, zu stoppen und bestrafen und die nationale Sicherheit voranzutreiben und sicherzustellen.«

Nun folgen zwei kleine, aber wichtige Ergänzungen. Am Ende wurde der Passus »und die Interessen des Volkes zu schützen« hinzugefügt. Man könnte noch ergänzen: im Unterschied zu den Interessen anderer Völker. Und wichtiger noch: Es geht nun darum, selbst aktiver zu werden, indem man nicht nur Spionage verhindert, sondern »die Gegenspionage-Bemühungen verstärkt«, wie es in der zweiten Ergänzung heißt. Also nicht mehr reaktiv wie unter Deng, sondern proaktiv unter Xi.

Ähnlich interessant ist auch Paragraf 2. Der Gedanke der Zentralisierung der Nationalen Sicherheit wurde mit dem Wort »zentralisierte« noch einmal verstärkt. Auch ein Teil der Politik von Xi. Nun heißt es doppelt gemoppelt: Es gehe darum »die zentralisierte und vereinigte Führung des Zentrums der Partei« zu unterstützen. Kurz: Was der Chef will, ist entscheidend.

Neu ist auch die Formulierung einer »ganzheitlichen Sicht der nationalen Sicherheit«. Hier geht es also nun nicht mehr nur um Sicherheit, sondern bereits um das Wohl und Wehe von Xis »chinesischem Traum«. Und der lautet, dass China nach einem »Jahrhundert der Schande« mit dem blutigsten Bürgerkrieg der Weltgeschichte, mit Kolonialisierung und Zerfall des Kaiserreiches wieder zu alter Größe zurückkehrt. 1820 hatte China noch 30 Prozent Anteil an der Weltwirtschaft. In den schlimmsten Zeiten waren es nahe null Prozent. Nun ist das Land wieder bei 18 Prozent.

Und auch die folgende Ergänzung in der Novelle dreht sich darum, dass China sich nun nicht mehr alles gefallen lassen will: Es soll »eine Verteidigungslinie des Volkes zur nationalen Sicherheit« aufgebaut werden. Dazu passt eine weitere Zuspitzung: Strafbar sind nun auch Spionagetätigkeiten »außerhalb der Grenzen Chinas«. Strafbar ist nicht nur, Teil einer Spionageorganisation zu sein, sondern auch der Versuch, »sich mit ihr zu verbinden«.

Dies wurde auch vorher schon so praktiziert und ist zum Beispiel auch in der amerikanischen Gesetzgebung so üblich. Es nun ausdrücklich so zu formulieren, ist aber eine neue Qualität.

Die Novelle enthält allerdings auch Formulierungen, die die Rechte der Beschuldigten stärken. Die Befragung von vorgeladenen Verdächtigen wird nun auf acht, in Ausnahmefällen auf 24 Stunden begrenzt. Dabei soll für Essen und »ausreichende Ruhezeiten« gesorgt werden: »Kontinuierliche Befragungen sind strikt verboten.« Die Familie »soll umgehend informiert« werden, auch über die Gründe des Festhaltens. Die Befragung soll »aufgezeichnet werden« und »dauerhaft zur Verfügung« stehen.

Das sind durchaus positive Entwicklungen. Allerdings stellt sich im Alltag die Frage, ob, wie und wann sich diese Rechte durchsetzen lassen. Insgesamt ist die Wahrscheinlichkeit sehr hoch, dass es für Ausländer und Chinesen im Positiven wie im Negativen kaum unmittelbar spürbare Veränderungen geben wird. Deshalb fasst US-Jurist Daum, trotz der Aufregung der Medien, die Novelle nüchtern so zusammen: »Die Revision des Gesetzes ist weniger folgenreich, als manche vermuten.«

75 SOZIALISTISCHE S-KLASSE

Der patriotische Hongqi (Rote Fahne) soll Chinas erste globale Luxusmarke werden.

Der staatliche nordchinesische Autokonzern und Audi-Joint-Venture-Partner FAW hat sich viel vorgenommen. Er will den Hongqi zu einer neuen chinesischen S-Klasse für die Welt machen. Bis dahin ist es allerdings ein weiter Weg.

Hongqi ist das erste chinesische Auto. Es wurde bereits 1958 auf Initiative von Mao Zedong zum ersten Mal gebaut, basierte auf einem amerikanischen 1955er-Chrysler und diente als Kaderfahrzeug. Mao selbst nutzte die Karosse bis zum Besuch von US-Präsident Richard Nixon 1972 allerdings nicht. Sein Nachfolger Deng Xiaoping nahm in den 1980er-Jahren Paraden mit dem Hongqi ab. Von 1995 an wurde dann der alte Audi 100 unter dem Namen »Rote Fahne« verkauft. Nach Jahren der Gemeinschaftsproduktion mit Audi war die Lizenz für den alten Audi 100 auf die Chinesen übergegangen. Hongqi hat die Audi-A6-C7-Plattform als Vorbild, allerdings mit Hinterradantrieb. Zusammen mit dem VW-Konzern hat Audi bereits 1991 das Gemeinschaftsunternehmen FAW-Volkswagen gegründet.

Inzwischen produziert FAW die vierte Generation der Fahrzeuge, mit Erfolg: 2022 wurden in China mit 310 000 Autos unterschiedlicher Größe deutlich mehr Hongqis als zum Beispiel US-Cadillacs (198 000) verkauft. Ein Wachstum von 3 Prozent. Daimler verkaufte über 90 000 S-Klassen, ein Wachstum von 5 Prozent. Nun soll der E-HS9, ein Luxus-SUV, die chinesische Antwort auf die S-Klasse, auf Maybach, Rolls-Royce oder Bentley sein.

Das SUV ist 5,20 Meter lang, mit einem Radstand von 3,10 Metern. Für ein Auto dieser Größe ist es vergleichsweise preiswert, die Preise liegen umgerechnet zwischen 70 000 und 80 000 Euro.

Die Leistung wird mit 436 PS angegeben. Mit seinem großen Akku kommt der Hongqi E-HS9 auf 90 kWh und eine Reichweite von 465 Kilometern. Die beiden E-Motoren sitzen dabei jeweils an einer Achse. »Auch wenn das Design ein bisschen sehr nach Rolls-Royce aussieht, muss sich Hongqi mit dem E-HS9 in Europa technisch sicher nicht verstecken«, lautet das Urteil der deutschen Zeitschrift *Auto Motor und Sport*.

Das teuerste für Privatpersonen erhältliche Hongqi-Modell ist der L5. Das neue Modell wurde im April 2023 auf der Auto Shanghai vorgestellt, der wichtigsten Automesse der Welt. Es kostet umgerechnet rund 800 000 Euro und ist damit gut viermal teurer als der Mercedes-Maybach S680. Für die Spitzenversion muss man über eine Million hinblättern. Ein ähnliches Fahrzeug wird derzeit von Staats- und Parteichef Xi Jinping benutzt, um Paraden abzunehmen. Zuletzt 2019, zum siebzigsten Jahrestag der Gründung der Volksrepublik. Deshalb titelte *Auto Motor und Sport* auch, China würde nun sein »Staatsgeheimnis« verkaufen.

Als Designer hat Hongqi Giles Taylor abgeworben, bis dahin Designchef von Rolls-Royce. Sein Designzentrum ist in München. Das

Design der »Roten Fahne« ist top. Die Verarbeitung, vor allem der Innenausstattung, ist spektakulär, kommt allerdings noch nicht ganz an die S-Klasse heran. Für Erfahrung gibt es eben dann doch keine Abkürzung. Das ist ein Grund, warum Mercedes 2022 im siebten Jahr in Folge zur wertvollsten Luxus-Automobilmarke der Welt gekürt wurde. Die Schwaben sind die einzigen Autobauer unter den Top 10 der hundert Best Global Brands.

Maos Marke hat international noch kaum Sex-Appeal. Aber unaufholbar ist dieser Rückstand nicht. Und so lautete die Devise: klotzen statt kleckern. Warum nicht auch noch Ferrari Konkurrenz machen? Auf der Shanghai Auto Show 2021 präsentierten die Chinesen eine Studie des S9, einen V8-Benziner in Kombination mit einem Hybridsystem. Gesamtleistung: 1400 PS. Von null auf hundert in 1,9 Sekunden. Der Preis: rund 1,5 Millionen Euro. Produktionsstart war 2022 in Italien, in der Emilia-Romagna. Dort hat der Entwicklungspartner Silk EV seinen Hauptsitz.

Inzwischen hat sich FAW allerdings aus dem Milliarden-Projekt zurückgezogen, gegen die Silk Sports Car Company ermitteln die italienischen Finanzbehörden wegen Subventionsbetrug.

Auch wenn dieser Superflitzer ein Rohrkrepierer war: Der »normale« S9 von Hongqi wird bereits nach Norwegen exportiert. 2022 wurden dort gut 1500 Fahrzeuge verkauft. Von dort aus ist der Weg nach Deutschland nicht weit.

76 WERKZEUGE DES DRUCKS

Der UN-Menschenrechtsrat hat sich mit großer Mehrheit gegen Sanktionen ausgesprochen.

Es ist ein weiterer Schritt bei der Veränderung der Weltordnung in Richtung von mehr globaler Mitbestimmung, genau 75 Jahre nachdem die Allgemeine Erklärung der Menschenrechte von den Vereinten Nationen verabschiedet wurde. In seiner 52. Sitzung im April 2023 stimmte der UN-Menschenrechtsrat erstmals mit 33 Ja-Stimmen (bei 13 Nein-Stimmen) einer Resolution für die Aufhebung einseitiger Wirtschaftssanktionen zu. Sanktionen, wie sie bisher hauptsächlich von westlichen Staaten verhängt werden, zum Beispiel gegen China, Russland, Iran oder auch Kuba.

Der Westen unter Führung der USA musste eine historische Niederlage einstecken. Alle asiatischen, afrikanischen und lateinamerikanischen Staaten des Rates stimmten der Resolution zu, bei einer Enthaltung von Mexiko. Diese »einseitigen Zwangsmaßnahmen« verstießen gegen die UN-Charta und gegen die »Normen und Grundsätze für friedliche Beziehungen zwischen den Staaten«, hat die Mehrheit der Welt entschieden. Unilaterale Sanktionen, »die nicht im Einklang mit internationalen Gesetzen, internationalen Menschenrechtsgesetzen und der Charta der Vereinten Nationen stehen«, dürfen nun nicht länger »zugelassen, durchgeführt oder implementiert werden«. Sie seien »Werkzeuge des Drucks«, die von »einigen Staaten« benutzt würden, um »die Souveränität anderer Staaten« – insbesondere die von Entwicklungsländern – einzuschränken, um deren politische, wirtschaftliche und soziale Systeme in eine bestimmte Richtung zu treiben.

China ist eines der Länder, die diese Initiative seit langem befürwortet und vorangetrieben haben. Schon vor knapp zehn Jahren, als er noch Sprecher des Außenministeriums war, hat Ex-Außenminister Qin Gang sich im Namen der chinesischen Regierung gegen Sanktionen ausgesprochen: »China setzt sich seit Jahren konsequent gegen den Einsatz von Sanktionen ein oder gegen die Drohung damit.« Jahrelang war diese Position nicht mehrheitsfähig gewesen. Im Frühjahr 2023 jedoch hatte sich die Bewegung der von Indien, China und Brasilien angeführten sogenannten Blockfreien Staaten mit rund 120 Mitgliedern auf einen gemeinsamen Kurs einigen können.

Ein großer diplomatischer Erfolg für Peking, aber auch für Neu-Delhi. Am Ende schickten die beiden Großmächte jedoch ein kleines Land mit zehn Millionen Einwohnern vor: Aserbaidschan reichte die Resolution im Namen der Blockfreien Staaten ein. Aserbaidschan – gelegen zwischen dem Kaspischen Meer und dem Kaukasus, der sich zwischen Asien und Europa erstreckt – ist ein zentrales Land des Wirtschaftskorridors China-Zentralasien-Westasien (CCAWEC). Er dient China dazu, in Umgehung von Russland Europa zu erreichen.

Trotz seiner sehr schwierigen, wechselvollen Beziehungen zu Russland hatte sich Baku nicht an den Sanktionen gegen Moskau beteiligt. Interessanterweise stimmten auch die drei Länder in Asien, die die Sanktionen des Westens gegen Russland mittragen – Japan, Singapur und mit Abstrichen Südkorea –, ebenfalls für die Abschaffung unilateraler Sanktionen. Dem Rat gehören 47 nach Regionen gewählte Mitglieder an. Aus ihrem Kreis lehnten nur die USA, Nato-Staaten sowie Georgien, Montenegro und die Ukraine die Resolution ab. Dabei spricht sich diese nicht grundsätzlich gegen Sanktionen aus, sondern nur gegen solche, die keine Mehrheit in der UN finden. Bei einem guten Dutzend Länder haben sich die Vereinten Nationen auf Sanktionen einigen können, darunter Iran, Sudan und Nordkorea.

Die Abstimmungsresultate zeigen, dass der Graben zwischen der Minderheit des etablierten Westens und der Mehrheit der aufsteigenden Länder immer größer wird. Inzwischen vertreten allein die BRICS-Länder mehr Menschen und verfügen über mehr globale Wirtschaftskraft als die G7. Die US-Vertreterin im Rat, Michèle Taylor, kritisierte, der Resolutionstext stelle in unangemessener Weise die »Fähigkeit von Staaten infrage, ihre wirtschaftlichen Beziehungen zu bestimmen und legitime nationale Interessen zu schützen«. Damit hörte sie sich an wie ein Vertreter des Adels im 19. Jahrhundert angesichts des Aufstiegs des Bürgertums. Die deutsche Außenministerin Annalena Baerbock, die zu Beginn der Sitzung des Menschenrechtsrates in Genf eine Rede hielt, hat sich bisher nicht zu dieser Entscheidung geäußert. Wird sie wohl auch nicht mehr. Denn das würde ihre politische Linie kollabieren lassen.

Noch anlässlich ihres Besuches in Peking im Frühjahr 2023 hatte Baerbock ihren Counterpart Außenminister Qin Gang auf die Bedeutung des Rates hingewiesen: »Eine Zusammenarbeit mit dem Menschenrechtsrat der Vereinten Nationen zur Umsetzung seiner Empfehlungen würden wir begrüßen, so wie es uns allen als Mitglieder der Vereinten Nationen Verpflichtung ist.« Baerbock hatte dies im Zusammenhang mit den Erkenntnissen des UN-Menschenrechtsrates zu Xinjiang betont. Peking hält den Bericht des Hochkommissariats für Menschenrechte für »ein Werkzeug, um sich in die inneren Angelegenheiten Chinas einzumischen und Xinjiang für eine Agenda zu benutzen, die China eindämmen will«.

Nach der Entscheidung des Menschenrechtsrates müsste sich Baerbock nun verpflichtet fühlen, diesen Beschluss der Mehrheit der Welt in den Vereinten Nationen umzusetzen, und darauf drängen, die Sanktionen gegen China, aber auch gegen Russland aufzuheben und andere Wege zu suchen, um Putins Angriffskrieg zu beenden und die politische Konfrontation mit China beizulegen. Auch im Sommer 2023 gelten noch immer die im Frühjahr 2021 verhängten Sanktionen der EU gegen China, worauf Peking seinerseits mit Sanktionen gegen die EU geantwortet hat.

Im Falle Chinas haben die Sanktionen nur geringen Einfluss auf die Wirtschaftskraft des Landes. Und auch bei Russland scheint die Wirkung nicht so groß zu sein wie vom Westen erhofft. Der westlich dominierte Internationale Währungsfonds (IWF) geht davon aus, dass Russlands BIP 2023 um 0,7 Prozent wachsen wird, nach einem Einbruch von 2,1 Prozent 2021. Für 2024 sieht der IWF sogar ein Wachstum von 1,4 Prozent. Das sind Wachstumsraten, wie sie der IWF für die Jahre 2023 und 2024 auch für die EU prognostiziert. Der Grund für Russlands überraschende Erholung: Allen voran China, aber auch Demokratien wie Indien, Südafrika und Brasilien fühlen sich nicht an die westlichen Sanktionen gegen Putin gebunden. Insgesamt sind es über 170 von 194 Ländern der Welt, die den Sanktionen nicht folgen. Ihre Position wird nun durch diesen Beschluss des UN-Menschenrechtsrates nachträglich legitimiert.

77 AMERIKANISCHE SOFTPOWER

Trotz des Machtkampfs zwischen China und den USA dürfen die Amerikaner im neuen Universal-Vergnügungspark in Peking Hollywoods Softpower wirken lassen.

In Peking hat 2021 der weltgrößte Vergnügungspark der US-amerikanischen Universal Studios eröffnet, man erwartet über zehn Millionen Besucher pro Jahr. Elf Millionen gab es bereits vor Covid bei Disneyland in Shanghai. Wie Disney transportiert auch der Pekinger Park »westliche Popkultur«. Die Themen lauten: Harry Potter, Minion Land, Jurassic Park, Transformers und Hollywood. Mit dieser Softpower erobern die USA die Welt. Das Einzige, das hier auch chinesische Kultur transportiert, wenn auch amerikanisch interpretiert, ist Kung-Fu Panda. Es ist nicht der beliebteste Teil des Parks, der gehört Harry Potter.

Ist Geld verdienen Pekings Behörden wichtiger als Chinas Softpower? Die Chinesen halten 70 Prozent Anteile an dem Pekinger Park, Universal nur 30. Umsatzprognose: 1,3 Milliarden Dollar pro Jahr. Investitionen: 6,5 Milliarden Dollar. Ansonsten ist die Regierung ja eher darauf bedacht, dass nicht zu viele westliche Einflüsse nach China gelangen, sondern das Land seine eigene Softpower entwickelt. Der Begriff tauchte kürzlich zum ersten Mal sogar im Arbeitsbericht der 20. Parteitagung der Kommunistischen Partei auf. Der Vertrag mit Universal wurde allerdings bereits 2014 unterschrieben. Danach ging es lange hin und her. Und dann kam auch noch Covid. »Nach all dem Taumeln und Schütteln ist die Achterbahn am Ende weich gelandet«, fasst Qin Gang, damals Chinas Botschafter in den USA und später kurz Außenminister, die Entwicklung zusammen. Und Chinesen fahren voll auf die US-Kultur ab. Die Eintrittskarten für den Eröffnungstag waren in einer Minute ausverkauft. Trotz strömendem Regen harrten die Menschen über Stunden in der Schlange aus.

Im Filmbereich nimmt Peking die Amerikaner allerdings an kürzere Zügel. Das können sie auch, denn die Amerikaner wissen, dass sich Hollywood-Filme ohne die Einnahmen aus Chinas Kinos gar nicht mehr kalkulieren lassen. Auch Universals letzter James Bond mit Daniel Craig nicht, *No Time to Die*. China ist seit 2020 der größte Kinomarkt der Welt. In jenem Jahr kam China auf 3,1 Milliarden Dollar Ticketeinnahmen. In den USA waren es nur 2,3 Milliarden. 2021 konnte China den Vorsprung noch ausbauen. Während China 39 Prozent der Weltticketeinnahmen generierte, kamen die USA nur auf 20 Prozent. Allerdings wird man sehen müssen, wie sich das Verhältnis nach Covid einpendelt.

China verfügt über 75 500 Leinwände, die USA nur über etwa 41 000. Der Markt wird von Peking reguliert: Die großen US-

Studios dürfen pro Jahr nur 34 Filme in China zeigen. Und es gibt nur 25 Prozent der Ticketeinnahmen. Mit Co-Produktionen kann man das Thema umgehen. Doch vielen großen Studios ist das Mitspracherecht der Chinesen zu riskant. Gleichzeitig wendet sich die Generation Z, zwischen 1995 und 2010 geboren, zunehmend chinesischen Marken und traditioneller chinesischer Kultur zu. Ein Problem für Softpower made in America. Umgekehrt haben chinesische Filme beim westlichen Massenpublikum bisher keinen Erfolg. Wirklich angekommen als Weltmacht ist China dann, wenn chinesische Vergnügungsparks in den USA und Europa eines Tages den gleichen Stellenwert haben wie heute die amerikanischen. Oder die chinesischen Filme. Oder ein chinesisches Starbucks. Bis es so weit ist, will Starbucks, das Original, bis 2025 alle neun Stunden einen neuen Coffeeshop in China eröffnen. Rund 9000 Läden in dreißig Städten.

78 DER EVERGRANDE-KOLLAPS

Nachdem Evergrande, einer der größten Immobilienkonzerne Chinas, mit 300 Milliarden Dollar verschuldet ist, zähmt Peking den maßlosen Immobilienmarkt.

2017 wurde der Gründer Hui Ka Yan noch gefeiert. Das *Forbes Magazine* kürte ihn zum reichsten Mann Chinas, mit einem Vermögen von 42 Milliarden Dollar. Vier Jahre später war sein Unternehmen zahlungsunfähig. Hui konnte über 22 Milliarden Dollar Schulden nicht bedienen. Evergrande war das am höchsten verschuldete Bauunternehmen der Welt. Die Evergrande-Aktien brachen dramatisch ein. Rund 1,5 Millionen Chinesen hatten bei Evergrande für nicht gebaute Wohnungen bereits angezahlt. Peking wies dennoch die staatlichen Banken an, den Kredithahn zuzudrehen. Die gesamte Immobilienbranche ging in die Knie.

Die Lage war allerdings längst nicht so ernst wie beim Zusammenbruch von Lehman Brothers 2008 in den USA, mit 4 Milliarden Dollar Wertpapierverlusten allein bis April 2009. Evergrande hat hohe Schulden, ist aber mit nur 4 Prozent Anteil am chinesischen Immobilienmarkt nicht systemrelevant. Die Immobilienwirtschaft insgesamt steuert nur 14 Prozent zu Chinas BIP bei. Die Schulden von Evergrande sind für einen Staat, der jeden Monat Waren für rund 100 Milliarden Dollar mehr in die Welt verkauft, als er importiert, leicht zu händeln. Zumal die hohen Gesamtschulden des Konzerns (2 Prozent von Chinas BIP) nicht auf einen Schlag, sondern erst über Jahre fällig werden. 2021 ging es also erstmal »nur« um 20 Milliarden Dollar.

Hinzu kommt, dass das Ausland nicht mit drinhängt. Nicht einmal ein Prozent der Gläubiger sind Ausländer. Und auch Chinas Banken sind nicht überschuldet: Der Anteil fauler Kredite liegt nach Berechnungen der Weltbank 2021 bei um die 2 Prozent. 2005 lagen sie noch bei 12,4 Prozent. Auch die Immobilienkäufer sind anders als damals in den USA nicht überschuldet. Sie müssen zwischen 30 und 70 Prozent Eigenkapital haben. Eine Familie darf nur zwei Wohnungen kaufen. Die Zinsen liegen zwischen 5 und 6 Prozent. Vor der US-Prime-Krise bekamen Hauskäufer in den USA hingegen Immobilien ohne Eigenkapital, mussten mehrere Jahre keine Zinsen zahlen und konnten so viele Wohnungen kaufen, wie sie wollten.

Selbst die US-Ratingagentur Fitch hält das volkswirtschaftliche Risiko Chinas für »moderat« und das Risiko für einen Einbruch der Immobilienpreise für »niedrig«. Zudem haben die Chinesen eine große Wachstumsstory hinter sich. Zwischen 2000 und 2022 sind die Immobilienpreise durchschnittlich um 7,8 Prozent pro Jahr gestiegen. Da kann man schon mal einen Einbruch von ein paar Prozent hinnehmen, wenn man davon ausgeht, dass er nur vorübergehend ist. 2021 waren die Preise für neue Wohnungen um moderate 1,6 Prozent gefallen. Ein Jahr später waren es rund doppelt so viel. Der Tiefpunkt war ein Einbruch im November 2022 um knapp 20 Prozent im Vergleich zum Vorjahr, der tiefste Wert in zwanzig Jahren. Doch seitdem mehren sich die Zeichen der Erholung. Im Frühjahr 2023 wachsen die Immobilienpreise wieder leicht. Sie liegen nun noch immer 35 Prozent höher als vor fünf und 65 Prozent höher als vor zehn Jahren. Die Immobilienverkäufe liegen pro Quadratmeter bei 90 Prozent des Wertes von 2019.

Die chinesische Regierung hat neue Gesetze etabliert, die Immobilienentwickler zwingen, weniger riskant zu investieren. Sie dürfen sich zum Beispiel nicht mehr so hoch verschulden und müssen mehr Sozialwohnungen bauen. Ende 2022 wurde zudem ein großes Konjunkturprogramm gestartet. Nun kann der Markt langsamer, aber stabiler und nachhaltiger wachsen. Die Evergrande-Wohnungen, die noch nicht fertiggebaut, aber zum Teil schon bezahlt worden sind, werden von den entsprechenden Kommunen bezugsfertig gemacht. Selbst Evergrande bekommt noch eine Chance. Das Unternehmen wurde gerichtlich zu einer Umschuldung verpflichtet, um die Liquidierung zu vermeiden. Evergrande-Gründer Hui Ka Yan hat den Crash ohne Konkurs überlebt und versucht sich sogar an einem Comeback. 2023 sollen noch 300 000 Wohnungen fertiggestellt werden. Allerdings ist die Aktie vom Handel in Hongkong ausgesetzt, das muss Hui nun ändern. Im April hat die Evergrande Group bekannt gegeben, dass sie eine Offshore-Restrukturierungsvereinbarung mit einer wichtigen Gläubigergruppe abgeschlossen hat und damit einen Eckpfeiler auf dem Weg der Schuldensanierung des Immobilienunternehmens gesetzt hat. Der Plan sieht vor, dass die Anleihegläubiger eine Kombination aus neuen Schuldscheinen und Aktien von Tochtergesellschaften erhalten können. Für Schulden im Gesamtwert von 127 Millionen Dollar in 1426 Gerichtsverfahren gibt es noch keine Lösung.

Gleichzeitig hat der chinesische Immobilienmarkt weiterhin große Schwächen, bei denen die Regierung genau aufpassen muss: Die Immobilien sind zu teuer. Bis zu 43 Jahresgehälter kosten sie. Und die Wirtschaft ist zu abhängig vom Immobilienmarkt: 40 Prozent von Chinas Krediten gehen in diesen Bereich. 50 Prozent der Steuereinnahmen kommen aus Grundstücksverkäufen und Immobiliensteuern, und 60 Prozent der Vermögen der Haushalte werden in Immobilien gehalten. Selbst in den USA sind es nur 30 Prozent. An diesen Themen muss die Regierung arbeiten. Dass der Immobilienmarkt noch lange ein Wachstumsmarkt sein wird, daran besteht indes kein Zweifel. Erst gut 25 Prozent der Chinesen gehören zur Mittelschicht, in den USA sind es über 50, in Europa sogar gar knapp 70 Prozent. China wird wohl noch mindestens zwanzig Jahre brauchen, um auf 50 Prozent zu kommen.

79 WETTER IN SEKUNDEN

Eine neue KI-basierte Software revolutioniert die bisherigen Methoden der Wettervorhersage.

Huawei hat eine auf künstlicher Intelligenz basierende Wettervorhersage-Software namens Pangu entwickelt, die eine 10 000-mal höhere Geschwindigkeit bei mindestens gleicher Genauigkeit erreicht als die besten herkömmlichen Vorhersagemethoden. Die Ergebnisse kommen in Sekunden.

Die Entwicklung ist so grundlegend, dass sogar die britische *Nature*, eine der weltweit führenden Wissenschaftszeitschriften, die dazu von Huawei-Forschern verfasste Studie Anfang Juli 2023 veröffentlicht hat. Zum ersten Mal in der über 150-jährigen Geschichte von *Nature* sind Mitarbeiter eines chinesischen Tech-Unternehmens alleinige Autoren eines Artikels. Alle Beiträge der Zeitschrift werden von einem Team unabhängiger Wissenschaftler gegengecheckt, bevor sie für veröffentlichungswert befunden werden. Auch die US-amerikanische *MIT Technology Review* hat bereits über Pangu berichtet. Das führende Schweizer Fachmagazin *Netzwoche* spricht deshalb von einem »Ritterschlag für Huawei«. Und die ebenfalls deutschsprachige *IT-Welt* nennt die Software eine »bahnbrechende Leistung«.

Die Innovation gilt deswegen als so wichtig, weil die Menschen im Zuge des Klimawandels immer häufiger von verheerenden Wetterumbrüchen überrascht werden können. »Die beeindruckende Genauigkeit und Zuverlässigkeit eröffnet gerade bei Extremwettersituationen und damit verbundenen Gefahrenlagen präzise Vorhersagen und eine bessere Vorbereitung«, so Lingxi Xie, leitender Forscher bei Huawei. Er räumt aber auch gleich die größte Schwäche seiner Entwicklung ein: Künstliche Intelligenz könne beispielsweise die Richtung von Taifunen sehr genau bestimmen, aber deren Intensität verlässlich vorauszusagen, sei noch schwierig. »Die KI tendiert dazu, extreme Wetterentwicklungen zu unterschätzen«, sagt Xie.

Immerhin: Im Mai 2023 hat Pangu-Weather die Zugbahn des Taifuns Mawar fünf Tage vor seinem Eintreffen in den östlichen Gewässern Taiwans so präzise vorhergesagt wie nie zuvor. Mawar war der stärkste tropische Taifun der ersten Jahreshälfte. Jedes Jahr gibt es weltweit rund achtzig Wirbelstürme.

Im direkten Wettbewerb mit einem der weltweit führenden konventionellen Wettervorhersage-Systeme – dem des European Centre for Medium-Range Weather Forecasts (ECMWF) mit Sitz in England, Italien und Bonn – hat das Huawei-Programm vor allem durch »seine unglaubliche Geschwindigkeit« gepunktet. Das ECMWF verfügt über das umfangreichste Wetterarchiv der Welt und über eines der größten Supercomputer-Systeme. »Wir müssen nun neu darüber nachdenken, wie wir lernende Maschinen in unseren Vorhersagen einsetzen«, resümiert Peter Dueben, der Koordinator für KI und Machine Learning am ECMWF.

Die Pangu-Forscher haben Wetterdaten aus 43 Jahren in einem Deep-Learning-Verfahren aufbereiten lassen, also historische Wetterdaten mit modernen Modellen verknüpft, die in Sekunden genaue Vorhersagen machen. Die bisher genutzten Verfahren brauchten dafür Stunden. Während sie Wetterparameter wie Luftdruck, Temperatur oder Windgeschwindigkeit eines nach dem anderen berechnen müssen, gelingt das dem neuen Verfahren gleichzeitig.

Trotz dieser Rechenleistung ist die Software im Alltag einfach zu handhaben, so die wissenschaftlichen Gutachter von *Nature*. Pangu-Weather ist einfach zu installieren und läuft auch schnell auf einem Desktop-Computer. »Das bedeutet, dass jeder in der meteorologischen Gemeinschaft diese Modelle jetzt nach Belieben testen kann«, so die Zeitschrift. Einer, der das bereits gemacht hat und nicht an den Huawei-Forschungen beteiligt war, ist Oliver Fuhrer. Er ist der Chef der Abteilung für numerische Vorhersage bei MeteoSwiss, dem Schweizer Bundesamt für Meteorologie und Klimatologie. Pangu-Weather sei »aufregend«, weil »es viel schneller ist« und in der Lage sei, »Entwicklungen vorherzusagen, die so nicht in den ursprünglichen Trainingsdaten angelegt waren«, sagt er.

Natürlich ist Huawei nicht die einzige Forschungsinstitution, die sich damit beschäftigt, das Wetter in Zeiten des Klimawandels vorherzusagen. Auch Nvidias FourCastNet und GraphCast von Googles DeepMind gehören dazu. Sie haben aber deutlich weniger Überraschung ausgelöst. Die größte Schwäche von KI-Verfahren, die auf historischen Wetterdaten basieren, sieht Peter Dueben vom ECMWF im Klimawandel selbst. »Wenn das Eis der Arktis plötzlich verschwindet, weiß niemand, was ein Modell wie Huaweis Pangu dann macht.« Denn mit diesen Daten sei es nicht trainiert worden.

Die klimatischen Folgen lassen sich aber auch mit den konventionellen Modellen kaum präzise voraussagen. Dass die Folgen dramatisch werden, darf allerdings schon heute als sicher gelten.

80 TIKTOK

Eine chinesische App initiiert zum ersten Mal einen globalen Trend.

TikTok ist die erste globale chinesische App. So viel internationale Softpower hat China noch nie in seiner langen Geschichte entwickelt: 672 Millionen Downloads allein 2022, ein Wachstum von 20 Prozent. Damit ist TikTok in jenem Jahr die am meisten heruntergeladene App, vor Instagram (548 Millionen) und WhatsApp (424 Millionen). Im ersten Quartal 2023 kommt TikTok bereits auf 264 Millionen Downloads. Blickt man etwas weiter zurück, sind die Zahlen noch beeindruckender: Seit 2018 wurde die App über 3,7 Milliarden Mal heruntergeladen. Das ist beachtlich bei einer Weltbevölkerung von knapp acht Milliarden Menschen.

Zusammen mit Douyin, wie TikTok in China heißt, ist sie auch die umsatzstärkste App weltweit. Rund 5,5 Millionen Dollar pro Tag nimmt die App ein. Dabei ist TikTok derzeit in Indien verboten, wegen der politischen Rivalität zwischen Peking und Delhi. Über einen VPN-Kanal kann man TikTok dennoch benutzen.

Eine globale TikTok-Kultur ist von China aus entstanden: Mit Spontan-Challenges, Duetten, Live-Streaming, eigenen Stars, gut bezahlten Influencern und virtueller Währung. Es ist das erste Mal, dass China einen solchen globalen Social-Media-Trend prägt.

Am Anfang dieses Siegeszugs stand eine einfache Idee: 15-Sekunden-Videos drehen und schneiden, sie mit Filtern und Musik unterlegen und dann per Hashtag mit Teil- und Like-Funktion viral gehen lassen.

Der Kopf dahinter: Zhang Yiming. Mit Ende zwanzig gründete der Software-Entwickler im Jahr 2012 die Firma ByteDance. Zuvor hatte er für Microsoft gearbeitet und war mit einigen anderen Start-ups gescheitert. 2019 zählte er laut *Time Magazine* bereits zu den Top 100 der einflussreichsten Persönlichkeiten der Welt. Ende 2022 zog sich Zhang als CEO von ByteDance zurück. Geschätztes Vermögen laut Forbes: 50 Milliarden Dollar.

Die Idee ist so überzeugend, dass Google sie nun mit YouTube Short kopiert: TikTok kontert mit längeren Drei-Minuten-Videos. WeChat, die chinesische Super-App des Technologiegiganten Tencent, hat einen WeChat-Kanal gestartet, auf dem die Benutzer Kurzvideos teilen können. Und Facebook versucht nach dem gefloppten TikTok-Klon Lasso mit Reels einen neuen Kurzvideo-Dienst auf Instagram zu etablieren.

TikToks Mutterkonzern ByteDance ist derweil mit einer Bewertung von 180 Milliarden Dollar eines der wertvollsten Start-ups der Welt. Die amerikanischen Finanzinvestoren Sequoia Capital und KKR gehören zu den Megainvestoren. Sequoia war bereits 2014 mit 100 Millionen Dollar eingestiegen. Ein Megabörsengang steht an.

Doch je erfolgreicher die App ist, desto kritischer wird sie in den USA gesehen. Allen voran Mike Gallagher, der neue Sprecher des Repräsentantenhauses und Nachfolger von Nancy Pelosi, die sich in den Ruhestand verabschiedet hat. Er ist der Auffassung, TikTok sei eine »abhängig machende Droge, die die chinesische Regierung den Amerikanern einflößt«. Besonders kritisch sieht Gallagher, dass Twitter in China verboten ist, während TikTok in den USA erlaubt sei. Er ist dafür, die App zu verbieten. Im März 2023 musste sich TikTok-Chef Shou Zi Chew einer aggressiven Befragung im US-Kongress stellen. Ihm schlugen dort tiefes Misstrauen und

Ablehnung entgegen. In der rund fünfstündigen Anhörung, die den TikTok-Chef sichtlich mitnahm, setzten die Republikaner und Demokraten ihn in seltener Eintracht unter Druck. TikToks bisherige Schritte zur Abschottung seiner US-Nutzerdaten von ByteDance reichten nicht aus. Belege dafür hatten sie nicht.

Allerdings ist TikTok bei jungen Leuten in den USA so beliebt, dass es für ein Verbot schon zu spät sein dürfte: 2022 waren es über neunzig Millionen monatliche User. 2023 wurde bereits die Hundert-Millionen-Marke geknackt. Das Verständnis für ein Verbot dürfte vor allem bei jungen Wählern nicht besonders groß sein. Doch auf die sind die Republikaner angewiesen. Während die Politik noch über TikTok streitet, erobert im Frühjahr 2023 schon die nächste App von ByteDance Terrain und landet zwischenzeitig sogar auf Platz eins: Lemon8. Die App ist eine Mischung aus Snapchat, Instagram und einem Marktplatz wie Amazon.

81 WASSERMACHTKAMPF AM MEKONG

Seit Jahren schon beschweren sich Laos, Thailand, Kambodscha und Vietnam darüber, dass Chinas Mekong-Staudämme ihnen Wasser vorenthalten würde.

Die Mekong-Anrainerländer fürchten um ihre Existenzgrundlage: Die Chinesen stauen so viel Wasser des Mekong, dass immer weniger bei den südlichen Nachbarn Chinas ankommt. Die USA haben sich bereits auf ihre Seite geschlagen. Eine amerikanische Studie soll den Wasserklau belegen. Zudem wirft Washington Peking vor, mit Cyberattacken die Wasserpolitik von Kambodscha auszuspionieren.

2020 wurde deshalb die Mekong-US-Partnership ins Leben gerufen, ein Politforum auf ministerieller Ebene, bei dem auch Experten etwa zu den Themen Energie und Infrastruktur gehört werden sollen. Damit will Washington den beteiligten Ländern Kambodscha, Laos, Myanmar, Thailand und Vietnam helfen, sich gegen die Interessen Chinas durchzusetzen. Doch die Reaktion der Mekong-Länder ist verhalten. Sie wollen Hilfe, aber nicht in einen globalen Machtkampf verwickelt werden. Für die USA ein Zeichen der Abhängigkeit dieser Länder von ihrem großen Nachbarn.

China wird in der amerikanischen Studie nicht angeklagt, die Forderung lautet nur ganz diplomatisch: Alle Anrainer (also auch China) sollten transparenter mit ihren Mekong-Daten umgehen. Zuvor hat die Mekong River Commission (MRC), in der China nicht Mitglied ist, der US-Studie vorgeworfen, ihre Methodik sei verzerrend. Zuletzt haben sich die MRC-Länder im April 2023 getroffen und China dazu eingeladen. Die Folgen der elf chinesischen Staudämme und die von El Niño, die China nicht zu verantworten hat, würden zu sehr vermischt, so die MRC.

Der zwölftgrößte Fluss der Welt, der in China Lancang heißt, transportiert Wasser vom tibetischen Hochland (5200 Meter) über 4350 Kilometer in das Mekong-Delta, eine der am dichtesten besiedelten Agrarregionen der Welt. 20 Prozent der weltweit gefangenen Süßwasserfische kommen aus diesem Fluss. In den Anrainerstaaten versorgt der Mekong rund sechzig Millionen Menschen mit Wasser, Nahrung und Energie. Ebenso in China. Dürfte man nur mit einem Wort antworten, was das größte Risiko für Chinas Wachstum und damit die soziale Stabilität des Landes ist, dann ist es das Wort »Wasser«. Der Klimawandel verschärft die Lage.

Wenn China das saubere Wasser ausgeht, sind Industrie und Landwirtschaft gleichermaßen betroffen. Und die Mengen an Wasser, die benötigt werden, lassen sich nicht mit Tankschiffen importieren und durch Entsalzungsanlagen gewinnen. Das gilt auch für

Chinas südliche Nachbarn. China hat elf Staudämme gebaut, die anderen Mekong-Länder haben zwei und planen neun weitere. Sie sorgen für saubere Energie – jeweils auf Kosten des Nachbarn flussabwärts. Noch vor 15 Jahren spülte der Fluss 143 Millionen Tonnen fruchtbare Sedimente in die Ebene. Das ist so viel wie 430 Empire State Buildings. Inzwischen ist es nicht einmal mehr ein Drittel dessen. Das belegen Satellitendaten des bayerischen Wasseranalyseunternehmens EOMAP aus Seefeld.

Eigentlich sollte jedes Land die gleichen Rechte am Wasser und den Sedimenten eines Flusses haben. Die Sedimente fungieren als eine Art Dünger für die Felder. Doch es gibt keine Institution, die stark genug wäre, dies durchzusetzen. Es gilt leider das Recht des Stärkeren. Auch hier ist eine multipolare Weltordnung dringend gefragt, in der sich alle Beteiligten auf gemeinsame Regeln zum Umgang mit Flusswasser einigen.

82 RAUSGEDRÜCKT

Microsofts LinkedIn zieht sich als letzte große amerikanische Social-Media-Plattform aus dem chinesischen Markt zurück.

Die Zensur Pekings ließ sich nicht länger mit den freiheitlichen Vorstellungen von LinkedIn in Einklang bringen, das zuletzt Seiten chinakritischer US-Journalisten sperren musste. Twitter und Facebook haben schon 2009 aufgegeben. Google 2010, Instagram 2016 und Amazon 2019.

53 Millionen chinesische User müssen nun wie schon seit Jahren bei Google, Facebook & Co. eine VPN-App vorschalten, um an ihren LinkedIn-Account zu kommen. Das ist illegal, wird aber geduldet. Die amerikanische Firma GlobalWebIndex (GWI) hat

errechnet, dass über 30 Prozent von Chinas Usern regelmäßig VPNs nutzen. Das sind 300 Millionen Menschen, also fast die gesamte Mittelschicht. Der Grund, dass Peking dies duldet, ist einfach: Wirtschaftlicher Aufstieg und Innovation sind ohne freien Zugang zu internationalen Informationen nicht möglich. Deshalb fällt die potenzielle Strafe mit 150 Dollar nicht nur sehr niedrig aus, die Behörden greifen auch nur in ganz wenigen Fällen ein. Meist geht es dabei aber nicht um die Nutzung, sondern um den Verkauf der VPNs.

Der hohe Anteil an VPN-Usern in China ist nicht erstaunlich, wenn man weiß, dass auch 17 Prozent der User in Europa und den USA ebenfalls regelmäßig VPNs nutzen. In Indien, einem Land ohne Medienzensur und ähnlich bevölkerungsreich wie China, sind es mit 38 Prozent sogar mehr als im Reich der Mitte.

Die Entscheidung von LinkedIn ist auch deshalb klug. Die Microsoft-Tochter wird einen Großteil ihrer Nutzer behalten, ohne Kompromisse bei der Meinungsfreiheit machen zu müssen. Außerdem war der Marktanteil stets klein im Vergleich zu den chinesischen Wettbewerbern. Es geht um Geschäfte im Wert von 10 Milliarden Dollar. Während LinkedIn nur 7 Prozent seiner weltweit 780 Millionen User in China hat, kommt der chinesische Wettbewerber WeChat dort auf 1,2 Milliarden Nutzer, ist aber wiederum international kaum vertreten.

Und so bleibt der große Trend in China auch nach dem Rückzug von LinkedIn offensichtlich: Formell wird die Zensur strenger, informell bleibt der Spielraum nach wie vor groß. Die Strategie dahinter: Die chinesische Regierung schottet ihren Markt gegenüber westlichen Plattformen ab, damit eigene chinesische Plattformen den Spielraum haben, sich zu entwickeln, und leichter zu kontrollieren sind.

83 CHINESISCHER SPITZENWEIN

2021 hat der erste chinesische Wein eine Bewertung von über 95 Parker-Punkten erzielt.

Lange hat der Önologe Tony Jordan, einer der führenden australischen Weinspezialisten, in China nach der idealen Lage für einen Spitzenwein gesucht. Unterstützt vom französischen Luxuskonzern LVMH, einem Zusammenschluss von Louis Vuitton und Moët Hennessy. Die Idee dazu war bereits 2008 geboren worden. Im Südwesten Chinas wurde Jordan schließlich fündig, in der Provinz Yunnan. Es ist eine Gegend voller Gegensätze. Schneebedeckte Gipfel, in den Tälern subtropische bis tropische Vegetation. Am Oberlauf des Mekong mit seinen Sandbänken aus Kalkstein fand Jordan den perfekten Ort. Die Dörfer, die zu den auf 1000 Metern liegenden Weinbergen gehören, kleben wie kleine Nester auf 2000 bis 2600 Metern Höhe über dem Fluss am Berg. Die Landschaft des sagenumwobenen Shangri-La wird überragt von dem heiligen Schneeberg Melli, der bis auf 6800 Meter ansteigt.

Es ist eine perfekte Hochgebirgsweinregion, in der die Sonne so große Kraft hat, dass dickschalige, kleine Beeren mit einer tiefen Farbe und großer Frische gelesen werden, ausbalanciert durch die Säure, die bei einem Alkoholgrad von 14,5 Prozent entsteht. Ein kleines Weingut mit dem Namen Ao Yun wurde aus dem Nichts aufgebaut. Inzwischen umfasst es knapp 28 Hektar, mit einem Ertrag von zwanzig Hektolitern pro Hektar. Der große Durchbruch kam 2021, als der Ao-Yun-Wein als der erste chinesische Wein überhaupt mit 95 Parker-Punkten ausgezeichnet wurde. Robert Parkers Punktesystem für Wein gilt als das wichtigste der Welt. Der 2018er Ao Yun Shuori Village Cru bekam bereits 94 Punkte, nur sechs Jahre nachdem 2013 der erste Wein abgefüllt werden konnte. Der 95-Punkte-Wein ist ein Cabernet Sauvignon (60 Prozent) mit 19 Prozent Cabernet Franc, 10 Prozent Merlot, 7 Prozent Syrah und 4 Prozent Petit Verdot. Aus Premier-Cru-Klonen des Bordelais entwickelt, gepflegt und gepäppelt vom Weingutdirektor Maxence Dulou. Ein gutes Beispiel für chinesisch-europäische Zusammenarbeit.

Vom ersten Tag an wurde der Weinberg rein biologisch aufgebaut. Bei der Vergärung wurde mit lokalen Tongefäßen experimentiert und gleichzeitig auf bestes französisches Holz für die Fässer gesetzt. Entstanden ist ein tieffarbiger Rotwein mit unglaublicher Reinheit, Finesse und Komplexität, der irgendwo zwischen einem jungen Lafite Rothschild und einem chilenischen Hochgebirgswein zu verorten ist. 26 000 Flaschen wurden davon hergestellt.

2020 haben gleich vier Weine aus Chinas Nordwestprovinz Ningxia 93 oder 94 Parker-Punkte bekommen. Spitzenklasse. »Ningxia hat die besten Weine Chinas«, fasst Parker die Position der Region zusammen. 94 Punkte bekommen der 2019er Cabernet Sauvignon Syrah: Château Mihope, 10th Anniversary Limited Release, und der 2019er Kanaan Winery Crazy Fang Cabernet Sauvignon. Die Winzerin mit dem Spitznamen Crazy Fang hat lange in Deutschland gelebt und spricht sehr gut Deutsch.

Ningxia ist die größte Weinregion Chinas: 200 Weinberge und rund hundert Hersteller mit einer Jahresproduktion von 300 Millionen Flaschen – etwa ein Viertel der gesamten Produktion des Landes. Die Weine ähneln den Bordeaux aus Frankreich. Der größte klimatische Unterschied: Es ist im Winter extrem kalt, Temperaturen von -25 Grad Celsius sind keine Seltenheit. Deshalb werden die Reben eingegraben. Das ist aufwendig und teuer. Dennoch steigt der Verkauf stark an, vor allem online. Im Jahr 2022 wurden erstmals Weine im Wert von umgerechnet knapp 11 Millionen Dollar online verkauft. Ein Anstieg von rund 50 Prozent. Vierzig Weingüter verkaufen ihre Weine online

Es sind die großen Weinproduzenten, die in Ningxia investieren. Französische wie Pernod Ricard oder Moët & Chandon, spanische wie Torres oder australische wie Jacobs Creek. Ein lohnendes Geschäft: 2022 sind die Exporte aus Ningxia um 30 Prozent gestiegen, es wurden 138 Millionen Flaschen Wein befüllt. Das sind 40 Prozent des chinesischen Weins. Zum Vergleich: Deutschland hat im gleichen Jahr 1,2 Milliarden Flaschen Wein und Most produziert. Bis 2026 soll der Weinanbau von 33 000 Hektar auf 67 000 Hektar anwachsen und bis 2035 100 500 Hektar Rebfläche umfassen – fast so viel wie in Deutschland.

Die Chinesen trinken immer mehr eigenen Wein. Ein Grund dafür, dass der Import von deutschem Wein 2022 zurückgegangen ist. Pro Kopf und Jahr konsumiert ein Chinese durchschnittlich 1,2 Liter Wein, in Deutschland liegt der Konsum bei 21 Litern. Da ist also noch viel Luft nach oben. Immerhin: China ist mit 1,24 Milliarden Litern 2020 bereits der sechstgrößte Weinverbraucher der Welt.

In Ningxia gibt es inzwischen futuristische Weingüter, sehr »traditionelle« und disneyartige Kopien der Vorbilder aus dem Napa Valley. Vor zehn Jahren noch spielte Ningxia-Wein international kaum eine Rolle. Doch schon damals sind Spitzenweine wie der

Kanaan Winery Crazy Fang 2013 entstanden. 2009 hatte zum ersten Mal überhaupt ein chinesischer Wein einen Decanter World Wine Award gewonnen: Jia Bei Lan, eine Cuvée aus Cabernet Sauvignon, Merlot und Cabernet Gernischt.

Das Wasser für den Wein kommt aus dem Gelben Fluss im Osten von Ningxia, dem sechstlängsten Fluss der Welt. Westlich beginnt die Wüste Gobi. Wein wird dort erst seit 1982 angebaut. Wer Wein nichts abgewinnen kann, für den lohnt sich ein Besuch der Region dennoch: An den östlichen Ausläufern des Helan-Gebirges liegen die »Pyramiden des Ostens« – die über tausend Jahre alten Kaisergräber der Westlichen Xia-Dynastie.

84 WEM GEHÖRT DER MOND?

Auch im Weltall kämpfen China und die USA um die Vorherrschaft. China muss noch viel nachholen, kommt aber erstaunlich schnell voran.

China verfügt seit Ende 2022 über eine permanente Weltraumstation, die China Space Station (CSS). Anfang 2023 machen zwei Astronauten ihren ersten Weltraumspaziergang. Nun gibt es also erstmals in der Geschichte zwei dauerhaft bewohnbare Außenposten der Menschheit im All. Die russische MIR und die westliche ISS haben sich nie überschnitten. Die letzte Crew der MIR landete im August 1999, bevor die Raumstation verglühte. Und die ISS ist erst seit November 2000 dauerhaft bemannt.

Der Wettbewerb mit den Chinesen war entstanden, weil die Amerikaner die Chinesen nicht bei der Internationalen Raumstation ISS mitmachen lassen wollten. Nun ist China dennoch weltraumtechnisch auf Augenhöhe, 25 Jahre nachdem die ersten

Module der ISS – ein Gemeinschaftsprojekt der USA und Russlands, Japans, Kanadas und der europäischen Raumfahrtagentur ESA – ins Weltall kamen. Und nur zwölf Jahre nachdem der US-Kongress China von der ISS ausgeschlossen hat. Während die Chinesen bereits seit 1992 eine solche Raumstation geplant hatten, ist die Zukunft der Internationalen Raumstation mit russischer Beteiligung nicht nur wegen des Ukrainekrieges ungewiss.

China hingegen muss sich mit niemandem abstimmen. Dafür ist die Raumstation allerdings deutlich kleiner: Die CSS ist etwa 66 Tonnen schwer, die ISS hingegen wiegt 465 Tonnen. Die »Tiangong«, wie sie auf Chinesisch heißt, kann bis zu sechs Astronauten aufnehmen, in der Regel sollen jedoch nur drei pro Mission an Bord sein – die Mindestbesetzung für Weltraumspaziergänge. Zwei gehen raus, der dritte Astronaut assistiert von innen.

China war im Oktober 2003 nach der ehemaligen Sowjetunion und den Vereinigten Staaten das dritte Land, das einen Astronauten in die Erdumlaufbahn schickte. Der erste Weltraumspaziergang wurde im September 2008 von der Besatzung des Raumschiffs »Shenzhou 7« durchgeführt. Nach nur sieben bemannten Weltallflügen. In den vergangenen zwanzig Jahren ist China im Weltraum sehr weit gekommen: Es betreibt erfolgreich ein Erkundungsfahrzeug auf dem Mars. Es hat mit der Sonde »Chang'e 5« Gestein vom Mond geholt und als erste Nation überhaupt ein Raumschiff auf der erdabgewandten Seite des Erdtrabanten landen lassen. Allerdings war noch kein Chinese auf dem Mond.

Die amerikanische NASA will die Herausforderung durch China annehmen und bekommt dabei Hilfe von einem Privatunternehmer: Elon Musk. Im April 2023 will er sein neues Starship-System in den Orbit schicken. Die bislang leistungsstärkste und größte Rakete der Raumfahrtgeschichte trägt ein wiederverwendbares fünfzig Meter hohes Raumschiff, das enorme Nutzlasten und bis zu hundert Menschen gleichzeitig transportieren kann. Die Erststufe, der siebzig Meter hohe Booster Super Heavy, hatte bereits mehrere Testflüge absolviert, von denen allerdings einige mit Explosionen endeten. Auch der Start mit dem integrierten Shuttle ist vorerst gescheitert: Kurz nach der Trennung der beiden Stufen explodiert die Rakete. Musk will 2023 unbedingt noch einen neuen Versuch starten. Die NASA möchte die Musk-Rakete für ihr Artemis-Programm mieten, bei dem es darum geht, wieder Astronauten zum Mond zu schicken. Geplant ist dies für 2025. Auch die Landefähre soll von Musks Unternehmen SpaceX kommen. Im Sommer 2023 verkünden die Chinesen dann, dass sie 2030 eine Mondlandung wagen wollen. Sie wollen anders als die USA mit zwei Trägerraketen eine Mondlandefähre und ein bemanntes Raumschiff in eine Umlaufbahn um den Mond bringen. Dort sollen sie sich treffen und miteinander verbinden. Anschließend soll die Mondfähre auf dem Erdtrabanten landen.

NASA-Chef Bill Nelson warnt bereits vor den Wettbewerbern: »Wir befinden uns in einem Wettlauf um den Weltraum.« Seine Befürchtung: Die Chinesen könnten auf dem Mond das Gleiche tun wie im Südchinesischen Meer. »Es ist nicht unwahrscheinlich, dass sie dann sagen: ›Bleibt draußen, wir sind hier. Das ist jetzt unser Territorium‹«, so Nelson, der bis 2019 als Senator Florida in Washington vertrat. Seine Warnung dürfte vor allem dem Zweck dienen, schneller mehr Geld für sein NASA-Programm zu bekommen. Denn auch er weiß: Das Mondrecht ist viel besser verankert als das Seerecht.

85 BEZAHLBARE KREBSTHERAPIE

Chinesische Pharma-Start-ups drängen auf den Weltmarkt.

Die Behandlung von Krebs in China hat inzwischen Weltniveau erreicht. Das Mainzer Unternehmen BioNTech, das durch seine Covid-Impfstoffe weltbekannt wurde, ging im Frühjahr 2023 eine Kooperation mit DualityBio aus Shanghai ein. Für eine Vorauszahlung von 170 Millionen Dollar erwarb es exklusiv die Lizenz für zwei Antikörper-Wirkstoff-Konjugate (ADC) zur Tumorbekämpfung, die sich noch in der Entwicklung befinden. Die Option: Meilensteinzahlungen von bis zu 1,5 Milliarden Dollar und gestaffelte Lizenzgebühren für DualityBio, im Gegenzug kann BionNTech die neuen Medikamente international vermarkten. Die Vereinbarung gilt weltweit, mit Ausnahme von China, Hongkong und Macau. Eines der beiden vielversprechenden ADCs, DB-1303, hat bereits eine beschleunigte Zulassung von der amerikanischen Food and Drug Administration (FDA) bekommen und befindet sich in Phase 2 der klinischen Versuche.

Chinesische Start-ups könnten dazu beitragen, dass die Behandlung von Krebspatienten weltweit billiger und besser wird. Zwölf von 44 der zwischen 2018 und August 2020 in China zugelassenen neuen Krebsmedikamente wurden bereits lokal entwickelt. Nun folgt die Internationalisierung. Der Forschungsdruck ist groß: In China gab es 2020 erstmals doppelt so viele Krebspatienten wie in den USA. Rund vier Millionen Fälle, die meisten davon Lungenkrebs. Und fast 50 Prozent der Menschen, die weltweit an Leberkrebs sterben, sind Chinesen.

Die Krebsbekämpfung ist ein großer globaler Markt: Allein der Umsatz mit dem Merck-Krebsmittel »Keytruda« hat 2021 rund 17 Milliarden Dollar betragen und wird bis 2025 auf knapp

26 Milliarden Dollar steigen. Um international Fuß zu fassen, haben sich die meisten chinesischen Firmen bislang mit westlichen Konzernen zusammengetan. Das Pekinger Unternehmen Beigene mit der Baseler Novartis AG zum Beispiel, oder Shanghai Junshi Biosciences mit Coherus Biosciences aus Kalifornien und dem britisch-schwedischen Konzern AstraZeneca. BioNTech und Duality Bio sind also längst keine Ausnahme mehr, von einer Entkopplung zwischen dem Westen und China keine Spur. Die Forscher und Unternehmen können schneller mehr Menschen helfen, wenn sie zusammenarbeiten.

Das erste Mittel aus China, das in den USA im Juli 2022 zugelassen wurde, war Junshis »Toripalimab« gegen Nasen-Rachen-Krebs. Vielversprechende Tests dazu hatte die American Society of Clinical Oncology veröffentlicht. Doch es gibt auch Rückschläge: Innovent Biologics Inc. aus Suzhou (600 Millionen Dollar Umsatz) hatte gemeinsam mit dem amerikanischen Konzern Eli Lilly & Co. (24 Milliarden Dollar) die US-Zulassung für ihr Lungenkrebsprodukt »TYVYT« beantragt. Sie wurde im März 2022 abgelehnt. Die Zulassungsbehörde FDA fand die vorgelegten Daten nicht überzeugend. Die Chinesen sprachen von politischen Gründen.

Anders als im Westen werden die Pharmafirmen in China vom Staat gezwungen, aus sozialen Gründen ihre Preise zu senken. Krebsmittel sollen bezahlbar sein. Je mehr chinesische Krebsmittel international zugelassen werden, desto wahrscheinlicher ist es, dass auch die globalen Preise purzeln. Daran wiederum hat die westliche Pharmaindustrie kein Interesse. Allerdings: Ein Artikel der renommierten britischen Wissenschaftszeitschrift *Nature* bemängelte, dass mehr als die Hälfte der hundert neuen Krebsmedikamente, die in China zwischen 2005 und 2021 zugelassen wurden, keine Innovation beinhalte und keine dokumentierten bedeutsamen klinischen Vorteile habe. Diese Phase scheint nun langsam zugunsten bahnbrechender Innovationen auszulaufen. Doch selbst wenn Chinas

Initiative nur dazu führen würde, dass die Krebsmedikamente billiger werden, wäre das schon ein großer Fortschritt für die Menschheit.

86 RIVALEN IN ASIEN

Kann Indien China einholen? Zwei wirtschaftlich ähnlich starke Länder wären sehr hilfreich. Wir hätten eine Alternative, um unsere Risiken besser auszutarieren.

Dass Indien und China wirtschaftlich ähnlich stark sind, ist bis 2040 nicht sehr wahrscheinlich. Leider. Denn wenn das so wäre, hätte Europa eine gleichwertige Alternative. Indien könnte die Übermacht Chinas als größter Wachstumsmarkt der Welt austarieren. Die Realität sieht jedoch anders aus.

1990 hatte Indiens Wirtschaft einen Wert von 320 Milliarden Dollar, die Chinas 413 Milliarden. Dreißig Jahre später liegt das BIP Chinas bereits beim 5,46-fachen des indischen. Selbst kaufkraftbereinigt, also an den lokalen Kosten der Produkte gemessen, beträgt es noch das 2,61-Fache. Das BIP pro Kopf: gut 12 700 Dollar in China und knapp 2500 in Indien. Das ist ein dramatischer Unterschied.

Mindestens 750 Jahre, bis etwa 1750, war die indische Wirtschaft der chinesischen weit voraus. Heute hat China in allen Belangen die Nase vorn. China steckt jährlich über 260 Milliarden Dollar in sein Militär, Indien nur rund 71 Milliarden, wie das Stockholmer Friedensforschungsinstitut SIPRI ausgerechnet hat. 2019, im letzten normalen Jahr vor der Covid-Pandemie, kamen knapp zwanzig Millionen Touristen nach Indien. Und über sechzig Millionen nach China. Das Reich der Mitte hat über sechzig Millionen

Studierende, Indien weniger als zwanzig Millionen. Indien hat neun Marken in den globalen Top 500, China 73. Die Marktkapitalisierung der Börsen ist in China mehr als doppelt so hoch wie in Indien. Pro tausend Einwohner hat China viermal mehr Computer, viermal mehr Fernseher und sogar zehnmal mehr Mobiltelefone als Indien. China hat 188 Autos pro tausend Einwohner. In den USA sind es 838, in Indien hingegen nur zwanzig.

2022 erreichte das BIP Indiens 3469 Milliarden Dollar und war damit ein wenig größer als das Großbritanniens (3190 Milliarden). Das BIP Chinas hingegen lag bei 17 940 Milliarden, war also mehr als fünfmal so groß. Nach Berechnungen des Internationalen Währungsfonds betrug Chinas Anteil am Welt-BIP bei 18,9 Prozent, der Indiens jedoch nur bei 7,4 Prozent. Die USA liegen mit 15,3 Prozent dazwischen. Zum Vergleich: Deutschland liegt bei 3,3 Prozent.

Würde Indiens Wirtschaft in den kommenden zwanzig Jahren mit stolzen 8 Prozent wachsen und die Chinas mit nur 4 Prozent – ein eher unwahrscheinlicher Verlauf –, dann wäre sie am Ende noch immer um über 20 Prozent kleiner. Tatsächlich liegt das indische Wirtschaftswachstum derzeit nur ein gutes Prozent über dem Chinas. Wir müssen uns also darauf einstellen, dass Indien nur begrenzten Spielraum bietet, um Chinas Position zu relativieren. Wie schwierig das ist, zeigt ein Projekt des Taiwaner Apple-Herstellers Foxconn. Das Unternehmen wollte für knapp 20 Milliarden Dollar eine Chipfabrik in Gujarat, der Heimatprovinz des indischen Premierministers Narendra Modi bauen, doch im Juli 2023 hat Foxconn das Projekt wieder abgebrochen. Es ließ sich nicht in der aus China gewohnten Qualität und Geschwindigkeit umsetzen.

Nur bei der Bevölkerungszahl kann Indien gegenüber China punkten: 2022 hat China nach Zahlen der Vereinten Nationen seinen Höchststand hinsichtlich der Bevölkerungszahl erreicht. Indien hat China von der Spitze verdrängt. Noch ist offen, ob dies ein Vor- oder ein Nachteil sein wird.

87 BIG DATA AUS DER TONNE

China produziert den meisten Müll der Welt.
Wie geht Peking mit diesem Problem um?

Pro Kopf verursachen die Chinesen schon ein Drittel dessen, was die Amerikaner an Müll produzieren. Dabei ist ihr Pro-Kopf-Einkommen noch fast sechsmal kleiner als das der Amerikaner. Beim Pro-Kopf-Einkommen rangiert China auf Platz 64 der Weltrangliste, die USA liegen auf Platz fünf.

Chinas Müll ist also eine große Herausforderung. In der Acht-Millionen-Stadt Changsha, Hauptstadt der Provinz Hunan, wurde deshalb ein Pilotprojekt gestartet. Über QR-Codes auf den Müllsäcken lässt sich hier nachverfolgen, wer den Sack gefüllt, also den ganzen Müll verursacht hat. Das neue System belohnt nur. Es bestraft (noch) nicht. Man kann Pluspunkte sammeln und die in Geld und Geschenke umtauschen.

Eine andere Lösung ist die Müllsortierungs-Mini-App von Alibaba. Sie hat in nur drei Tagen eine Million Nutzer erreicht. Sie kann 4000 Müllsorten anhand von Fotos erkennen und Fragen wie diese beantworten: In welche Tonne entsorge ich eine volle Windel? Man kann recycelbaren Müll auch über eine neue Alibaba-App zu Hause abholen lassen. Zwei Millionen Menschen haben diesen Service bereits benutzt. WeChat hat mit ähnlichen Apps nachgezogen.

Bis 2025 will China in allen Städten auf Präfekturebene, von denen es derzeit 299 gibt, eine strikte Abfalltrennung eingeführt haben. Im südchinesischen Shenzhen wurde die weltgrößte Waste-to-Energy-Anlage (WTE) fertiggestellt. 5000 Tonnen verbrannter Müll täglich erzeugen durchgehend Strom für 100 000 Haushalte und halbieren den CO_2-Ausstoß der Metropole. Stuttgarter Ingenieure haben die Anlage geplant.

Über 300 solcher WTE-Anlagen sind in China inzwischen in Betrieb. Weltrekord. Und auch da hilft Alibaba mit einer KI-basierten Cloudsoftware: Sie sorgt dafür, dass der Müll in den Anlagen in der richtigen Mischung verbrannt wird. Das verhindert, dass die Anlage ausgeht oder zu stark erhitzt und damit ineffizient arbeitet oder toxische Abgase ausstößt. Über 300 Anlagen in China nutzen die Software bereits.

In den letzten fünf Jahren sind Chinas WTE-Kapazitäten um 26 Prozent gewachsen. In den OECD-Ländern waren es nur 4 Prozent. In China ist auch deutsches Know-how gefragt. Das Berliner Recyclingunternehmen Alba hat sein China- und Service-Geschäft bereits 2016 zu 60 Prozent an den chinesischen Umweltkonzern Chengdu Techcent Environment verkauft.

Deutsche Technik ja, deutscher Müll nein, lautet die Devise. Peking hat bereits 2018 einen Importstopp für Textilreste, Papier, Schrott und Plastikabfälle verhängt. Bis dahin exportierte Deutschland allein knapp 600 000 Tonnen Plastik jährlich nach China. Die deutschen Konsumenten haben von diesem Kreislauf gut gelebt. Erst haben sie billige Produkte gekauft, die nur so preiswert sein konnten, weil sie unsere Umweltstandards nicht einhalten. Am Ende haben die Chinesen unseren Müll uns auch noch für viel zu wenig Geld abgenommen. Inzwischen kann China es sich leisten, das nicht mehr zu tun. Das Problem an sich ist jedoch nur weitergewandert. Unser größter Abnehmer dafür ist inzwischen Malaysia. Es ist schon abzusehen, dass sich eines Tages niemand mehr für dieses schmutzige Geschäft finden lässt. Dann werden unsere Produkte viel teurer werden. Weil die Produktion endlich unseren Umweltstandards entspricht und wir die Entsorgung selbst vornehmen müssen. Lange werden die aufsteigenden Länder ihre eigene Umwelt nicht mehr schädigen, nur damit wir billiger einkaufen können.

88 PARALLELWELTEN

Hongkong ist gespalten. Während die Protestbewegung niedergeschlagen wurde, prosperiert der Finanzmarkt.

Während der Prozess gegen 47 Aktivisten der Hongkonger Protestbewegung noch läuft, bauen die Investmentbanken der Wall Street in Hongkong ihr China-Geschäft aus. Trotz des Konflikts zwischen China und den USA dürfen sie in chinesischen Gemeinschaftsunternehmen die Mehrheit halten, ohne dass Washington sie daran hindert.

Die meisten der angeklagten Aktivisten kamen vor dem Prozess nicht auf Kaution frei, sondern sitzen zum Teil seit 2019 in Untersuchungshaft. Darunter ehemalige Parlamentarier wie Claudia Mo, James To und Lam Cheuk-ting, aber auch bekannte Aktivisten wie Leung Kwok-hung und Benny Tai, der schon die Regenschirmbewegung 2014 organisiert hat und die Hongkonger Regierung stürzen wollte.

Unter den Jüngeren sind Joshua Wong (Jahrgang 1996) und die sechs Jahre ältere Journalistin Gwyneth Ho am bekanntesten. Wong wurde bereits in verschiedenen Prozessen zu jeweils mehrmonatigen Haftstrafen verurteilt. Ho ist angeklagt, weil sie öffentlich gefordert hat »mit allen Mitteln gegen die chinesische Kommunistische Partei zu kämpfen«. Und ihr wird vorgeworfen, sie habe an unautorisierten Vorwahlen teilgenommen und andere aufgefordert, die autorisierten Wahlen zu boykottieren. Damit ist sie eine der »Hongkong 47«, gegen die seit Februar 2023 der Prozess läuft und denen das Gleiche vorgeworfen wird. 16 von ihnen plädieren auf unschuldig. Sie wurden im Januar 2021 verhaftet. Die meisten sitzen seitdem in Untersuchungshaft. Nur 15 durften das Gefängnis gegen Kaution verlassen. Der älteste der Aktivisten ist der 75-jährige Hongkonger Verleger Jimmy Lai, ein britischer Staatsbürger, der voraussichtlich bis zum Ende seines Lebens im Gefängnis bleiben muss. Er wurde bereits zu 14 Monaten Gefängnis verurteilt, ein zweiter Prozess läuft. Im Juni 2020 hat Peking ein nationales Sicherheitsgesetz in Hongkongs Miniverfassung integriert und dabei die lokalen Gesetzgeber umgangen, nach einem Jahr mit teils gewalttätigen Protesten. Damit war es einfacher geworden, Mitglieder der Protestbewegung zu verhaften.

Parallel dazu waren Ende November 2022 die hundert führenden westlichen Finanzinstitutionen zum Global Financial Leaders' Investment Summit in Hongkong. Ein Drittel der Finanzunternehmen entsandte sogar ihre Vorsitzenden oder CEOs, darunter die wichtigsten Spieler der Wall Street: Daniel Pinto von JPMorgan kam (48 Milliarden Dollar Gewinn 2021), David Solomon von Goldman Sachs (21,2 Milliarden) oder Jane Fraser von Citi Group (21,9 Milliarden). Auch die Chefs von Blackrock, Morgan Stanley, Blackstone USB und HSBC reisten an. Politisch wurden sie trotz der Spannungen zwischen China und den USA und trotz der Niederschlagung der Protestbewegung in Hongkong weder von Washington noch von London gestoppt.

Die Runde der Top-Manager war ein Zeichen, dass die Eroberung von Anteilen am chinesischen Finanzmarkt via Hongkong von großer Wichtigkeit ist. In Hongkong hatten viele befürchtet, dass ein Großteil der Finanzindustrie nach der Niederschlagung der Protestbewegung durch Peking abwandern könnte. Eine Befürchtung, die sich nicht bewahrheitet hat. Die Metropole konnte gemäß dem Global Financial Center Index ihre Position als dritter beziehungsweise vierter Finanzplatz der Welt halten. Hongkong wechselt sich dabei hinter New York und London mit Singapur ab.

2022 hat Hongkong bereits den dritten Platz im weltweiten Ranking der neuen Börsengänge ergattert, hinter Shanghai und Shenzhen. Und ein Großteil des Geschäftes von Shenzhen wird auch in Hongkong gemanagt. Die beiden Städte grenzen unmittelbar aneinander. Der größte Börsengang, das sechstgrößte Listing weltweit, war dabei das IPO der China Tourism Group Duty Free Corporation im August. Es wurden Aktien im Wert von 2,1 Milliarden Dollar gekauft. Im ersten Halbjahr 2023 gab es allein dreißig Börsengänge, 11 Prozent mehr als im Jahr zuvor, allerdings wurden dabei 14 Prozent weniger umgesetzt.

Gleichzeitig hat Hongkong mit minus 1,6 Prozent im Jahr 2021 deutlich weniger an Bevölkerung verloren als ursprünglich befürchtet. 2022 waren es sogar nur noch 0,9 Prozent.

Ein großes Problem ist jedoch, dass überdurchschnittlich viele Spitzenkräfte die Stadt verlassen haben, die nun fehlen. Hongkongs Regierungschef John Lee versucht derweil, wieder Spitzenkräfte ins Land zu holen. Dafür will er 3,8 Milliarden Dollar ausgeben. Unter anderem soll es für Hightech-Firmen noch leichter werden, sich an der Börse listen zu lassen, selbst wenn sie noch geringe oder keine Gewinne machen.

Vor allem weil die Grenze zwischen China und Hongkong im Jahr 2022 wegen Covid noch geschlossen war, war die Wirtschaft um 3,5 Prozent eingebrochen. Das hat sich 2023 geändert. Die globale Finanzbranche hat genau zur Kenntnis genommen, dass es Hongkong trotz der Krise gelungen ist, seine Stärken weitgehend zu halten, vor allem im Vergleich zu Singapur. Der Marktwert der Hongkonger Börse ist mehr als siebenmal höher als der von Singapur. Mit 2500 Firmen werden dreimal so viele Firmen an der Hongkonger Börse gehandelt wie in Singapur. Bei den nachhaltigen klimafreundlichen Anleihen, die immer mehr an Gewicht gewinnen, steht Hongkong für ein Drittel des asiatischen Marktes und hat ein sechsmal höheres Volumen als Singapur. Die Vermögen, die in Hongkong gemanagt werden, sind trotz Krise mit 190 Milliarden Dollar ebenfalls sechsmal höher als in Singapur. Hongkongs Pluspunkt: Das Perlfluss-Delta mit Shenzhen ist das neue Silicon Valley.

Faktisch wird die Stadt jetzt zweigeteilt. Während sich Hongkongs Regierungschef John Lee die Ansiedlung von hundert neuen Tech-Unternehmen in den kommenden fünf Jahren zum Ziel gesetzt hat und so schnell wie möglich zum Business as usual zurückkehren will, sitzen die Köpfe der Protestbewegung in den Gefängnissen ihre Strafen ab oder warten auf ihr Urteil nach langen Prozessen. Für Lee ein Spagat: Einerseits will und muss er den Spielraum der kritischen Zivilgesellschaft so klein wie möglich halten. Andererseits ist für die Finanzinstitute vor allem die Informationsfreiheit wichtig. Immerhin: Das Internet ist – anders als auf dem Festland – auch weiterhin nicht zensiert, die Rechtsstaatlichkeit im Finanz- und Wirtschaftsbereich ist auf internationalem Niveau, und die Hongkonger Medien sind deutlich freier, im Wirtschaftsbereich völlig frei. Eine der wichtigsten asiatischen Tageszeitungen, die *South China Morning Post*, sitzt in Hongkong. Sie berichtet weiterhin kritisch, obwohl sie dem Alibaba-Gründer Jack Ma gehört.

Sowohl Peking also auch Hongkong bemühen sich derzeit, die Aktienmärkte enger zu verzahnen. Der Hang-Seng-Index hat 2022 um 18 Prozent nachgegeben und im ersten Halbjahr 2023 um über 6 Prozent. Der Turnaround steht also noch aus.

Peking will die Steuern von Investorengewinnen senken und schränkt gleichzeitig die Bürgerrechte weiter ein. Die Bürgerrechtler sind überzeugt, dass die Investitionen der internationalen Banken Pekings Entscheidung auch noch belohnen, die Protestbewegung wegzusperren. Die Banker hingegen sind überzeugt, dass größerer zivilgesellschaftlicher Spielraum nur möglich sei, wenn Hongkong wirtschaftlich prosperiert. Nur dann werde Peking die Zügel wieder lockerer lassen.

Washington jedenfalls will offensichtlich seine Investmentbanken politisch nicht daran hindern, in Hongkong Geld zu verdienen, kritisiert Peking aber gleichzeitig für seine Menschenrechtspolitik. Weltpolitik zu Beginn des 21. Jahrhunderts.

89 EIGENVERANTWORTUNG

Wie chinesische Studierende ihre Zeit in Deutschland erleben

Während deutsche Studierende aufgrund der Null-Covid-Politik keine Visa für China bekamen, konnten chinesische Studierende weiterhin in Deutschland studieren. Sie sind die erste Generation der neuen multipolaren Weltordnung, in der China mitbestimmen möchte, wenn es um die Spielregeln geht. Die Jahrhunderte währende Vorherrschaft des Westens relativiert sich. Ein epochaler Wandel, der die Studierenden hin- und herreißt. Sie sind in dieser Übergangsphase sowohl selbstbewusst als auch voller Ehrfurcht, wenn sie nach Deutschland und damit in die Alte Welt reisen. Sie kehren fasziniert, ernüchtert und überfordert zurück.

Auch im Wintersemester 2020/2021 war China trotz Corona das Land, das die meisten ausländischen Studierenden nach Deutschland geschickt hat: 43 500, das sind etwa 10 Prozent aller ausländischen Studierenden. Ein deutsch-chinesisches Forscherteam unter der Leitung des Bochumer Psychotherapeuten und Coachs Ulrich Sollmann hat sie nach ihrer Rückkehr in die Heimat befragt: in Shanghai (26 Millionen Einwohner), in Haikou, der Hauptstadt von Chinas südlichster Inselprovinz Hainan (zwei Millionen Einwohner) und in Hangzhou (zehn Millionen Einwohner). Die Ergebnisse wurden im *European Journal of Chinese Studies* veröffentlicht. Das Journal ist peer-reviewed, die Studien werden also von unabhängigen Fachkollegen geprüft, bevor sie veröffentlich werden dürfen.

Die Studierenden waren vor allem überrascht, wie viel Eigenverantwortung das Leben in Deutschland erfordert. »Viele versetzt das in eine Art Dauerstress«, so Sollmann. Sie neigen dann dazu, sich zurückzuziehen. »Das Heimweh wird stärker, sie suchen die Nähe anderer chinesischsprachiger Studierender. Oder sie flüchten sich in Online-Games und heimische soziale Medien wie WeChat.«

Andere würden die größere Eigenverantwortung aber als Freiheit empfinden, das offene Lernklima sei für sie inspirierend. Sie dürften an Brainstorming-Runden teilnehmen und eigene Ideen einbringen. Statt einer großen Abschlussprüfung gebe es in Deutschland viele Zwischenschritte im Prüfungsprozess, betonen die Studierenden, die das als Vorteil werten.

Ist der Alltag in Deutschland einmal gemeistert, wird er als Raum offener, vielfältiger und spannender Beziehungserfahrungen beschrieben. »Sie sind nun eher bereit, mehr Eigenverantwortung zu übernehmen und Entscheidungen selbst zu treffen«, resümiert Sollmann. Gleichzeitig sehen sie es als Verpflichtung, auf das aus ihrer Sicht undifferenzierte China-Bild der Deutschen einzuwirken. Auch wenn Deutschland viele Vorteile hat, der Aufenthalt hier relativiert den Stolz auf China nicht. Die Studierenden identifizieren sich im Zweifel noch enger mit der Heimat, auch wenn sie bereit sind, nach ihrer Rückkehr die neuen Erfahrungen aus Deutschland in ihren chinesischen Alltag einfließen zu lassen.

»Trotz der großen Herausforderungen in Deutschland«, fasst Sollmann die Studie zusammen, »wollen die Studierenden wieder nach Deutschland reisen und empfehlen anderen, es ihnen nachzutun.« Das ändert nichts daran, dass Deutschland als Vorbild mehr und mehr verblassen wird.

90 MACHTVERSCHIEBUNG

Auf dem APEC-Gipfel der Pazifikländer 2022 in Bangkok können sich die USA erstmals nicht mehr mit ihrer Linie durchsetzen. Aber auch China ist nicht zufrieden.

Asiens Länder wollen Washingtons Haltung zum Ukrainekrieg nicht mehr mittragen. Sie ist nicht mehrheitsfähig. Kaum Fortschritte gab es zudem bei der pazifischen Freihandelszone zwischen Asien und den USA. Peking konnte sich wiederum mit der Position nicht durchsetzen, dass das Thema Ukraine nicht in die APEC gehört. Dort solle es, so Peking, um die wirtschaftliche Zusammenarbeit von Asien und den Amerikas gehen. Zu den 21 Ländern der Asiatisch-Pazifischen Wirtschaftsgemeinschaft gehören sowohl Russland als auch die USA und China.

Die APEC wurde 1989 auf Initiative der USA, Australiens und Japans gegründet. Die APEC hat durchaus Gewicht: Sie vertritt 2,9 Milliarden Menschen, die über 60 Prozent des globalen Bruttoinlandsprodukts erwirtschaften und etwa die Hälfte des Welthandels. Dennoch ließ sich US-Präsident Joe Biden von seiner Vizepräsidentin Kamala Harris vertreten. Sein Enkel heiratete in den USA. Statt Wladimir Putin kam Vizepremier Igor Schuwalow. Chinas Präsident Xi Jinping war damit der mächtigste anwesende Politiker. Das spiegelte sich in der Abschlusserklärung wider. APEC hat zwar den Krieg in der Ukraine »scharf verurteilt«, allerdings ohne die eindeutigen Schuldzuweisungen der Nato-Länder unter der Führung Washingtons.

Die Nato spricht von »Russlands brutalem und provoziertem Aggressionskrieg gegen die Ukraine« und von der Ukraine als einem »friedlichen und demokratischen Land«. Damit gehen die Zeiten, in denen die USA die Asiatisch-Pazifische Wirtschaftsgemeinschaft dominierten, zu Ende. Die APEC-Formulierung zur

Ukraine ähnelt eher der Position der G20-Länder und ist Pekings Haltung näher als der Washingtons.

Die APEC bekam denn auch Lob von Präsident Xi Jinping. Sie sei geleitet von »offenem Regionalismus, dem Prinzip der Vielfältigkeit und nicht von Diskriminierung und ist ein Gerüst für eine inklusive Win-win-Kooperation geworden«. Das bedeutet allerdings wiederum nicht, dass Peking mit dem Ergebnis zum Ukrainekrieg zufrieden wäre. In einem Artikel über das Treffen in der staatlichen Zeitung *China Daily* wird die Ukraine nicht einmal erwähnt. Und wie labil die APEC-Position ist, zeigt ein Zusatz zur Abschlusserklärung: Es habe auch »andere Ansichten und unterschiedliche Bewertungen der Lage und der Sanktionen« gegeben. Eigentlich eine Selbstverständlichkeit bei einer Mehrheitsentscheidung. Doch offensichtlich ein Zugeständnis gegenüber Russland und wahrscheinlich auch gegenüber China.

Einigkeit gab es immerhin über das »immense menschliche Leid« und die »negativen Auswirkungen auf die Weltwirtschaft«. Der Krieg »würgt das Wachstum ab, lässt die Inflation ansteigen, sprengt die Lieferketten, lässt die Energiekosten steigen, beeinträchtigt die Nahrungsmittelversorgung und erhöht die Finanzrisiken«.

Auf dem APEC-Treffen hat sich gezeigt, dass die Haltung Washingtons, ja des Westens insgesamt mehr und mehr eine globalen Minderheitsposition ist, die von den Ländern Asiens nicht länger einfach so übernommen wird. Damit verstärkt sich ein Trend, den man 2022 nicht nur bei den G20, sondern auch bei anderen Gipfeln sehen konnte. Etwa beim Treffen der südostasiatischen ASEAN-Länder mit den USA, aber auch mit den wichtigsten aufsteigenden BRICS-Ländern (Brasilien, Russland, Indien, China und Südafrika) und sogar beim Treffen der asiatischen Demokratien und der USA, dem Quad-Format (Australien, Japan, Indien und USA).

Dieser Trend gilt nicht nur für die Politik, sondern auch für die Wirtschaft. Die Regional Comprehensive Economic Partnership

(RCEP), die größte Freihandelszone der Welt, ist bereits seit 2020 aktiv. Hier hat sich China mit Asien zusammengeschlossen, zwar noch nicht mit Indien, aber mit Südkorea, Australien und vor allem Japan, dem engsten wirtschaftlichen und politischen Partner der Vereinigten Staaten in Asien. Die Free Trade Area of the Asia-Pacific (FTAAP), das Freihandelspendant der USA mit Asien, ist hingegen auch auf dem APEC-Gipfel in Bangkok kaum vorangekommen. Für den Gastgeber, den thailändischen Premierminister Prayuth Chan-ocha, bestand der »signifikante Fortschritt« darin, einen »mehrjährigen Arbeitsplan« für FTAAP verabschiedet zu haben.

Damit ist es sehr wahrscheinlich, dass es auch 2023 keinen Durchbruch geben wird, wenn die USA den APEC-Vorsitz übernehmen, auch wenn Vizepräsidentin Kamala Harris in Bangkok von einer »nahtlosen Zusammenarbeit« sprach und davon, dass es »keinen besseren wirtschaftlichen Partner für die Region gibt als die Vereinigten Staaten von Amerika«. Das Problem auch hier: Die Zugeständnisse, die die USA für FTAAP fordern, werden in Asien nicht akzeptiert. Und so entwickelt sich die Welt langsam, aber stetig hin zu mehr Mitbestimmung der Mehrheit in der Welt.

91 KAUFRAUSCH

Während die Politik über eine Entkopplung von China nachdenkt, kaufen die Deutschen 2022 so viel in China ein wie noch nie.

Eigentlich soll Deutschland unabhängiger von China werden. Doch die deutschen Konsumenten interessiert das nicht. In der Krise zählt der Preis. Deshalb kauften sie 2022 so viele chinesische Produkte wie nie. Im Vergleich zum Vorjahr nahm das Volumen um erstaunliche 50 Milliarden Euro zu, und noch nie in den vergangenen zwanzig Jahren war die Importkurve für Produkte made in China so stark angestiegen wie 2022: plus 36 Prozent.

Der Grund liegt auf der Hand. Je schwieriger die wirtschaftliche Lage ist, je höher die Inflation, desto mehr preiswerte Waren fragen die Deutschen nach, weil sie weniger Geld zur Verfügung haben. »Geiz ist geil«, der alte Slogan des Elektronikkaufhauses Saturn, gilt gerade in der Krise. Bei Unternehmen ebenso wie Konsumenten. Die beste Mischung aus Preis und Qualität bieten meist Produkte aus China, die in sehr großer Stückzahl immer preiswerter hergestellt werden können.

Deutschland ist damit nicht allein. Chinas Exporte in die Welt sind 2022 um 7 Prozent gewachsen, während die Importe nur um 1,1 Prozent zunahmen. Dieser Trend, der seit Jahrzehnten anhält, hat sich durch die wirtschaftlichen Probleme wegen des Ukrainekrieges und Covid noch einmal zugespitzt. Allein zwischen 2000 und 2010 konnte China seine Exporte um mehr als 600 Prozent steigern, während Deutschland nur um rund 130 Prozent zulegen konnte, was etwa auf dem Niveau des globalen Wachstums lag. In der folgenden Dekade hat sich dieser Trend fortgesetzt, wenn auch etwas abgeschwächt.

2022 hat China den höchsten Handelsbilanzüberschuss seit 1950 erwirtschaftet. Es hat also mehr ins Ausland verkauft, als es dort eingekauft hat. Ein Rekordüberschuss von 877 Milliarden Dollar und ein Plus von 200 Milliarden im Vergleich zum Vorjahr. Für China war es ein Top-Handelsjahr trotz des schlechten Wachstums von nur 3 Prozent.

Brauchen wir also nicht dringender denn je ein Freihandelsabkommen mit Südamerika, um unsere Abhängigkeit zu diversifizieren und das Derisking umzusetzen? Für Deutschland wäre Mercosur, für das Scholz auf seiner Südamerika-Reise Ende Januar

2023 kämpft, hilfreich. Allerdings sollte man den Effekt nicht überschätzen. China hat 18 Prozent am globalen BIP, die Mercosur-Länder liegen bei gut 3 Prozent. Der Handel zwischen Mercosur und der EU beträgt rund ein Drittel des Handels der EU mit China, der 2022 erstmals 300 Milliarden Euro überstieg. Ein anderer Vergleich: Chinas Handel mit Mercosur ist auch ohne chinesisch-südamerikanisches Freihandelsabkommen schon über 60 Prozent größer als der Handel von EU und Mercosur.

Zudem ist die Produktpalette ganz anders: Mercosur liefert vor allem Lebensmittel, Fleisch, Geflügel, Zucker oder Olivenöl an die EU. Aus China kommen elektronische Konsumgüter. Es wird also schwierig, den China-Handel durch den Südamerika-Handel substanziell zu relativieren. Gleiches gilt für Indien und die ASEAN Staaten, die Nachbarn Chinas. So viel wie möglich zu diversifizieren, ist trotzdem sinnvoll. Doch Deutschland könnte noch ein ganz anderes Problem bekommen. China verkauft Asien und dem globalen Süden inzwischen so viel, dass es nicht mehr genügend Produkte für Deutschland und den Westen gibt.

Schon 2022 stiegen die Exporte in die ASEAN-Staaten überproportional um 21 Prozent an. Die Gründung der größten Freihandelszone der Welt zeigt erste Erfolge. Pekings Ziel ist klar: Sie wollten beim Handel weniger abhängig vom Westen sein und mehr mit dem globalen Süden handeln, vor allem mit Asien. Auf diesem Weg sind sie 2022 gut vorangekommen. Nicht nur die Exporte, sondern der Gesamthandel wuchs um das Dreifache im Vergleich zu dem mit der EU. ASEAN: plus 15 Prozent. EU: plus 5,6 Prozent. Die USA landen sogar nur bei 3,7 Prozent.

Obwohl das Handelsvolumen mit ASEAN (970 Milliarden Dollar) schon deutlich über dem der EU (730 Milliarden) liegt, ist noch viel Spielraum nach oben. Denn die ASEAN-Staaten zusammen haben erst die Wirtschaftskraft Japans. Was bedeutet das? Wenn es zu Engpässen kommt, auch weil es nicht genügend Rohstoffe gibt, wird

China zunächst seine eigenen Konsumenten beliefern und dann möglicherweise lieber die Nachbarn als die schwierigen Europäer. Die Produkte werden in Deutschland und Europa dann knapper, also teurer. Die Menschen können sich für ihr Geld weniger kaufen, die Inflation steigt weiter. Eine kalte Entkopplung durch China gewissermaßen. Nach dem Motto: Das wolltet ihr doch immer, jetzt beschwert euch nicht.

Dann ist allerdings guter politischer Rat noch teurer. Dann sind Zuwächse von 50 Milliarden im Jahr nicht mehr möglich. Der einzige Ausweg, von China substanziell unabhängiger zu werden, ist also, weniger zu konsumieren. Das wäre auch gut für den Klimawandel. Doch dazu müsste man die gesamte Wirtschaft umbauen, und das ist derzeit politisch nicht in Sicht. Im Gegenteil, wie die Importzahlen aus China zeigen. Solange das nicht passiert, wird die Abhängigkeit Europas von China bei den Konsumgütern – Mercosur hin, Mercosur her – immer mehr zunehmen. Denn der EU wird eine Diversifizierung nicht in der Breite und der Geschwindigkeit gelingen, mit der die Konsumenten Waren aus China kaufen.

92 »BLÖDER BALLON«

Mit seiner Ballonjagd hat Joe Biden den US-Falken und der Welt gezeigt: Er kann auch anders. Danach setzt er wieder auf Dialog mit Peking. Zuckerbrot und Peitsche

Die Luft ist raus aus der amerikanisch-chinesischen Ballonkrise. Am Ende räumen die US-Behörden ein, dass der chinesische »Spionageballon« nicht überraschend in den USA aufgetaucht ist. Ja, sogar der amerikanische Präsident Joe Biden stellt das klar und spricht von einem »silly balloon«. Freilich so spät, dass das ursprüngliche

Narrativ sich längst weltweit in den Köpfen der Menschen eingenistet hat.

Entstanden ist die Ballongeschichte, weil Außenminister Antony Blinken damit einen guten Grund hatte, seinen Besuch in Peking kurzfristig abzusagen, da ihm der Zeitpunkt der Reise ungünstig erschien. Da kam der Ballon gerade recht. Die globale Empörung war groß: Die Chinesen fliegen heimlich über die USA, um dort zu spionieren. Peking wiederum warf den Amerikanern vor, sie hätten allein im vergangenen Jahr zehn Spionageballons über China fliegen lassen, was das Pentagon bestreitet. Der Ballon durchquerte die USA, um vor der Küste von North Carolina medienwirksam abgeschossen zu werden. Zu spät, wie die US-Falken Biden vorhielten.

Damit drohte die Geschichte dann doch noch zum Bumerang zu werden. Biden sollte nicht wie ein Schwächling aussehen. Also holten US-Militärjets noch drei andere Objekte vom Himmel. Allein die Raketen dafür kosteten 400 000 bis 500 000 Dollar das Stück. Washington verhängte Sanktionen gegen sechs chinesische Firmen. Peking reagierte prompt mit Sanktionen gegen die beiden US-Rüstungskonzerne Lockheed Martin und Raytheon. Die dürfen allerdings sowieso nichts nach China verkaufen. Die Botschaft der Amerikaner war klar: die USA als wehrloses Opfer, China wieder einmal hinterhältig. Mission accomplished.

Als dieses Narrativ auch im letzten Winkel angekommen war, wurde es Zeit, leise wieder zurückzurudern. Ein Vorgang, der viel weniger öffentlich wahrgenommen wurde. Nun lautete die Geschichte anders: Man habe den Ballon bereits seit seinem Start auf der südchinesischen Insel Hainan ausspioniert, hieß es aus dem Pentagon. Washington wusste also bereits eine Woche vor der Öffentlichkeit von dem Ballon. Die US-Aufklärung ging zunächst davon aus, der Ballon fliege in Richtung der Pazifikinsel Guam. Doch plötzlich änderte er seinen Kurs, ohne Guam zu erreichen. Nunmehr hielten es selbst die US-Militärs für wahrscheinlich, dass er von einer asiatischen Kaltfront nach Norden abgetrieben wurde.

Der Ballon sollte, so die Behörden, wohl nicht absichtlich in das US-Kernland eindringen. Zunächst erreichte er am 28. Januar Alaska, um erst einmal durch Kanada zu fliegen – ohne Proteste aus Ottawa. Aber ganz vom Haken lassen wollte man Peking nicht. Deshalb wirkt die neue Lesart etwas konstruiert: Die Chinesen hätten den zufälligen Umstand ausgenutzt, dass der Ballon über eine verbunkerte Raketen-Abschussanlage in Montana geflogen sei. Also quasi nicht vorsätzlich, sondern nebenbei Spionage betrieben, nach dem Motto: Gelegenheit macht Diebe. Die nächste Stufe der Entspannung: Präsident Joe Biden sagte nun, er habe keine Hinweise, dass es sich dabei um chinesische Spionageballons handele, und ruft nun zur Mäßigung auf. Der Titel dieser Episode: der besonnene Präsident und die Hitzköpfe in Peking. Er werde sich zwar nicht für den Abschuss der Ballons entschuldigen, aber mit Präsident Xi »darüber sprechen, um der Sache auf den Grund gehen«. Und Biden betont: »Das Letzte, was Xi will, ist, die Beziehungen mit den USA oder mir fundamental zu zerrütten.« Man brauche bessere Kommunikationskanäle. »Wir stehen in einem umfangreichen Wettbewerb mit China. Aber wir wollen keinen Konflikt«, fügte er hinzu. Die Ballon-Episode werde die Beziehungen mit China nicht fundamental ändern. Aber da hörte schon niemand mehr zu. Immerhin, die Chinesen können nun nicht mehr behaupten, Biden hätte sie unfair behandelt. Er hat die Ballon-Affäre ja richtiggestellt. Was der Weltöffentlichkeit in Erinnerung bleibt, ist klar.

Als Blinken im Juni 2023 dann doch nach Peking reist, sagt er nur: »Das Ballon-Kapitel ist geschlossen.« So ist das in der Politik: Manchmal lohnt es sich etwas hochzuspielen, nur um es am Ende großzügig beenden zu können.

93 FERNGESTEUERT TÖTEN

Trotz der US-Sanktionen bestellen viele Länder Drohnen in China, auch Länder wie Irak und Saudi-Arabien, die zu den strategischen Partnern der Amerikaner gehören.

China ist der weltgrößte Exporteur von Militärdrohnen. Es ist ein neuer Markt: Mit nur 298 Drohnen, geliefert in den vergangenen zehn Jahren, erklimmt Peking die Weltexportspitze, obwohl es militärisch – trotz stetiger Aufrüstung – noch nicht auf Augenhöhe mit den USA ist. China verfügt »nur« über gut 400 Atomsprengköpfe, das ist weniger als ein Zehntel der Bestände der USA oder Russlands. Bei den Drohnen führen die Chinesen allerdings. Die Vereinigten Staaten, weltgrößter Waffenexporteur, haben nur zwölf Drohnen geliefert, nach Frankreich und England, so das Stockholmer International Peace Research Institute (SIPRI).

Trotz der US-Sanktionen ist es Peking dabei gelungen, auch in Länder wie Irak oder Ägypten zu exportieren, die Washington zu seinen »strategischen Partnern« zählt. Aber auch nach Saudi-Arabien, das Washington als »einen starken Partner bei Sicherheit, Terrorismusbekämpfung, Sicherheit und Militär« bezeichnet. Marokko, Algerien, die Vereinigten Arabischen Emirate oder Pakistan haben ebenfalls Drohnen in China bestellt. Und sogar Serbien, ein EU-Beitrittskandidat.

Washington toleriert, dass die Saudis mit chinesischen Drohnen einen Krieg in Jemen führen, mit über 377 000 Kriegstoten. 70 Prozent davon Kinder. Über 15 Millionen Menschen in Jemen leben in extremer Armut. Nach Angaben der UN handelt es sich um die weltweit größte humanitäre Katastrophe. Die USA und die Chinesen sind an einer ungehinderten Durchfahrt durch die Meerenge Bab al-Mandab interessiert, die das Arabische und das Rote Meer verbindet und für den weltweiten Transport von Öl von großer Bedeutung ist.

Die irakischen Behörden wiederum haben seit Mitte 2018 nach eigenen Angaben mit chinesischen Drohnen 260 Angriffe auf Ziele der Terrororganisation ISIS geflogen. Im Zuge der US-amerikanischen Invasion unter dem Vorwand, das Land besitze Massenvernichtungswaffen, hat es nach US-Schätzungen 277 000 bis 306 000 Tote in Irak gegeben. Seither ringen die verschiedenen ethnischen und religiösen Gruppen um die Macht in dem fragilen Staat. Noch über 700 tote Zivilisten gab es 2022, wieder mehr als im Jahr zuvor.

In Äthiopien kämpft Premierminister Abiy Ahmed mit chinesischen, aber auch mit Drohnen des Nato-Staates Türkei gegen Rebellen, die 2021 versucht haben, die Regierung zu stürzen. In Washington gelten die Beziehungen zu dem Land als »wichtig«, Äthiopien bekommt eines der »größten Hilfsprogramme überhaupt«. Nach geschätzten 385 000 bis 600 000 Toten gibt es seit November 2022 einen Waffenstillstand. Die meisten Waffen haben in den Jahren 2001 bis 2020 Russland (50 Prozent) und die Ukraine (33 Prozent) geschickt. Dann erst folgt China. Selbst Franzosen und Ungarn haben geliefert, die Deutschen sind mit sechs Flugzeugen dabei.

Gleichzeitig jedoch kritisiert Washington den Einsatz chinesischer Waffen in Myanmar und hat die Sanktionen jüngst noch einmal verschärft. Peking hilft der Militärregierung gegen die Rebellen. Und China darf auch keine Militärdrohnen an Russland verkaufen. Das ist nicht im Interesse Washingtons. Daran hält sich Peking auch, trotz anderslautender Vermutungen, wie selbst US-Präsident Joe Biden im März 2023 bestätigt: »Bisher haben sie nichts geliefert.« Bis Juli 2023 hat Biden seine Einschätzung nicht geändert.

Weltweit sind die Machtverhältnisse zwischen den Waffenlieferanten noch eindeutig. Die Chinesen stehen in der Weltrangliste auf Platz acht – mit weniger als einem Zehntel der US-Verkäufe. Sie verkauften 2020 nur Waffen im Wert von 780 Millionen Dollar. Die Deutschen stehen mit Verkäufen von 1,2 Milliarden Dollar weltweit auf Platz vier. Die Chinesen haben ihre eigenen Drohnen bisher nur in Manövern eingesetzt. Zuletzt beim Besuch von Nancy Pelosi im August 2022 in Taiwan. Peking empfand den Trip der damaligen Sprecherin des US-Repräsentantenhauses als Provokation. Für den chinesischen Präsidenten Xi Jinping sind Drohnen ein Schwerpunkt der militärischen Rüstung Chinas, wie er in seiner Rede zur 20. Parteitagung im vergangenen Herbst betonte. Er möchte »die Entwicklung von unbemannten, intelligenten Kampffähigkeiten« der chinesischen Volksbefreiungsarmee Armee »beschleunigen«. Der große Vorteil aus der Sicht Pekings: Die Risiken, dass eigene Soldaten bei derartigen Militärschlägen ums Leben kommen, sind sehr gering.

Kritiker betonen jedoch, dass unbemannte Drohnen die Hemmschwelle für Militärschläge senken würden. »Wir sind besorgt, dass unser Land den Weg bereitet für eine neue Form der Kriegsführung, bei der per Fernbedienung getötet wird«, schreibt etwa die Human Rights Working Group der amerikanischen Johns Hopkins University. Die Petition ging an das Verteidigungsministerium. Es finanziert die Militärdrohnen-Forschung an der Universität. Solche Kritik wäre in China politisch unmöglich. Inzwischen hat China bereits Drohnen, die die dreifache Schallgeschwindigkeit erreichen können. Davon geht zumindest die US-Behörde National Geospatial-Intelligence Agency aus, die dem amerikanischen Verteidigungsministerium untersteht. Es soll sich dabei um zwei Aufklärungsdrohnen mit Raketenantrieb vom Typ WZ-8 handeln.

Auch bei den zivilen Drohnen ist China Weltmarktführer. Das Shenzhener Unternehmen DJI dominiert mit einem Anteil von rund 70 Prozent. Schon bei der Vorstellung seines ersten erfolgreichen Produktes, der »Phantom«-Drohne, rühmte sich Gründer Frank Wang 2013, »militärtaugliche Technologie« auf den Markt zu bringen. DJI verkauft selbst keine Militärdrohnen. Aber: Die Drohnen seien »so verlässlich, dass sie missbraucht werden«, räumt Adam

Welsh ein, Chef der Abteilung Globale Politik des Unternehmens. Auch die deutsche Polizei und andere Behörden nutzen chinesische Drohnen, berichtet die *Süddeutsche Zeitung*. Das Innenministerium geht davon aus, dass etwa das Technische Hilfswerk rund neunzig Drohnen von DJI nutzt. Weitere 49 waren im Frühjahr 2023 »in Beschaffung«. Auch die bayerische Polizei besitzt »eine Vielzahl der Drohnen des Herstellers«, so das bayerische Innenministeriums auf eine Anfrage der Grünen.

Weil Drohnen Dual-use-Produkte sind, wurde DJI bereits im Dezember 2021 auf die schwarze Investitionsliste derjenigen Firmen gesetzt, mit denen Amerikaner keine Geschäfte mehr machen dürfen.

Inzwischen können chinesische Drohnen interkontinentale Distanzen überbrücken. Ende 2022 stellte China die Wing Loong 3 vor – eine Drohne mit 24 Metern Spannweite, die 10 000 Kilometer weit fliegen und bis zu 16 Raketen und Bomben tragen kann. Sie ist zudem mit einem Selbstverteidigungssystem aus Luft-zu-Luft-Raketen (Typ PL-10E) ausgestattet, das feindliche Hubschrauber oder Drohnen im Flug abfangen kann. Hergestellt wird sie von einem Tochterunternehmen der Aviation Industry Corporation of China (AVIC) in Chengdu. Die Vorgängermodelle seiner Drohnen hat AVIC bereits in elf Länder verkauft. AVIC ist der chinesische Konzern mit dem größten Umsatz bei Militärtechnik und liegt damit weltweit laut der US-Zeitschrift *Defence News* auf Rang sechs. Noch ist der Rüstungsumsatz von AVIC nur halb so groß wie der des Weltmarktführers Lockheed Martin (63 Milliarden Dollar). Aber schon rund dreimal so groß wie der von Airbus.

Immer weniger Länder wollen sich von den USA vorschreiben lassen, wo sie ihre Waffen kaufen. Auch die nicht, die gute Beziehungen zu Washington pflegen. Es ist nur eine Frage der Zeit, bis China auch im Exportranking für Rüstung weiter nach oben klettert und für viele Länder des globalen Südens zur preiswerten Alternative wird. Das hat auch geopolitische Folgen. In der Vergangenheit mussten viele Länder politische Konzessionen machen, um moderne Waffensysteme aus den USA zu bekommen. Das müssen sie sicherlich auch bei China. Aber nun haben sie zumindest die Wahl.

94 AFRIKA IM WELTRAUM

China hebt die afrikanisch-chinesischen Beziehungen mit dem ersten Weltraumbahnhof auf eine neue Ebene.

In Dschibuti, am strategisch wichtigen Horn von Afrika, soll ein chinesischer Weltraumbahnhof entstehen. Der erste in Afrika, obwohl Dschibuti seine Schulden bei China derzeit nicht zahlen kann.

China will rund eine Milliarde Dollar investieren, federführend sind die Privatunternehmen Hong Kong Aerospace Technology Group und die Shanghaier Touchroad International Holdings Group, die dem auf Afrika spezialisierten Unternehmer He Liehui gehört. Er ist Vizepräsident der politisch wichtigen Chinese African People's Friendship Association und hat bereits 2016 eine Sonderwirtschaftszone in Dschibuti gegründet.

Der Weltraumbahnhof soll sieben Startrampen und drei Raketenteststationen bekommen. Bereits 2027 soll die Raketenstation fertig sein, von ihr aus sollen vor allem Satelliten ins All geschickt werden. Dschibuti stellt nur das Land zur Verfügung, während die Chinesen in das Projekt investieren, es bauen, für dreißig Jahre betreiben, die Dschibutis trainieren und den Weltraumhafen dann an das afrikanische Land übergeben.

Dschibutis Präsident Ismail Omar Guelleh war bei der Unterzeichnung der Absichtserklärung dabei und begrüßte den Vertrag

»in einem vielversprechenden technologischen Bereich«. Chinas Botschafter Hu Bin hielt die beiden chinesischen Unternehmen an, »sich auf eine machbare Entwicklung zu konzentrieren, die Compliance Regeln einzuhalten, die verschiedenen Unternehmensinteressen und sozialen Verantwortungen auszubalancieren«.

Das Projekt ist nicht nur wirtschaftlich, sondern auch geopolitisch von großer Bedeutung. Es bindet China und Afrika enger aneinander und ist wichtig für das Selbstbewusstsein des aufsteigenden Kontinents. »Keiner der 54 Satelliten aus 15 afrikanischen Ländern wurde bisher von Afrika aus in den Weltraum geschickt«, sagt Temidayo Oniosun, Managing Director der Unternehmensberatung Space In Africa.

Wieder einmal sind die Chinesen schneller als die Europäer, wenn es darum geht, sich einen Markt zu erschließen. Dabei haben die Europäer lange Erfahrung: Ende der 1970er-Jahre bauten sie einen Weltraumbahnhof in Kourou, Französisch-Guayana. Von dort werden seit 1979 die Ariane-Raketen in den Weltraum geschickt. Zudem wurden Ingenieure aus Dschibuti im Space Center der französischen Universität Montpellier so gut ausgebildet, dass Dschibuti noch 2023 zwei eigene Nano-Satelliten im Orbit stationieren kann. Doch weder die EU noch ein europäisches Privatunternehmen konnten sich dazu durchringen, im großen Stil in einen Weltraumbahnhof zu investieren.

Dschibuti liegt ähnlich günstig am Äquator wie Kourou. Dort verleiht die Erdrotation einer startenden Rakete den günstigsten horizontalen Geschwindigkeitsschub. Sie braucht also weniger Treibstoff. Außerdem ist es einfacher, geostationäre Satelliten in die Transferbahn zum Erreichen ihrer Umlaufbahn zu bringen. Interessant ist auch, dass Dschibuti den Outer Space Treaty (OST) 1967 nicht unterzeichnet hat, der von 113 Nationen inklusive der Weltraumächte USA und Sowjetunion wie auch von China ratifiziert wurde. Gemäß dem Abkommen haben die Unterzeichner die anderen Mitglieder im Vorfeld zu unterrichten, wenn sie Aktivitäten im Weltraum planen, die einen »möglicherweise schädlichen Eingriff« in die friedliche Nutzung des Weltraums durch andere Staaten bedeuten könnten. Dschibuti muss sich daran nicht halten. Dies könnte also ein rechtliches Schlupfloch sein, um im Namen des afrikanischen Landes Dinge zu tun, die China als OST-Mitglied nicht tun darf. »Ein rechtlicher Albtraum«, kommentiert die amerikanische Zeitschrift *Foreign Affairs*.

Aber Dschibuti ist auch geostrategisch einer der wichtigsten Orte der Welt. Es liegt am Bab al-Mandab, einer nur 27 Kilometer breiten Meerenge, die den Suezkanal mit dem Indischen Ozean verbindet. Für den Welthandel vor allem mit Europa ist diese Schifffahrtsstraße lebenswichtig. Die frühere Kolonialmacht Frankreich hat hier ihren größten militärischen Auslandsstützpunkt, auch Italien und sogar Japan. Am stärksten vertreten sind dort jedoch seit 2002 die USA: mit Camp Lemonnier, einem zwei Quadratkilometer großen Militärstützpunkt mit Airport-Mitbenutzung.

Seit 2017 hat auch China seine erste ausländische Militärbasis für 2000 Soldaten mit Militärhafen in Dschibuti. Mit einem halben Quadratkilometer ist sie jedoch deutlich kleiner als die US-Basis, die größte in Afrika. Und erst Mitte 2022 hat die China Merchants Group, der größte Hafenbetreiber der Welt, einen Vertrag mit Dschibuti unterschrieben, um für 3 Milliarden Dollar den dortigen Hafen auszubauen. Er ist schon heute die Lebensader des nach der Bevölkerungszahl zweitgrößten Landes Afrikas: Äthiopien. Das Land verzeichnete selbst im schwierigen Jahr 2022 ein Wirtschaftswachstum von 5,3 Prozent. Die Chinesen waren es auch, die die 750 Kilometer lange Eisenbahnstrecke zwischen der äthiopischen Hauptstadt Addis Abeba und Dschibuti für rund 4 Milliarden Dollar gebaut haben. Alles Chancen, die sich der Westen hat entgehen lassen.

Der Weltraumbahnhof kommt zu einem kritischen Zeitpunkt für

Präsident Guelleh. Denn Ende November 2022 musste Dschibuti die Kreditzahlungen auch an China einstellen. Laut Weltbank haben sich die internationalen Kreditkosten Dschibutis 2022 auf 184 Millionen Dollar verdreifacht. Sie könnten 2023 sogar auf 266 Millionen Dollar anwachsen. Bereits Ende 2021 hat der Internationale Währungsfonds die Schulden des Landes als »nicht nachhaltig« bezeichnet. Dschibuti hat sich in den vergangenen rund zwanzig Jahren 1,5 Milliarden Dollar von China geliehen, so das Boston University's Global Development Policy Center.

Peking stört diese Entwicklung offensichtlich nicht so sehr, als dass es dem Projekt Weltraumbahnhof einen Riegel vorschieben würde. Im Gegenteil: Die chinesische Botschaft ließ verlauten, sie werde »aktiv die nötige Unterstützung und Garantien geben«. Die geostrategischen Überlegungen scheinen Peking dabei also wichtiger zu sein als mögliche wirtschaftliche Risiken.

95 POLIT-SAMBA

Brasiliens Präsident Lula geht auf Distanz zum Westen. China bringt Brasilien mehr. Olaf Scholz hat das unterschätzt.

Mit seinem Wunsch nach Munitionslieferungen für die Ukraine blitzte Bundeskanzler Olaf Scholz auf seiner ersten Südamerikareise 2023 ab. Lula will stattdessen gemeinsam mit China – aber auch mit Indien und Indonesien – im Ukrainekrieg vermitteln. Ob das nun realistisch ist oder nicht, es zeigt vor allem eines: Brasilien, das wichtigste Land Südamerikas, will eine eigenständige Position in der Weltpolitik entwickeln. Genau 200 Jahre nach der Unabhängigkeit von Portugal emanzipiert sich Brasilien damit weiter vom Westen. Der Ukrainekrieg beschleunigt diese Entwicklung.

Kanzler Scholz wirbt vergeblich für die Position des Westens: »Dieser Krieg ist keine europäische Angelegenheit, sondern er geht uns alle an«, als »eklatanter Verstoß gegen das Völkerrecht und die internationale Ordnung, auf die wir uns gemeinsam verständigt haben«. Lula kontert: »Brasilien hat kein Interesse, die Munition weiterzugeben, damit sie im Krieg zwischen der Ukraine und Russland benutzt wird.« Den Krieg verurteilt er dennoch.

»Wir sind ein Land des Friedens«, so Lula. »Den letzten Krieg, den wir geführt haben, war der Paraguay-Krieg im 19. Jahrhundert. Wir wollen keine Beteiligung an diesem Krieg, auch nicht indirekt.«

Scholz lenkt ein: »Wir haben keine Vorschriften für das Agieren Brasiliens zu machen, sondern wir wollen ein Partner sein, der dabei hilft, die selbst gesetzten Ziele zu verfolgen.«

Lulas Vorschlag: »Es ist notwendig, eine Gruppe von Ländern zu bilden, die stark genug ist und respektiert wird, und sich mit den beiden an einem Verhandlungstisch zusammenzusetzen.« Er fügt hinzu: »Kriege passieren heute, weil es keine Verhandlung gibt, weil es niemanden gibt, der sich zusammen an den Tisch setzt.«

Lula nennt neben Brasilien China, Indien und Indonesien. »Multilaterale Initiativen gefallen mir sehr«, sagt er. Die neue Weltordnung müsse »auf Dialog basieren, Multilateralismus und Multipolarität«. Peking hält er dabei für besonders wichtig: »Unsere chinesischen Freunde können einen großen Beitrag leisten. Sie müssen jetzt auch einmal mithelfen, um den Frieden zwischen Russland und der Ukraine zu finden.«

China gibt seinem Rivalen USA eine Mitschuld an diesem Krieg, kritisiert aber auch seinen Nachbarn und Partner Russland. Auch Lula ist überzeugt, dass sowohl die USA als auch Russland verantwortlich sind: »Ich glaube, Russland hat den klassischen Fehler begangen, in das Territorium eines anderen Landes einzudringen«, sagt er. »Aber ich glaube auch: ›Wenn einer nicht will, streiten zwei nicht.‹«

Lulas Forderungen gehen jedoch weit über den Ukrainekrieg hinaus. Er ist überzeugt, dass die globalen Institutionen nicht mehr zeitgemäß sind. »Seit vielen Jahren kämpfen wir für einen Sitz im Weltsicherheitsrat der Uno. Dafür, dass afrikanische, asiatische, lateinamerikanische Länder ebenfalls einen Sitz bekommen.« Und weiter: »Die Uno vertritt nicht mehr die geopolitische Wirklichkeit. Wir wünschen uns einen Weltsicherheitsrat der Uno, der über Repräsentativität verfügt, eine Sprache spricht, auf die die Welt heute angewiesen ist. Wenn wir dies schaffen, werden wir vielleicht viele Kriege vermeiden.«

Lulas Perspektive ist klar: Der Westen kann die globalen Spielregeln nicht mehr allein bestimmen. Stattdessen gibt es nun mehrere einflussreiche Akteure. Einer davon ist Brasilien. Deshalb ist Lula offen für ein Freihandelsabkommen mit den Ländern Südamerikas (Mercosur). Aber nicht exklusiv. Das gleiche Abkommen solle es auch mit China und anderen Ländern geben.

Lula ist mit seiner Position nicht allein. Sie ähnelt der Haltung der wichtigsten aufsteigenden Länder und Russlands, die sich zwischen 2006 und 2010 zu den BRICS-Staaten zusammengefunden haben: Brasilien, Russland, Indien, China und Südafrika wollen die Macht des Westens austarieren und mehr Mitbestimmung, wenn auch mit unterschiedlichen Mitteln.

»Wir müssen sehen, wer in der Lage ist, Russland und der Ukraine zu helfen, Frieden auszuhandeln«, fordert Lula. »Derzeit hört man das Wort ›Frieden‹ sehr wenig in der internationalen Diskussion.«

Auch bei seinem Antrittsbesuch in Washington im Februar 2023 schwenkte Lula nicht auf den Ukrainekurs von US-Präsident Joe Biden ein und wurde dafür nicht einmal abgestraft, wie es früher der Fall gewesen wäre. Der Ton blieb freundlich. Allerdings wurde kaum etwas Neues im Bereich der wirtschaftlichen Zusammenarbeit unterschrieben, im Unterschied zu Lulas Staatsbesuch im April 2023 in Peking. Die beiden Länder unterzeichneten 15 Vereinbarungen und Absichtserklärungen, bei denen es unter anderem um den Bau eines sechsten Satelliten geht, der den Amazonas überwachen soll, um den Ausbau von 5G und um eine engere Zusammenarbeit bei der Cyber-Sicherheit. Außerdem wollen sie »in der wissenschaftlichen und technischen Forschung«, aber auch bei der »industriellen Innovation« zusammenarbeiten.

Xi und Lula betonten, dass beide Länder sich dafür einsetzen werden, dass es schnellstmöglich zu Friedensverhandlungen kommt, die nur durch neutrale Länder wie China oder Brasilien ermöglicht werden könnten. »Die USA sollten aufhören, den Krieg zu befeuern, und anfangen, über Frieden zu reden. Auch die EU sollte beginnen, über Frieden zu reden.« Frieden sei »im Interesse der ganzen Welt«. An Lula sieht man deutlich, dass die aufsteigenden Länder enger zusammenrücken. Die Schnittmenge ihrer Interessen wird größter. Zur Weltmacht USA gehen nicht nur Brasilien, das wichtigste Land Südamerikas, sondern auch die meisten anderen Aufsteigerländer hingegen auf höfliche Distanz.

96 WIE FEUER UND WASSER

China und die erste deutsche Außenministerin

Zum ersten Mal besucht eine deutsche Außenministerin China, und dazu eine, die sich einer feministischen Außenpolitik verschrieben hat: Annalena Baerbock von den Grünen. Was bleibt von dem Besuch?

Zunächst einmal Zitate, die große Gegensätze offenbaren: »Es war wirklich zum Teil mehr als schockierend«, sagt Annalena

Baerbock nach der Reise über China. Und: »Was China am wenigsten braucht, ist ein Lehrmeister aus dem Westen«, sagt der damalige Außenminister Qin Gang in Anwesenheit von Baerbock.

Der »Aspekt systemischer Rivale« nehme »immer stärker zu«, China trete nicht nur »nach außen offensiver, aggressiver auf«, sondern »vor allem nach innen repressiver«, stellt die deutsche Außenministerin fest. Jedes Land habe seine eigenen Gegebenheiten und kulturellen und historischen Hintergründe, es gebe keine »einheitlichen Standards in der Welt«, erklärt Premierminister Li Qiang Baerbock in Peking.

Gleichzeitig jedoch unterstreichen beide Seiten, wie wichtig Konsens, Kompromisse und Kooperation sind. Allerdings ist der jeweils andere überzeugt, er sei darin besser. »Deutschland und China sind Partner, keine Rivalen. Deutschland sollte seine Kooperation in gegenseitigem Nutzen mit Win-win-Ergebnissen vertiefen, nicht die Konfrontation und das Blockdenken«, sagt Qin. China stelle sich gegen »Unilateralismus, reine Machtpolitik und Akte der Bevormundung und fördert eine größere Demokratisierung der internationalen Beziehungen«, ergänzt Staatsrat Wang Yi, der ranghöchste Außenpolitiker Chinas und Chef der Central Foreign Affairs Commission der KP. Davor war er fast zehn Jahre Außenminister und ist es nun wieder. Auch Botschafter in Japan war er schon, ebenso Gastforscher an der amerikanischen Georgetown University. Er hat Japanisch studiert und spricht fließend Englisch. Nach der überraschenden Absetzung von Außenminister Qin im Juli 2023 übernahm er zusätzlich wieder den Posten des Außenministers. Mit seiner Position spricht er dem Wunsch der globalen Mehrheit nach mehr Mitbestimmung aus der Seele.

Annalena Baerbock, seit 2021 Außenministerin, hat ein Vordiplom in Politikwissenschaft der Universität Hamburg und einen Master in »Public International Law« (LLM) der London School of Economics (LSI), das ist ein einjähriger Postgraduierten-Studiengang. Sie ist seit 2013 Bundestagsabgeordnete und war vier Jahre lang – in einer Doppelspitze mit Robert Habeck – Parteivorsitzende der Grünen. Als Außenministerin will sie Gutes tun, tut es aber ungeschickt. Aus Sicht der Mehrheit der Welt ist Baerbock die nationale Spitzenpolitikerin eines führenden europäischen Landes, die mit ihrer kritischen Haltung den US-Falken am nächsten kommt.

Wie konsensfähig ist also Baerbocks China-Politik? Denn darum geht es ja am Ende in der Weltpolitik, in Europa und in Deutschland: Gemeinsamkeiten finden und sie ausbauen. Auf globaler Ebene zeigt sich: Mehr Länder weltweit teilen die Positionen von Premier Li, Staatsrat Wang und dem ehemaligen Außenminister Qin als die von Baerbock. Die globale Mehrheit und an der Spitze China und die aufstrebenden Länder wollen sich vom Westen nicht länger bevormunden lassen. Selbst in den Vereinten Nationen gibt es keine Mehrheit für ihre Politik der »deutlichen Worte«.

Ihre Politik lässt sich kurz so zusammenfassen: Sie verlangt etwa von China mehr Mitbestimmung für das Volk als ein Menschenrecht, aber global soll die Welt tun, was die Minderheit des Westens für die Mehrheit der Welt für richtig hält. Sie kritisiert China hart für seine engen Beziehungen zu Russland, schweigt jedoch zu den engen Russland-Beziehungen Indiens: »Mit Indien verbindet Deutschland schon lange eine Wertepartnerschaft«, sagt sie. Indien hat seine Ölimporte aus Russland seit Beginn des Krieges dramatisch erhöht. Damit übernimmt Baerbock fast eins zu eins die US-amerikanische Politik der Doppelmoral. Sie fordert einerseits, man müsse sich an die Regeln der UN halten. Wenn es dort keine Mehrheit für Sanktion gibt, dann ist es andererseits aber in Ordnung, wenn der Westen auf eigene Faust Sanktionen durchsetzt. Über 170 von über 190 Ländern der Welt beteiligen sich nicht an den Sanktionen. Auch wenn Baerbock unsere westlichen Werte zu Recht für überzeugend hält, kommt ihre Politik bei den Aufsteigerländern nicht an. Bei ihrem Brasilienbesuch hat ihr Amtskollege keine Zeit. Mit seiner Stellvertreterin gibt es keine gemeinsame Pressekonferenz. Auch in Indien erlebt sie einen höchst distanzierten Empfang. Man mag ihren erhobenen Zeigefinger nicht.

Und wie sieht es auf EU-Ebene mit der Unterstützung für Baerbocks Politik aus? Hier zeichnet sich ab, dass mehr Länder und Staatschefs die kooperative Position des französischen Präsidenten Emmanuel Macron zu China teilen als die konfrontative Haltung Baerbocks. Zu diesem Kreis gehören etwa Bundeskanzler Olaf Scholz, der spanische Premierminister Pedro Sánchez und der holländische Premier Mark Rutte. Dazu kommen Griechenland, Ungarn und Kroatien, um nur einige kleinere Länder zu nennen. Egal, ob man die Bevölkerung zählt oder die Wirtschaftskraft – die Mehrheit ist gegen Baerbocks Position. Immerhin: Die Einschätzungen der konservativen EU-Kommissionspräsidentin Ursula von der Leyen (CDU) und die der Außenministerin ähneln sich sehr. Doch das hilft bei der Mehrheitsbeschaffung in der Europäischen Union offensichtlich wenig. Beide sind mit ihren Positionen isoliert.

Auch die Bevölkerung äußert sich klar: In einer repräsentativen Umfrage des Europe Council of Foreign Relations (ECFR) in elf Ländern mit 16 000 Befragten sahen nur 35 Prozent in China einen »Gegner oder Rivalen«. Für 46 Prozent ist China gar ein »Alliierter oder notwendiger Partner«. Die übrigen sind unentschlossen. Eine Mehrheit von 62 Prozent möchte nicht in einen Konflikt um Taiwan zwischen China und den USA hineingezogen werden. Die befragten Europäer sehen China »nicht als eine Macht«, die »Europa herausfordert und untergraben will«, und sie glauben nicht an den von der Biden-Regierung propagierten Rahmen »Demokratie gegen Autokratie«. Das ist auch die Position von Emmanuel Macron: Europa soll gegenüber den USA und China eine eigene Rolle spielen und sich nicht vor den US-Karren spannen lassen, zumal falls die Vereinigten Staaten durch eine Beschleunigung des Konflikts mit Taiwan eine chinesische Überreaktion auslösten. Also mehr

Zurückhaltung üben, China nicht provozieren und, wenn es zu einem Konflikt kommt, eine eigene Position einnehmen.

Auch auf der Ebene Deutschlands ist die Position der Außenministerin in der Koalition aus SPD, FDP und Grünen nicht mehrheitsfähig. Scholz würde sich nie so zu China äußern wie Baerbock.

»Wir müssen aufpassen, dass wir nicht Partei in einem Großkonflikt zwischen den USA und der Volksrepublik China werden«, hatte SPD-Fraktionschef Rolf Mützenich schon vor der Baerbock-Reise gewarnt. »Europa muss schon versuchen, eine eigenständige Rolle so weit wie möglich zu formulieren und nicht als Anhängsel der USA dort in der Region zu erscheinen.«

Und auf der Ebene der Grünen? Selbst die eigene Partei steht nicht geschlossen hinter ihr. »China sucht eine Konfliktminderung. Sie sind interessiert an der Zusammenarbeit mit den Europäern. Dafür sind sie auch bereit, etwas zu geben«, so Jürgen Trittin, außenpolitischer Sprecher der Fraktion vor der Baerbock-Reise. Ein Rat, an den sie sich offensichtlich nicht gebunden fühlte. Nach ihrer Reise: bedeutsames Schweigen der Parteispitze.

Doch eigentlich sollte eine deutsche Außenministerin in China für ganz Deutschland sprechen – in enger Abstimmung mit der EU – und nicht nur für einen Teil der drittgrößten Partei Deutschlands, die von knapp sieben Millionen der 61 Millionen Wahlberechtigten gewählt wurde. In Peking stellt man sich deshalb vor allem eine nüchterne Frage: »Für wen spricht Außenministerin Baerbock?«

97 HARTE ZEITEN

Auto Shanghai 2023. Noch nie war die deutsche Autoindustrie in China so ernüchtert.

Deutsche E-Autos spielen im chinesischen Markt nur eine Nebenrolle. Das wurde auf der wichtigsten Automesse der Welt schlagartig deutlich.

Auf der Auto Shanghai 2023 gab es beeindruckende deutsche Weltpremieren: ID7 von VW, ein Auto zwischen Passat und Phaeton, der wuchtige i7 M70 xDrive von BMW, der neue Porsche Cayenne oder der EQB, ein Siebensitzer von Mercedes. Doch das eigentliche Thema waren die großen Problemzonen der Deutschen bei den E-Autos, dem neuen Goldstandard in China, dem wichtigsten Markt der Welt.

Die Zahlen des ersten Quartals 2023 sind ernüchternd: VW, jahrzehntelang Marktführer in China, kommt mit einem Marktanteil von unter 2 Prozent nicht einmal unter die ersten zehn. Nur BMW hat es in die Top 10 geschafft, die ansonsten von chinesischen Marken dominiert werden. Allerdings liegen die Münchner auf Platz neun, mit einem Marktanteil von 2,1 Prozent.

Angeführt wird das E-Auto-Ranking von BYD (25 Prozent Marktanteil) aus dem südchinesischen Shenzhen, gefolgt von Tesla aus den USA (gut 15 Prozent), das sich von Rang zehn auf den zweiten Platz vorgekämpft hat.

Das Argument, man komme in China eben nicht gegen die chinesischen Hersteller an, gilt also nicht. Bitter für die Deutschen. Zumal Tesla diesen Sprung mit nur zwei Modellen und guten Margen geschafft hat. BYD braucht dafür sieben.

Die Schwachstellen der Deutschen sind offensichtlich. Es beginnt bei den langen Entwicklungszeiten für neue Autos. Die Deutschen brauchen dafür 48 Monate und länger. Die besten Chinesen schaffen das in unter dreißig Monaten. Damit können sie schneller auf neue Trends reagieren.

Mag sein, dass hier und da Qualität und Verarbeitung der deutschen Autos besser sind, aber für das perfekte Spaltmaß allein will der chinesische Kunde nicht mehr bezahlen. Und was die Sicherheit angeht, spielen bei europäischen Tests einige chinesische Autos mit fünf Sternen ganz oben mit.

Chinesen würden eher schon für Vorsprung durch Technik tiefer in die Tasche greifen, meinen dabei aber vor allem Dinge wie Vernetzung und Hightech bei Touchscreens und Entertainment. Für die Kunden ist das Fahrverhalten unerheblich in Chinas Staus, wichtig ist das Loungegefühl. Den Amerikanern gelingt das besser als den Deutschen. Der Tesla ist ein Auto ohne Knöpfe. Aber bei Tesla musste man sich ja auch nicht von alten Traditionen lösen.

Ein weiterer Denkfehler: Während die Kunden in Deutschland der Umwelt zuliebe zunehmend bereit sind, mehr für E-Autos zu bezahlen, ist das in China anders. Hier sollen die Käufer weniger für ein E-Auto bezahlen als für einen Verbrenner. Die Argumentation ist verblüffend einfach: Da ist schließlich kein Motor drin, und eine Batterie kann so teuer nicht sein.

Eine Studie der Londoner Analysten von JATO Dynamics hat ergeben, dass der Preis für europäische Elektroautos seit 2015 um rund 7000 Euro auf knapp 55 000 Euro gestiegen ist. In den USA war der Anstieg noch deutlicher: um 10 000 Euro auf 63 000 Euro. In China hingegen hat sich der Preis von 66 000 Euro auf nunmehr 31 000 mehr als halbiert.

Von den internationalen Herstellern hat Tesla diesen Trend zuerst verstanden und Anfang 2023 eine Rabattschlacht ausgelöst. Volkswagen reagierte und bietet den ID.4 und den ID.6 inzwischen um bis zu 5400 Euro billiger an. SAIC, Partner von Volkswagen, gibt rund 4000 Euro Rabatt. BMW versucht, seine Marktanteile zu sichern, indem es den i3 nun über 10 000 Euro billiger anbietet. Es ist ein schwacher Trost, dass die Rabattschlacht auch den einen oder anderen Hersteller in den Konkurs treiben wird und so der Markt bereinigt wird. Denn gleichzeitig werden die Chinesen immer wettbewerbsfähiger. Der neue EL7 von NIO, aber auch der ET7 zeigten eine »erstaunliche Reife und Qualität, optisch und technisch«, urteilt *Auto Bild*.

Auch bei den Kompaktfahrzeugen sind die Chinesen schneller und pfiffiger: E-Auto-Marktführer BYD stellt auf der Messe den neuen kleinen Seagull vor – ein VW-Killer. Das Auto hat eine Reichweite von 300 oder 400 Kilometern, je nach Batterie, und das ist mehr als genug für einen Stadtflitzer. Der Preis ist kaum zu schlagen: zwischen 10 000 und 13 000 Euro. Der Natrium-Ionen-Akku ist zudem frei von Kobalt, Nickel und Lithium.

Wenn es den deutschen Herstellern also nicht gelingt, die Entwicklungszeiten zu verkürzen, die Produktionskosten und damit den Endpreis zu senken und sich dem chinesischen Kundengeschmack anzupassen, werden sie nicht mehr ins Spiel kommen. Immerhin: VW versucht nun einen Befreiungsschlag. Der Konzern will rund eine Milliarde Euro in den Aufbau eines neuen Zentrums für Entwicklung, Innovation und Beschaffung für vollvernetzte Elektroautos mit Sitz in Hefei investieren. Die neue Tochterfirma mit dem Projektnamen »100%TechCo« werde die »Entwicklungszeiten neuer Produkte und Technologien um rund 30 Prozent reduzieren«, so Ralf Brandstätter, VW-Konzernvorstand für China. Im Juli entschied Brandstätter dann, sich mit 4,9 Prozent für 700 Millionen Dollar bei dem sehr erfolgreichen chinesischen Start-up Xpeng einzukaufen, um von deren Know-how zu profitieren. In einem ersten Schritt wollen sie Mittelklasse-E-Autos für China entwickeln. Die beiden Fahrzeuge, voraussichtlich eine Limousine und ein SUV, sollen 2026 an den Markt kommen und ein Segment abdecken, in dem VW bisher nicht vertreten ist. Xpeng kann die Autos günstiger produzieren als VW und verfügt über bessere Software. Die VW-

Auslieferungen von E-Autos in China waren im ersten Halbjahr 2022 um 1,6 Prozent auf 62 400 Fahrzeuge zurückgegangen, während BYD über 1,2 Millionen E-Autos und Hybridfahrzeuge verkaufen konnte. Und Audi nutzt ab 2024 in China eine Elektroplattform des langjährigen Joint-Venture-Partners SAIC für die Modelle A3 und A4. Zusätzlich soll es ab 2027/2028 eine gemeinsam entwickelte E-Plattform geben. Traditionell kam die Plattform von Audi, auf deren Basis SAIC Modelle entwickelt hat.

Die größte Sorge der deutschen Hersteller: dass sie das, was sie derzeit in China durchmachen, auch bald in ihrem deutschen Heimatmarkt erleben müssen. Die Sorge ist nicht unbegründet: Die Exporte der chinesischen Konkurrenz haben sich seit 2020 bereits auf 2,5 Millionen Autos verdreifacht. Damit stand China 2021 in der Export-Weltrangliste auf dem dritten Platz. Auf dem zweiten Platz folgte Deutschland mit 2,61 Millionen exportierten Autos und auf dem ersten Japan mit rund drei Millionen. Mitte 2023 allerdings führt China bereits die Exportstatistik an und hat Deutschland und Japan überholt.

98 NEUES WELTGELD

Chinas Yuan ist auf dem Weg zur zweiten Weltwährung und bringt den Dollar in Bedrängnis.

Es ist eine historische Wende: Im April 2023 verwendet China zum ersten Mal in seiner Geschichte mehr Yuan als Dollar für grenzüberschreitende Zahlungen. Es ist ein rasanter Aufstieg: 2010 lag der Anteil des Yuan bei solchen Transfers noch bei null Prozent, der des Dollars bei 83. Inzwischen wollen immer mehr der aufsteigenden Länder im Handel untereinander auf die US-Währung verzichten. Das wird auch beim Besuch von Brasiliens Präsident Luiz Inácio Lula da Silva im selben Monat in Peking deutlich.

Das Handelsvolumen zwischen den beiden Ländern (plus 10 Prozent 2022) beträgt mit 150 Milliarden Dollar bereits halb so viel wie das Brasiliens mit Deutschland. In Brasilien (216 Millionen Einwohner) ist der Yuan mittlerweile mit einem Anteil von 5,37 Prozent nach dem Dollar die zweitwichtigste Reservewährung, noch vor dem Euro mit nur 4,74 Prozent. Deshalb hat Brasiliens Präsident Lula entschieden, den Handel zwischen China und Brasilien direkt in Yuan und damit ohne den Umweg über den Dollar abzuwickeln.

Dass der Yuan als Wettbewerber zum Dollar immer mehr Aufwind bekommt, verstärkt die Unabhängigkeit der globalen Mehrheit. Der direkte Handel in Yuan ist billiger, und man ist nicht länger nur von einer dominanten Währung abhängig. »Der Dollar spielt eine bei weitem zu dominante Rolle im globalen Finanzsystem«, sagt denn auch Jim O'Neill, Top-Manager bei der Investmentbank Goldman Sachs, der den Begriff »BRICS« vor über zwanzig Jahren erfunden hat. Brüssel hat dieses Fenster damals nicht genutzt, als es den Euro schon gab, der Yuan aber noch nicht stark genug war. Nun ist es wahrscheinlich zu spät. Der Yuan wird die stärkste Währung der Aufsteigerländer werden, nicht der Euro.

Die brasilianische Banco BOCOM BBM hat angekündigt, von nun an das China Interbank Payment System (CIPS) zu benutzen, das 2015 gegründet wurde und Transaktionen in Renminbi (RMB) vollzieht, wie der Yuan offiziell heißt, und abrechnet. Bislang hatte SWIFT, 1973 in Brüssel ins Leben gerufen, das Weltfinanzsystem auf der Basis des Dollars dominiert. SWIFT wickelt nicht nur Finanztransaktionen ab, sondern ist auch ein Nachrichtennetzwerk, das Banken, Börsen und andere Akteure verbindlich miteinander kommunizieren lässt. CIPS braucht also auch noch SWIFT. Aber das dürfte sich bald ändern.

Über dreißig Länder wickeln ihren Handel bereits in Yuan ab, Russland seit Anfang 2023 wegen der westlichen Sanktionen notgedrungen. Der Yuan ist nun Russlands meistgehandelte Währung. Iran, immerhin viertgrößter Ölproduzent der Welt, setzt wegen der westlichen Sanktionen ebenfalls auf den Yuan. Die Ölexporte des Landes stiegen 2022 um 35 Prozent an – trotz der Sanktionen. Auch Länder wie die Vereinigten Arabischen Emirate, Indien, Singapur, Venezuela, Indonesien, Weißrussland und die Türkei wickeln immer mehr Handelsgeschäfte in Yuan ab.

Der saudische Kronprinz Mohammed bin Salman und der chinesische Präsident Xi haben sich jüngst darauf geeinigt, dass die Saudis einen Teil ihres Öls in Yuan nach China verkaufen. Saudi-Arabien ist der weltgrößte Ölverkäufer, China der beste Kunde. 25 Prozent des saudischen Öls gehen pro Jahr für rund 25 Milliarden Dollar dorthin. Mit dem Deal geht eine Epoche zu Ende, die in den 1970ern begann, als sich die Saudis fest an den Dollar banden. Damals waren die USA ihr größter Kunde. 1977 kauften die Vereinigten Staaten 70 Prozent ihres Öls von der OPEC, dem von den Saudis angeführten Kartell. 2020 waren es nur noch 11 Prozent. Inzwischen sind die USA einer der größten Wettbewerber der Saudis im Ölgeschäft. Deswegen wird die Beziehung zwischen Riad und Peking stärker, die zu Washington schwächer.

Auch in Europa gewinnt der Yuan an Einfluss: Ende März 2023 hat sogar das französische Unternehmen TotalEnergies ein Geschäft mit der CNOOC, Chinas größtem Gas und Ölhersteller, über den Shanghai Petroleum and Natural Gas Exchange (SHPGX) in Yuan abgewickelt. Es geht um 65 000 Tonnen Flüssiggas (LNG) aus den Vereinigten Arabischen Emiraten. Es ist der erste internationale LNG-Deal überhaupt, der in Yuan abgewickelt wird. Im Sommer 2023 beginnen indische Ölimporteure, sogar russisches Öl in Yuan statt in US-Dollar zu bezahlen. Im Juni 2023 kauft Indien so viel Öl in Russland ein wie noch nie. Mehr als aus Saudi-Arabien und Irak zusammen.

Zudem haben sich die ASEAN-Länder Ende März dafür ausgesprochen, ihren Handel nicht mehr in Dollar, Euro oder japanischen Yen abzuwickeln, sondern in ihren eigenen Währungen. Dabei spielt der Yuan eine zentrale Rolle, denn China ist der wichtigste Handelspartner von ASEAN. Gleichzeitig hat der malaysische Premier Anwar Ibrahim mit China nun eine Initiative für einen asiatischen Währungsfonds gestartet – eine Alternative zum IWF, der vom Westen dominiert wird.

Die weltweiten Handelsgeschäfte in Yuan sind im vergangenen Jahr um 37 Prozent gestiegen, wenngleich dessen Rolle im Vergleich zum Dollar nach wie vor eine sehr klein ist. 88 Prozent des Währungshandels findet noch immer in Dollar statt. Dessen Anteil an den globalen Devisenreserven ist von 72 Prozent zu Beginn des Jahrhunderts auf nun immerhin unter 60 Prozent gesunken, dominiert aber noch. Der Yuan liegt allerdings erst bei knapp 2,54 Prozent und damit hinter dem Euro (20 Prozent), dem Yen und dem britischen Pfund. Gemessen an der Kaufkraft hält China einen Anteil von 34 Prozent, während die EU hier nur auf 14 Prozent kommt. Was Chinas Anteil an der Weltwirtschaft betrifft (18 Prozent), ist der Yuan also stark unterbewertet. Doch man darf davon ausgehen, dass er, nun, da die politischen Bedingungen günstiger denn je sind, zügig aufholt.

Peking weiß natürlich, dass man nicht die Mehrheit der Weltwährungsreserven zu stellen braucht, um die Rahmenbedingungen des Weltfinanzsystems bestimmen zu können: Als 1944 das Dollar-dominierte Währungssystem im amerikanischen Bretton Woods gegründet wurde, um das Britische Empire als Weltmacht endgültig abzulösen, hatten die USA nur 4 Milliarden Dollar an Weltwährungsreserven, während das Empire noch über 10 Milliarden Dollar verfügte. 2021 hat Yi Gang, Chinas Chef der Zentralbank, der People's Bank of China (PBOC), den E-Yuan auf internationaler Bühne auf einer Konferenz in Finnland vorgestellt. »Währungen wie der E-Yuan ermöglichen es den Zentralbanken, im digitalen Zeitalter weiterhin ein glaubwürdiges und sicheres Zahlungsmittel bereitzustellen und gleichzeitig die Effizienz und Integrität des Zahlungssystems zu verbessern«, so der Zentralbank-Chef. »Wir möchten die Zusammenarbeit mit anderen Zentralbanken und internationalen Organisationen zu diesem Thema verstärken«, so Yi.

Vor allem in Schwellenländern wird sich der E-Yuan schnell verbreiten. China hat bereits mehrere Partner: Die Bank für Internationalen Zahlungsausgleich, die Bank of Thailand, die Zentralbank der Vereinigten Arabischen Emirate und die Hongkonger Währungsbehörden hätten bereits ein multilaterales Kooperationsprojekt gestartet. »Wir haben auch einen regelmäßigen technischen Austausch mit der Europäischen Zentralbank«, erklärt Gang. Eine zentrale Rolle spielt der E-Yuan aber bisher nur in einem Land, wenn auch nicht aus Überzeugung, sondern aus Not: Seit Anfang 2023 ist Moskau das größte Trading Center für den Yuan außerhalb Chinas. Im April 2022 hatte die russische Hauptstadt noch auf Platz 15 gelegen.

Dass der E-Yuan früher oder später eine wichtige Rolle spielen wird, scheint klar. Die Frage ist nur, wann? »Wie der E-Yuan den allmächtigen Dollar herausfordern könnte«, titelte das US-Magazin *Time* bereits. Und das japanische *Nikkei Asia Magazin* fragt: »Wird Chinas digitaler Yuan den Dollar bezwingen?« Das Magazin spricht bereits von einer »neuen Ära des internationalen Finanzsystems, fünfzig Jahre nach dem Nixon-Schock«. 1971 entschied der amerikanische Präsident Richard Nixon im nationalen Alleingang, die USA seien wirtschaftlich nun so mächtig, dass sie nicht mehr garantieren müssten, jederzeit 35 Dollar in eine Feinunze Gold umtauschen zu können. Dieses System der festen Währungskurse war

1944 im amerikanischen Bretton Woods mit 44 Ländern vereinbart worden und besiegelte das Ende des British Empire. Und die Vormachtstellung des Dollars.

Eine neue Ära bedeutet, dass nun, nach rund achtzig Jahren Dominanz der amerikanischen Währung, mit China ein neuer Spieler aufsteigt, der so stark ist, dass er die Entwicklung seiner Währung nicht mehr international abstimmen muss – auch nicht mit den USA Der Yuan wird den Dollar nicht gleich morgen ablösen. Aber als Alternative wird er schneller wichtiger werden, als viele im Westen glauben, denn die Mehrheit der Welt will das so.

99 TAIWANS BALANCEAKT

Während Peking die friedliche Kooperation mit Taipeh nun stärker betont, besucht mit Ma Ying-jeou zum ersten Mal seit 1949 ein Ex-Präsident Taiwans das chinesische Festland.

Ma Ying-jeou, ehemaliger Präsident und Angehöriger der Kuomintang (KMT) – inzwischen Oppositionspartei –, hat von Taiwans aktueller Präsidentin Tsai Ing-wen die Erlaubnis bekommen, auf das chinesische Festland zu reisen. Tsai, Mitglied der Demokratischen Fortschrittspartei (DDP), gab nicht nur grünes Licht für die Reise, sie unterstützte sie sogar. Zuvor hatte sich Tsai dagegen gesperrt, obwohl entsprechende Einladungen aus Peking schon länger vorlagen. Der National Security Information Protection Act verbietet es einem Präsidenten Taiwans, drei Jahre nach Ende der Amtszeit aufs Festland zu reisen. Tsai hatte diese Regel um zwei Jahre verlängert.

Während Ma nach China reiste, fuhr die Präsidentin zu einem »privaten« Besuch in die USA. Dort traf sie in Los Angeles den

Sprecher des US-Repräsentantenhauses, Kevin McCarthy. Peking antwortete mit einem Militärmanöver. Gleichzeitig jedoch gibt es eine Annäherungsbewegung. Tsai wollte ihr Treffen mit McCarthy offensichtlich austarieren, wie Yin und Yang.

Auf der zwölftägigen Reise in verschiedene chinesische Städte durfte Ma von vier seiner Schwestern und einer Delegation aus ehemaligen Beamten und einer Gruppe Studierender begleitet werden. Es gehe darum, »junge Vitalität in die friedliche Entwicklung der Beziehungen beiderseits der Taiwanstraße zu bringen«, so ein Sprecher des Ex-Präsidenten. Jungen Menschen einen Austausch zu ermöglichen, könne helfen, Spannungen abzubauen.

Während der Austausch mit Studierenden der Eliteuniversität Fudan in Shanghai, Unis in Wuhan und auf der südchinesischen Insel Hainan auf dem Programm standen, war von Treffen mit hochrangigen chinesischen Politikern zunächst nicht die Rede. Tatsächlich traf Ma aber Song Tao, den Direktor des Büros für Taiwan-Angelegenheiten des Staatsrates der KP. Seine Äußerungen ließen aufhorchen: In Nanjing sprach Ma davon, dass Sun Yat-sens Ideale in China und Taiwan realisiert worden seien. Sun war 1912 der erste Präsident der Republik China, mit der das über 2000 Jahre währende Kaiserreich endete. Bisher hatte Taiwan proklamiert, dies gelte mehr für Taiwan als für das Festland, da Sun zum einen die Kuomintang gegründet hatte, die sich 1949 nach der Niederlage gegen die Kommunisten nach Taiwan zurückzog. Heute ist die KMT, der Ma angehört, Teil des dortigen demokratischen Mehrparteiensystems. Und zum anderen gelten Suns »Drei Prinzipien des Volkes« – das der Volksgemeinschaft, das der Volksrechte und das der Volkswohlfahrt – in Taiwan noch heute als politische Leitlinien.

Wuhans Covid-Maßnahmen, lobte Ma zudem, seien ein wichtiger Beitrag für die Menschheit gewesen. Bei Taiwans Schutzmacht USA hatte es Kritik für die Maßnahmen in Wuhan gehagelt. Und schließlich hielt Ma in der Provinz Hunan an der Grabstätte seines Großvaters eine Rede, nicht etwa in Mandarin, sondern im Xiang-Dialekt, den auch Mao Zedong sprach. Eine große Geste gegenüber dem Gründer der Volksrepublik.

Ex-Präsident Ma reiste zwar zum ersten Mal auf das Festland, doch er hatte bereits 2015 Chinas Präsident Xi Jinping in Singapur zu Gesprächen getroffen, sechs Monate vor Ende seiner Amtszeit. Es war das erste Treffen seit 1949. Mas Nachfolgerin schlug einen konfrontativeren Ton gegenüber Peking ein, das darauf nicht minder aggressiv antwortete und vor allem durch Militärmanöver versuchte, seine Entschlossenheit zu demonstrieren. Für Peking ist Taiwan kein eigenständiges Land, sondern eine abtrünnige Provinz. Auch die allermeisten Länder (181 von 194 Ländern der Welt) halten sich an das Ein-China-Prinzip, das auch von den USA seit den 1970er-Jahren akzeptiert wird. Es bedeutet: Es gibt nur ein China, die Volksrepublik mit der Hauptstadt Peking. Allerdings schützen die USA Taiwan militärisch.

Während Taiwans Präsidentin in ihrer Neujahrsrede noch davon sprach, dass die »kontinuierliche Expansion von Autoritarismus zu Unsicherheit hinsichtlich der Prosperität und der Stabilität der Indopazifik-Region geführt« habe, waren aus Peking moderate Töne zu vernehmen. In seiner Neujahrsansprache 2023 betonte der 69-Jährige Xi, der nur drei Jahre jünger ist als Ma: »Die Menschen auf beiden Seiten der Taiwanstraße sind Mitglieder der gleichen Familie.« Und: »Die Landsleute auf beiden Seiten werden als Einheit zusammenarbeiten, mit dem Ziel, dauerhafte Prosperität für die chinesische Nation zu schaffen.« Auch der neue chinesische Ministerpräsident Li Qiang schlägt versöhnliche Töne an: Peking wolle »den wirtschaftlichen und kulturellen Austausch« mit Taiwan vorantreiben, schließlich sei man »eine Familie«.

Xi hat zudem seinen Chefstrategen Wang Huning mit der Entwicklung einer neuen, friedlichen Taiwan-Strategie beauftragt.

Wang hat die politischen Leitlinien von Staats- und Parteichef Xi und dessen beiden Vorgängern entwickelt. Er sitzt im ständigen Ausschuss des Politbüros, dem höchsten KP-Entscheidungsgremium. Wang sagt, Peking müsse »sich unbedingt um Frieden und Einheit bemühen, den Austausch und die Zusammenarbeit zwischen beiden Seiten der Taiwanstraße sowie eine integrierende Entwicklung fördern«. Zugleich gelte es, sich gegen »die Spaltungskräfte auf Taiwan und ausländische Einmischungen zu wenden« und »die Landsleute in Taiwan zu einen«.

Gleichzeitig jedoch rüstet China für den Fall der Fälle auf: Sollte Taiwan seine Unabhängigkeit erklären, wäre ein Militärschlag Pekings sehr wahrscheinlich. Für 2023 kündigte China eine Erhöhung der Rüstungsausgaben um 7,2 Prozent an. In Taiwan wollen Umfragen zufolge nur 10 Prozent der Menschen eine sofortige Unabhängigkeit. 25,4 Prozent wollen am Status quo festhalten, sich langfristig jedoch Richtung Unabhängigkeit bewegen. Die große Mehrheit möchte zu fast gleichen Teilen entweder den Status quo für immer beibehalten oder später darüber entscheiden. Eine weitere Umfrage vom Dezember 2022 zeigt aber auch, dass 70 Prozent der Befragten Taiwan im Falle eines chinesischen Angriffs verteidigen würden.

Die Reise von Ex-Präsident Ma ist in diesem Zusammenhang insofern wichtig, da seine Partei KMT für eine Annäherung mit Peking steht. Sie hat Chancen, die derzeit regierende DDP bei den Wahlen 2024 abzulösen. Die Partei der Präsidentin hatte schon bei den lokalen Wahlen 2023 einen herben Rückschlag hinnehmen müssen. Sie konnte nur fünf von 22 Gemeinden und unabhängigen Städten gewinnen, während die KMT sogar in den drei größten Industriestädten Taipeh, Taoyuan und Keelung die Wahl für sich entscheiden konnte.

Bei einem Treffen von Andrew Hsia, Parteivize der KMT, und dem KP-Parteistrategen Wang im Februar hatte Hsia betont, die KMT sei gegen »Taiwans Unabhängigkeit«, um Frieden und Stabilität in der Straße von Taiwan zu sichern. Von einer Vereinigung Taiwans mit dem Festland sprach er allerdings nicht. Dennoch käme ein Machtwechsel in Taipeh Peking sicher nicht ungelegen. Außerdem hat Putins Angriffskrieg Peking gezeigt, wie hoch die internationalen politischen und wirtschaftlichen Kosten eines Militärschlags wären. Eine Einigung mit Taiwan würde – wichtiger Nebeneffekt – die Rolle der USA im Südchinesischen Meer strategisch schwächen. Bis dahin ist es allerdings noch ein weiter Weg. Doch wie Ma auf seiner Reise forderte: »Alle Parteien beidseits der Taiwanstraße sollten ihren Dialog intensivieren.«

Es kann also nicht schaden, sich im Westen nicht nur mit dem Worst-Case-, sondern auch mit einem Better-Case-Szenario zu beschäftigen, also einer friedlichen Annäherung von Taipeh und Peking, mit der Taiwan auf Dauer leben kann.

100 »GEMEINSAM NACHHALTIG HANDELN«

Deutschland und China gehen wieder pragmatisch miteinander um.

Die siebten deutsch-chinesischen Regierungskonsultationen im Juni 2023 waren eine so große Herausforderung wie nie zuvor. Es war das erste persönliche Treffen der beiden Regierungen seit 2018. Auf beiden Seiten neue Regierungschefs. Es war aber auch das erste Treffen nach der kleinen Eiszeit: Im Frühjahr 2021, ein Jahr vor dem Ukrainekrieg, hatte die EU mit Billigung Berlins Sanktionen gegen China verhängt. Peking reagierte mit Gegensanktionen. Sie gelten bis heute. Es war zudem die erste Auslandsreise des neuen chinesischen Ministerpräsidenten Li Qiang, der anschließend nach Frankreich weiterreiste. Dass er Deutschland als erstes Land der Welt besuchte, zeigt den Stellenwert, den die Deutschen in China haben. Li und neun chinesische Minister kamen nach Berlin. Peking war es sehr wichtig, dass mehr Minister dabei waren als bei den deutsch-japanischen Regierungskonsultationen im März in Japan.

Ein wichtiger Mann fehlte allerdings in Berlin: Qin Gang, zu diesem Zeitpunkt noch Außenminister. Er hatte wegen des Besuchs seines US-Counterparts Antony Blinken in Peking den Trip abgesagt, dabei hätte es Qin mit dem Flieger noch rechtzeitig in die deutsche Hauptstadt geschafft. Es ist allerdings bekannt, dass Qin und Außenministerin Annalena Baerbock weniger harmonieren als Qin und Blinken. Fast sah die Absage wie ein Geschenk Pekings an Scholz aus: Der Kanzler musste sich nun nicht so eng mit Baerbock abstimmen, die für einen viel härteren Konfrontationskurs gegenüber China steht als Scholz. Im Titel der Regierungskonsultationen dürfte Baerbock wohl nur das mittlere Wort gefallen haben: »Gemeinsam nachhaltig handeln.« Nun konnte es also ein Treffen werden, wie der Kanzler es sich vorstellte. Das Thema China ist damit wieder stärker im Bundeskanzleramt angesiedelt, wo es traditionell auch schon unter Kohl, Schröder und Merkel lag. Zwischendurch hatte es den Anschein erweckt, als sei Scholz aufgrund der Machtspiele in der Koalition gezwungen, bei seiner Richtlinienkompetenz in Bezug auf China Kompromisse zu machen.

Nun ist bei Scholz keine Rede mehr von China als »systemischem Rivalen«, von »Entkopplung« oder auch nur von »Derisking«. Stattdessen pragmatische Kooperation von Partnern mit gemeinsamen Interessen und großen Differenzen. Scholz legt mehr Gewicht auf Wissenschaft und Forschung, Klimawandel, Ukrainekrieg, Lieferketten und Menschenrechte. Li setzt stärker auf Multilateralismus, Innovation, Umweltschutz und Berufsbildung.

»Wichtig ist es, dass nun auch wieder gesellschaftliche Kontakte stattfinden«, betont Scholz. »Das gilt ebenso für Wissenschaft und

Forschung und für den Austausch zwischen Thinktanks.« Zum Klimaschutz erklärt Scholz, dass China und Deutschland in einem Boot sitzen: »Als großen Emittenten von CO_2 kommt Deutschland und China eine besondere Verantwortung beim Kampf gegen den Klimawandel zu.« Statt Vorwürfe und Konfrontation dominieren nun elegante, aber doch deutliche Hinweise: »Auch über unsere Erfahrungen mit dem Kohleausstieg haben wir berichtet«, sagt Scholz. Und: »Freiraum und Offenheit braucht der Journalismus. Wir setzen uns dafür ein.«

Scholz übt auch keine offene Kritik mehr an Chinas Rolle im Ukrainekrieg, sondern äußert die konstruktive Aufforderung, »Einfluss geltend zu machen«, verbunden mit der Anerkennung, dass »China weiter keine Waffen liefert«. Scholz spricht auch nicht mehr von einem Truppenrückzug Russlands als Voraussetzung für einen Waffenstillstand und Friedensgespräche. Eine Position, die China, Indien und Brasilien schon länger vertreten. Er sagt vielmehr: »Russland muss – so sehen wir das – Truppen zurückziehen; sonst wird es nicht gelingen, dass ein guter Frieden eintritt.« Der Rückzug könne nun auch das Ergebnis von Verhandlungen sein. Das ist ein wichtiger Schritt in Richtung der Haltung der Mehrheit der Welt.

Scholz nimmt sogar einen zentralen Gedanken der aufsteigenden Länder auf: das in der UN verankerte »Recht auf territoriale Integrität und Souveränität«. Der Kanzler möchte zudem die G20 »noch effizienter« machen. »Auf dieser regelbasierten internationalen Ordnung fußt das friedliche Miteinander weltweit, nicht auf der Macht des Stärkeren.« Das kann man als Hinweis an Putin verstehen, aber durchaus auch als Spielregel für die USA. Peking und Berlin haben hier eine Schnittmenge, von der aus man weiter in Richtung Friedensverhandlungen denken kann.

Erst nach diesen Themen spricht Scholz zur Wirtschaft. Er möchte nicht als »Genosse der Bosse« gelten, wie einst Schröder. Dennoch gilt für ihn: »Unsere dynamischen Wirtschaftsbeziehungen sind ein wichtiger und konstitutiver Teil unserer Beziehungen.« Und er betont: »Wir haben kein Interesse an einer wirtschaftlichen Abkopplung von China.« Über Probleme beim Marktzugang müsse man aber reden. Es gebe »sehr konkrete Probleme, die uns Sorgen bereiten«. Diese Haltung deckt sich mit der öffentlichen Stimmung in Deutschland. Auf die Frage: »Stellt China eine Bedrohung für Deutschlands Sicherheit dar?« antworteten 18 Prozent der Deutschen in einer repräsentativen Civey-Umfrage mit Nein, 23 Prozent hingegen mit Ja. Der Rest war unentschlossen. Zum Thema Derisking macht Scholz klar: »Wir wollen uns nicht gegenüber einem Partner verschließen, sondern ausgewogene Partnerschaften in ganz Asien und darüber hinaus auf- und ausbauen.« Wichtig für Scholz: das Lieferkettengesetz. Es solle für »eine bessere Achtung der Menschenrechte in aller Welt« sorgen. Das liege im Interesse beider Länder. Und: »Die Allgemeine Erklärung der Menschenrechte ist für uns alle verpflichtend.« Die legt Peking allerdings anders aus als Berlin.

Mit dieser Form der Kritik kann Premier Li Qiang leben. Die Gespräche seien »praxisorientiert«, »hocheffektiv« und hätten »fruchtbare Ergebnisse« gebracht. Als Erstes kündigt Li die Einrichtung eines Dialogmechanismus zum Klimawandel an. Seine Schwerpunkte: intelligente Fertigung, Elektroautos sowie »Green Finance«. Der chinesische Premier wünscht sich »echten Multilateralismus« auf Basis der UN und eine »Zusammenarbeit zum gegenseitigen Nutzen«. Insgesamt betont Li stärker die Wirtschaftskooperation als Scholz. China wachse gut. Deutschland habe ein »hohes Entwicklungsniveau«, deshalb sei eine engere Zusammenarbeit bei Wissenschaft und Technik wünschenswert.

Schade war am Ende der Veranstaltung, dass die Journalisten Li und Scholz bei der Pressekonferenz keine Fragen stellen durften. Das ZDF sprach von »Erpressung« durch Peking. Aber Scholz musste wohl nicht erpresst werden. Auch ihm schien das zu gefallen. Es zeigt vielmehr, wie heikel das Treffen war. Der größte Fauxpas kam diesmal nicht aus der Politik, sondern von der *Tagesschau*. Im Bericht über die Regierungskonsultationen wurde das Bild des alten Premierministers Li Keqiang eingeblendet, nicht das des neuen Li Qiang. Das zeigt schon, wie weit weg China für Deutschland noch immer ist. Dass das Bild eines US-Außenministers vertauscht wird, ist jedenfalls viel unwahrscheinlicher.

Wenige Wochen später, Mitte Juli, verabschiedet die Bundesregierung ihr Strategiepapier zu China. Da »Elemente der Rivalität und des Wettbewerbs in unserer Beziehung in den vergangenen Jahren zugenommen« hätten, müsse die Bundesregierung die Zusammenarbeit mit China nun »neu kalibrieren«. Die »systemische Rivalität« zeige sich darin, dass »Deutschland und China in wichtigen Bereichen unterschiedliche Vorstellungen über die Prinzipien der internationalen Ordnung haben«. Ansonsten blieben die Dialogformate zwischen China und Deutschland weitgehend erhalten, denn China sei »ein unverzichtbarer Akteur«. Der »möglichst breite zivilgesellschaftliche Austausch soll das Fundament der Beziehungen bilden«, heißt es. Auch die Ein-China-Politik bleibt bestehen. Den Unternehmen wird bei ihren Geschäften mit China – anders als befürchtet – nichts vorgeschrieben, aber sie sollen sich auch nicht an den Staat wenden, wenn ihnen ihr China-Geschäft um die Ohren fliegt. Das 5G-Gesetz wird nicht verschärft. Und: »Wirtschaftliche Entwicklung und Menschenrechte stehen nicht im Widerspruch zueinander.«

Der Staat will allerdings geschäftliche Alternativen zu China stärker fördern und sich vor allem bei den Bodenschätzen wie etwa den Seltenen Erden unabhängiger von China machen. Abhängigkeiten zu reduzieren, ist sinnvoll, das hat die Gaskrise gezeigt. Gleichwohl heißt es klipp und klar: »An wirtschaftlichen Verflechtungen mit China wollen wir festhalten.«

Bei der China-Strategie hat sich Bundeskanzler Olaf Scholz stärker durchgesetzt als das Außenministerium unter Annalena

Baerbock. So sehr, dass die China-Strategie in der Bundespressekonferenz nicht gemeinsam von den beiden vorgestellt wurde. Während Scholz dem Papier nichts hinzuzufügen hat, hält Baerbock derweil beim Thinktank MERICS, der noch unter chinesischen Sanktionen steht, einen Vortrag, in dem sie noch einmal betont, was es alles nicht in das Strategiepapier geschafft hat.

Doch immerhin stehen die Zeichen im Verhältnis zu China wieder auf mehr Annäherung. China und Deutschland haben kurz getrennt gelebt, die Deutschen haben gar über ein Jahr lang über eine Scheidung nachgedacht. Nun ist klar, dass man die Zweckehe weiterführen wird. Getrennt zu sein, ist riskanter als weiter zusammenzuleben, auch wenn es in manchen Bereichen schier unüberbrückbare Differenzen gibt.

AUSBLICK

Gern haben wir früher mit einem gewissen Schulterzucken gesagt: Andere Länder, andere Sitten. Die Sitten der anderen waren interessant, haben uns aber am Ende nicht wirklich betroffen, waren nicht mitentscheidend für das globale Zusammenleben. Sie dienten vor allem unserer Abwechslung.

Inzwischen haben sich die Gewichte auf der Welt verschoben, wie wir in diesem Buch gesehen haben. Die Sitten der anderen sind uns näher gerückt, wir müssen uns intensiver mit ihnen befassen, und nicht immer ist das leicht. Angesichts des rasanten Wandels der internationalen Ordnung sollten wir im Westen jedoch nicht erstarren. Wir sollten vielmehr schauen, wie die Ansätze einer neuen Ordnung in unserem Sinne aussehen könnten.

Das ist aber sehr optimistisch in Zeiten eines Krieges, mögen manche einwenden, der anscheinend alte Blockbildungen wieder aufleben lässt. In Zeiten, in denen die Chinesen und Inder mit dem Kriegstreiber Putin nicht brechen und die USA eigentlich geächtete Streumunition an die Ukraine liefern. Wie soll das gehen?

Es kann gehen, indem endlich das Recht des Stärkeren auf globaler Ebene überwunden wird. Die Welt kann es sich nicht leisten, dass der Graben zwischen den aufsteigenden Ländern, die ihren politischen Anteil einfordern, und den etablierten Industrienationen tiefer wird angesichts großer Herausforderungen wie Kriege, Klimawandel, neue Rüstungsspiralen oder Risiken im Zusammenhang mit künstlicher Intelligenz. Wir wollen doch sicherzustellen, dass unsere Kinder und Enkel die gleichen Chancen haben, die Welt zu gestalten, wie wir. Das schafft der Westen jedoch nicht mehr auf eigene Faust. Das kann der Welt nur gemeinsam gelingen.

Einer von denen, die geradezu selbstverständlich in diese Richtung denken, ist Wolfgang Ischinger, der ehemalige Vorsitzende der Münchner Sicherheitskonferenz. Er ist wohl Deutschlands erfahrenster Diplomat mit vierzig Jahren Verhandlungserfahrung. Ischinger hat für den Grünen-Außenminister Joschka Fischer ebenso gearbeitet wie für die CDU-Bundeskanzlerin Angela Merkel.

Ischinger äußert sich Ende Februar 2023 in einer Talkshow mit einem bemerkenswerten Satz: »Verhandlungen mit Putin sind möglich.« Zwar relativiert er diesen Satz diplomatisch sofort wieder. »Aber nur dann, wenn sein Generalstabschef Waleri Gerassimow bei Putin aufkreuzt und sagt, mehr können wir nicht holen.« Ischinger weiß, dass der Druck auf Moskau militärisch hochgehalten werden muss, wenn Verhandlungen Erfolg haben sollen. Aber er weiß auch: Je mehr Länder des globalen Südens eine gewichtige Rolle bei den Verhandlungen spielen, desto besser. Staaten wie Brasilien, Indien, die Türkei und auch China. »Die Gruppe muss immer größer werden. Es geht darum, möglichst viele Staaten einzubinden«, erklärt er und geht sogar noch weiter: »Ich halte es für vollkommen falsch, das chinesische Friedenspositionspapier zu ignorieren oder abzutun. Es ist sinnvoll. Das hat interessanterweise auch der ukrainische Präsident Selenskyj gesagt.« Er habe die zwölf Punkte des chinesischen Papiers durch zwei zusätzlich kleine Sätze und durch das Streichen eines der zwölf Punkte so adaptiert, dass es »aus unserer Sicht ein sinnvoller Beitrag zu einer Diskussion über mögliche Optionen sein könnte«.

Ischinger spricht von der ersten großen Friedensinitiative Chinas, die im Westen als »zu schwammig« kritisiert wurde. China distanziere sich von dem »Aggressor Putin« zu wenig.

Man kann in Sätzen wie den folgenden aus Pekings Friedenspapier aber durchaus auch eine Chance sehen: »Alle Länder, klein oder groß, stark und schwach, reich oder arm, sind gleiche Mitglieder der internationalen Gemeinschaft.« Oder: »Alle Nationen sollten sich gegen ein Streben nach Sicherheit wenden, das auf Kosten der Sicherheit anderer geht.« Und kurz und knapp: »Konflikte und Krieg sind für niemanden von Vorteil.«

Viele stehen auf dem Standpunkt, das seien nur Worthülsen des Pekinger Wolfs im Schafspelz. Sinnvoller scheint es, Peking beim Wort zu nehmen, so wie das der damalige FDP-Außenminister Hans-Dietrich Genscher vor über dreißig Jahren mit Michail Gorbatschow getan hat, dem letzten Staats- und Parteichef der Sowjetunion: »Ich war damals wirklich erstaunt darüber, mit welcher inneren Verschlossenheit der angeblich so offene Westen jemandem gegenübertrat, der mit völlig neuen Gedanken auftrat, anstatt darauf einzugehen«, sagte Genscher rückblickend. »Ich habe ja nicht nur gesagt, Gorbatschow ernst nehmen, man muss ihn auch beim Wort nehmen, habe ich gesagt. Wir dürfen eine historische Chance nicht versäumen.«

Solche historischen Chancen tun sich auch heute auf, wenn man den Chinesen und den anderen Aufsteigerländern zuhört. Auch wenn es in dieser verfahrenen Lage seltsam klingen mag: Die Mehrheit der Welt könnte sich im Rahmen von Ukraine-Friedensverhandlungen künftig darauf einigen, Alleingänge einzelner Länder oder kleiner Gruppen von Ländern auf globaler Ebene ein für alle Mal zu verbieten. Sei es, dass Länder ohne ein Mandat der Mehrheit der Welt Sanktionen verhängen, sei es, dass sie militärisch intervenieren.

Selbst wenn es mit der Umsetzung am Anfang hapern sollte, ist das ein sinnvolles Ziel. Ein Weg, den man gemeinsam mit den aufsteigenden Ländern gehen sollte. Ein Weg, bei dem es eine große Schnittmenge gibt zwischen den Interessen Europas und den Interessen der Aufsteiger. Denn Europa möchte durch Alleingänge weder von den USA noch von Russland noch von China unter Druck geraten.

In dieser Frage sind sich Chinesen und Inder längst einig: »Wir müssen einräumen, dass der Multilateralismus heute in einer Krise steckt«, sagt Indiens Premier Narendra Modi vor den G20-Außenministern im März. Die Architektur des globalen Regierens sei nach dem Zweiten Weltkrieg entwickelt worden, um »erstens, brutale Kriege zu verhindern, indem man Interessen ausbalanciert. Und zweitens, indem man die internationale Zusammenarbeit in Gebieten gemeinsamer Interessen ausbaut.« Angesichts der vergangenen Jahre mit Finanzkrise, Klimakrise, Pandemie, Terrorismus und Krieg kommt Modi zu einem ernüchternden Schluss: »Das globale Regieren ist in beiden Mandaten gescheitert.«

Die Konsequenzen dieses Scheiterns hätten vor allem die Entwicklungsländer zu tragen: »Die indische Präsidentschaft der G20 will dem globalen Süden deshalb eine Stimme geben.« Er spüre auch eine Verantwortung für »diejenigen, die nicht in diesem Raum sind«.

Seine einfache Strategie: »Wir müssen verhindern, dass die Probleme, die wir nicht lösen können, sich den Problemen in den Weg stellen, die wir lösen können.« Modi möchte sich im »Land von Gandhi und Buddha auf das, was uns vereint, konzentrieren und nicht auf das, was uns trennt.« Damit stellt er wie Peking die Entscheidungshoheit des Westens zugunsten von mehr globaler Mitbestimmung infrage.

Erstaunlicherweise sind selbst die USA inzwischen in dieser Frage beweglicher, als man auf den ersten Blick glaubt. Erkennbar ist das an einer gemeinsamen Erklärung, die Indien mit den USA im Frühjahr 2023 unterzeichnet hat: Beide Länder sind entschlossen, »allen Versuchen entgegenzutreten, das multilaterale System einseitig zu untergraben«. US-Präsident Biden und Premier Modi betonen gemeinsam, dass »das multilaterale System gestärkt und reformiert werden muss, damit es den heutigen Realitäten besser gerecht werden kann«.

In diesem Zusammenhang setzen sich beide für eine »umfassende Reform der Vereinten Nationen« ein, durch »eine Erweiterung der ständigen und nichtständigen Mitgliederkategorien des UN-Sicherheitsrats«. Biden teilt nunmehr die Ansicht, »dass die Weltordnungspolitik inklusiver und repräsentativer sein muss, und bekräftigte die Unterstützung der USA für die ständige Mitgliedschaft Indiens in einem reformierten UN-Sicherheitsrat«. Die Kompromissbereitschaft ist sogar so groß, dass Washington die Formulierung »Ukrainekonflikt« als einzige Formulierung für den Angriffskrieg Putins zulässt. Wenn China diese Formulierung benutzt, wirft Washington Peking Verharmlosung vor.

Die USA scheinen tatsächlich auch bereit zu sein, darüber zu reden, dass nationale Alleingänge nicht mehr geduldet werden. Auch Washington gilt es beim Wort zu nehmen. Was es Biden einfacher macht, diesen Weg zu gehen: Es wird immer schwieriger in den USA, Mehrheiten für militärische Interventionen zu finden. Die Amerikaner haben keine Lust mehr, ihre Partner, Kinder, Eltern, Brüder, Schwestern an das andere Ende der Welt zu schicken, um dort mit ungewissem Ausgang für die Freiheit anderer zu kämpfen.

Und Putin? Er hat sich festgefahren. Er ist zwar nicht so isoliert wie vom Westen gewünscht, aber seine Rechnung ist auf brutale Weise nicht aufgegangen. Er ist für den Angriffskrieg verantwortlich, und er ist abhängiger denn je von den BRICS-Staaten, vor allem von den Chinesen. Unter diesen Umständen könnte Putin vielleicht mit einem Frieden leben, in dem Unilateralismus verboten wird. Dann wäre es ihm möglich zu behaupten, sein Krieg habe dazu geführt, dass die USA nie wieder militärische Alleingänge machen dürfen. Was er sehr wahrscheinlich gegenüber seiner Bevölkerung verschweigen würde: dass auch er nie wieder militärische Alleingänge starten dürfte.

Würde Putin diese ersten durch die BRICS-Staaten und ihre Alliierten erkämpfte globalen Spiegelregeln durchbrechen, hätte er nicht nur den Westen gegen sich, sondern die ganze Welt. Das wird er nicht wagen. Zumal er feststellen muss, dass auch in Russland der Heldentod aus der Mode gekommen ist.

Die Umstände scheinen also tatsächlich günstig für einen wichtigen Schritt in Richtung eines globalen Gewaltmonopols. Die USA sind inzwischen schwach genug, um in dieser Sache kompromissbereit zu werden. Die Inder wollen sich gegen die stärkeren chinesischen Nachbarn schützen. Die Sehnsucht der Europäer nach unilateralen »Freiheitskriegen« ist gering. In einer repräsentativen Umfrage unter elf Ländern und 16 000 Menschen im Frühjahr 2023 wünscht sich die Mehrheit von 62 Prozent, nicht in einen Konflikt zwischen China und den USA hineingezogen zu werden. Und über die Hälfte der Deutschen hält die diplomatischen Anstrengungen im Ukrainekrieg nicht für ausreichend.

Womöglich handelt es sich bei den günstigen Umständen allerdings um ein Zeitfenster, das nur für ein paar Jahre offen steht. Solange nämlich China noch nicht so kraftstrotzend ist, dass es sagt: Uns gegen militärische Alleingänge und unilaterale Sanktionen zu stellen, entspricht nicht unseren Interessen, dafür sind wir zu stark.

Wir sollten wachsam bleiben im Hinblick darauf, was China und andere Aufsteiger vorhaben. Sie haben andere Vorstellungen, die viele im Westen für falsch oder gar für gefährlich halten. Weshalb auch eher von systemischen Rivalen als von Partnern gesprochen wird. Aber war es nicht der Westen, der China von den Stärken des freien Wettbewerbs als westlichem Wert überzeugen wollte? Auch des politischen Wettbewerbs, übrigens.

Unsere Abwehrbewegungen gegenüber China und den anderen Aufsteigerstaaten sollten in diesem Wettbewerb jedoch zumindest nicht so heftig werden, dass wir die Chance verpassen, die Welt gemeinsam zu verbessern.

BILDNACHWEIS

Fotos:

S. 17 AdobeStock/iaremenko
S. 46 Getty Images/LightRocket/Wolfgang Kaehler
S. 56 AdobeStock/metamorworks
S. 79 Instagram @ayayi.iiiii
S. 94 Getty Images/VCG
S. 131 Getty Images/Kevin Frayer
S. 158 MG
S. 169 picture alliance/Reuters/Jason Lee
S. 183 AdobeStock/boumenjapet
S. 199 Autoflight
S. 207 Picture Alliance/Reuters/Willy Kurniawan
S. 234 picture alliance/Reuters/Thomas Peter
S. 253 picture alliance/Xinhua News Agency/Zhao Yuguo

Icons:

Die Icons in diesem Buch wurden von Yang Liu entworfen, einer deutschen Designerin chinesischer Herkunft, die zahlreiche red-dot Design Awards gewonnen hat sowie auch den deutschen Design Preis. Sie ist Professorin für Kommunikationsdesign an der Berliner BTK Hochschule für Gestaltung. (yangliudesign.com)

Das Icon für Mobilität stammt von AdobeStock/SimpLine.